"十四五"学术文库系列

基于个体行动者视角的组织资源获取微观机制研究

JIYU GETI XINGDONGZHE SHIJIAO DE
ZUZHI ZIYUAN HUOQU WEIGUAN JIZHI YANJIU

张 琳 著

西安交通大学出版社
XI'AN JIAOTONG UNIVERSITY PRESS
国家一级出版社
全国百佳图书出版单位

图书在版编目(CIP)数据

基于个体行动者视角的组织资源获取微观机制研究 / 张琳著. — 西安 :西安交通大学出版社，2021.12
ISBN 978-7-5693-2424-2

Ⅰ. ①基… Ⅱ. ①张… Ⅲ. ①管理学-研究 Ⅳ. ①C93

中国版本图书馆 CIP 数据核字(2021)第 266067 号

书　　名　基于个体行动者视角的组织资源获取微观机制研究
著　　者　张　琳
责任编辑　李逢国
责任校对　柳　晨
封面设计　任加盟

出版发行　西安交通大学出版社
(西安市兴庆南路 1 号　邮政编码 710048)
网　　址　http://www.xjtupress.com
电　　话　(029)82668357　82667874(市场营销中心)
(029)82668315(总编办)
传　　真　(029)82668280
印　　刷　西安五星印刷有限公司

开　　本　700mm×1000mm　1/16　**印张**　12　**字数**　237 千字
版次印次　2021 年 12 月第 1 版　2022 年 5 月第 1 次印刷
书　　号　ISBN 978-7-5693-2424-2
定　　价　98.00 元

发现印装质量问题，请与本社市场营销中心联系、调换。
订购热线：(029)82665248　(029)82665249
投稿热线：(029)82664840
读者信箱：xj_rwjg@126.com

前 言

资源是组织生存和发展的基础，也是战略和组织研究中经久不衰的话题。独特的资源不仅能够为组织带来持续竞争优势，而且能够减少组织对其所在外部环境的依赖。20 世纪 80 年代以来，资源基础理论为组织竞争优势来源提供了不同于产业组织观的新视角，组织资源差异成为解释竞争优势来源的关键，如何获取资源成为资源基础理论研究中的重要问题。对于如何获取资源，资源基础理论从组织外部获取资源和组织内部获取资源两方面进行了大量研究，对组织获取资源的认识也不断深入。然而，已有研究对组织获取资源的探讨主要集中在战略和组织等中观层面，研究组织作为整体行动者的资源获取方式，对微观层面组织内个体行动者、特别是企业领导者为组织获取资源的过程则鲜有关注。然而，无论是从组织外部获取资源还是从组织内部获取资源，组织成员都要花费大量精力来保证资源获取的可持续性和稳定性，即便是组织作为整体行动者的资源获取行为，也离不开组织内个体行动者的作用累积。因此，不仅要关注组织整体的资源获取方式，更要深入挖掘个体行动者在组织获取资源中的作用，揭示组织获取资源的微观基础。

本书回应学者们提出的“探究资源基础理论微观基础”的研究呼吁，综合考虑领导者个人认知、领导者个人行为以及领导者所处制度环境对组织资源获取的影响，从个体行动者视角对组织资源获取微观机制展开研究，主要工作及理论创新有如下四点：

首先，构建了从微观层面研究组织获取资源的理论分析框架，系统阐述了分析组织资源获取过程的步骤及其逻辑关系：“领导者个体为组织获取的资源有哪些”是本研究要解决的首要问题，是进一步探究领导者获取资源策略以及影响机制的前提条件。资源基础理论从资源的定义、分类以及价值来源方面为理解组织资源提供了基本依据。然而，起源于西方市场经济环境中的资源基础理论将讨论资源的情境置于战略要素市场中，并没有很好地解释中国本土情境下组织领导者获取的资源内涵。探究领导者个体获取资源的策略是本研究在识别领导者获取的资源内涵后的进一步研究，目的在于揭示“领导者个体通过怎样的策略获取资源”。对领导者获取资源策略的揭示引起另外一个问题，就是“领导者个体为什么要如此获取资源”。虽然不同制度环境和不同领导者个人差异会影响组织获取资源的观点已经受到了学者们的关注，但已有研究对“哪些制度因素会影响领导者为组织获取资源”“哪些个人因素会影响领导者为组织获取资源”“这些因素如何共同影响领导者为组织获取资源”等研究问题并没有进行充分解答。

其次，通过内容分析方法揭示了社会型资源的类型和价值来源，突破了资源基础理论对组织资源的经济性理解，从社会性视角丰富了资源基础理论对组织资源内涵的研究。提出了社会型资源的概念，以及领导者个体为组织获取的四种社会型资源类型：位置性资源、建设性资源、评价性资源、限制性资源；进一步揭示了社会型资源的三种价值来源方式：意义给赋、物质奖励、身份提升。研究发现，不同于经济型资源有利于组织经济性目标（如经济绩效、效率与效力）的达成，社会型资源有利于组织社会性目标（如合法性、社会评价）的达成。具体来说，位置性资源是组织在资源分配体系内的身份和地位的体现。建设性资源象征着组织在某一特定领域内获得的发展机遇和支持，增加了组织建设特定领域的合法性。评价性资源象征着组织在某一特定领域内获得的荣誉和认可，有利于社会评价的提升。限制性资源是一系列限制、约束资源，象征着组织在资源分配体系内得到的批准和许可，增加了准入资格的合法性。

再次，通过案例研究方法提出了领导者个体获取社会型资源的作用机制，弥补了组织获取资源研究对领导者作用的忽视，拓展了资源基础理论的微观基础研究。案例研究发现，领导者为组织获取资源的过程同时受到制度环境、领导者个人认知、领导者个人行为影响，具体的资源获取策略是制度环境、领导者个人认知、领导者个人行为互动的结果。其中，制度环境为领导者获取资源提供了基本的情境约束；领导者认知受到特定制度环境的影响，为领导者表现出符合情境的行为提供了约束，同时也为领导者表现出突破情境的行为提供了可能；领导者行为同时受到制度环境和领导者认知的影响，最终会在制度环境的约束下表现出对领导者认知的跟随或偏离。基于制度环境、领导者个人认知、领导者个人行为的互动，本研究分析了高校领导者获取社会型资源的创新型策略。同时，通过多案例的“复制逻辑”以及对其他高校领导者的辅助访谈验证了微观层面资源获取机制的理论饱和。

最后，通过案例研究提出了领导者个体获取社会型资源的制度影响因素和个人影响因素，运用制度逻辑理论澄清了两种影响因素作用于资源获取策略的影响过程，揭示了领导者对制度逻辑的主观选择，丰富了制度逻辑理论中组织内个体回应制度逻辑的研究。基于案例研究，提出了影响高校领导者获取资源的制度影响因素和个人影响因素。其中，制度影响因素包括高校组织类型、资源分配规则、区域发展水平三种；个人影响因素包括领导者个人定位、领导者个人经历、领导者风险偏好三种。进而，借鉴制度逻辑理论，澄清了制度影响因素和个人影响因素作用于高校领导者资源获取策略的影响机制。研究发现，制度影响因素和个人影响因素会同时影响高校领导者获取资源过程中对层级逻辑和市场逻辑的选择；而高校领导者对制度逻辑和市场逻辑的选择会影响其资源获取策略形成。

本书共分为7章，章节安排如下：第1章介绍了研究的现实背景、明确了研究问题、研究内容与章节安排；第2章通过综述已有文献建立本书的研究框架，从“组织资源内涵”“组织资源获取”“组织资源获取的影响机制”三个方面对组织资源获取相关研究进行综述；第 3 章为研究设计，介绍了本研究的开展过程，详细说明了研究方法、样本选择、数据收集、数据分析、研究效度等内容；第 4 章研究了领导者个体为组织获取的资源内涵，区分了社会型资源与经济型资源的类型划分和价值来源，回答了“领导者个体为组织获取的资源有哪些”的研究问题；第 5 章研究了领导者个体为组织获取资源的策略，揭示了个体认知、行为与制度环境互动的资源获取过程，回答了“领导者个体通过怎样的策略获取资源”的研究问题；第 6 章从宏观制度层面和微观个体层面研究了领导者为组织获取资源的影响机制，回答了“领导者个体为什么要如此获取资源”的研究问题；第 7 章总结了本研究的结论、主要创新点和未来研究方向。

著　者

2021 年 10 月

目　录

第1章　绪论

资源是组织生存和发展的基础，也是战略和组织研究中经久不衰的话题[1]。独特的资源不仅能够为组织带来持续竞争优势，而且能够减少组织对其所在外部环境的依赖。学者们从不同角度对组织资源展开研究，资源基础理论成为其中重要的理论基础，为组织资源获取提供了基本的理论依据。

20世纪80年代以来，Wernerfelt[2]、Barney[3]等提出了资源基础观，强调资源对组织发展的重要性，指出具有价值的(valuable)、稀缺的(rare)、难以模仿的(inimitable)、不可替代的(nonsubstitutable)(简称VRIN)四种特征的资源能够为组织带来持续竞争优势。资源基础观(resource based view)的提出对当时的战略管理研究带来了重要冲击，使组织竞争优势来源产生了不同于产业组织观(industrial organization view)的新视角。代替产业组织观对行业优势和劣势的分析(如波特的五力模型、SWOT分析等)，资源基础观将组织资源差异看作解释竞争优势来源的关键，从而如何获取资源成为资源基础理论研究中重要的研究问题[3,4]。此后，资源基础观围绕资源与持续竞争优势之间的关系展开，激发了后续动态能力[4-7]、知识基础观[8-10]、资源拼凑[11-13]、资源管理[14-16]、资源编排[17-19]等研究分支的出现和发展，逐渐发展成为今天的资源基础理论[20]。

基于对领域内核心文献的梳理(见表1-1)，本研究将资源基础理论的发展过程划分为四个阶段：1959年至1990年为形成阶段；1991年至2000年为成长阶段；2001年至2010年为成熟阶段；2011年至2021年为新发展阶段。四个阶段的发展推动了研究主题的不断迭代(见图1-1)，以下将对各阶段的研究进展进行简要概括。

表1-1　资源基础理论核心文献整理(1959—2021年)

发展阶段	第一作者	时间	来源	主要观点
形成阶段 1959—1990	Penrose	1959	TGF	资源会促进企业成长；资源不充足会限制企业成长
	Lippman	1982	BJE	提出资源的可模仿性和因果关系模糊性是资源基础观的核心要素
	Wernerfelt	1984	SMJ	资源基础观从资源视角而非产品视角解释公司战略选择

续表

发展阶段	第一作者	时间	来源	主要观点
发展阶段 1991—2000	Barney	1986	MS	将战略要素市场定义为组织为了实施战略而买卖资源的场所
	Dierickx	1989	MS	提出非交易性资源(如信任和名誉等)只能通过企业内部积累获得
	Castanias	1991	JOM	强调CEO的常识、专业知识和管理技巧是组织的一种资源
	Conner	1991	JOM	比较资源基础观和产业组织经济学,指出前者是一种新型组织理论
	Fiol	1991	JOM	提出了组织认同是取得竞争优势的一种核心竞争力
	Barney	1991	JOM	给出资源的定义并明确了资源使组织具有持续竞争优势的四种特性
	Harrison	1991	JOM	强调了资源的价值以及在多元情境下资源间的协同效应
	Mahoney	1992	SMJ	比较资源基础观与竞争能力、组织经济学及其他产业组织理论
	Kogut	1992	OS	提出了组合能力的概念;强调知识是一种资源
	Amit	1993	SMJ	将资源的概念划分为资源和能力两类
	Peteraf	1993	SMJ	提出了竞争优势存在的条件,包括资源的异质性等四个方面
	Hart	1995	AMJ	提出了企业的自然资源基础观作为资源基础观的研究分支
	Grant	1996	SMJ	提出了企业的知识基础观作为资源基础观的研究分支
	Miller	1996	AMJ	通过直接测量资源检验了资源和绩效间的关系
	Conner	1996	OS	机会主义观和知识基础观可能对经济组织产生相反预测的情景
	Oliver	1997	SMJ	结合资源基础观和制度理论可以更好地解释持续竞争优势来源
	Teece	1997	SMJ	基于资源基础观构建了动态能力的概念
	Coff	1999	OS	讨论了为什么资源带来的额外收益会被不同股东占用
	Combs	1999	SMJ	解释了资源基础观和组织经济学关于组织形式选择的不同观点

续表

发展阶段	第一作者	时间	来源	主要观点
成熟阶段 2001—2010	Alvarez	2001	JOM	解释了资源基础观对创业研究的贡献及未来可能的研究发现
	Priem	2001	AMJ	批判资源基础观,提出资源基础观在组织领域和战略领域无效观点
	Barney	2001	AMJ	反驳了资源基础观无效的观点,指出其是战略管理研究的重要视角
	Wright	2001	JOM	解释资源基础理论对人力资源管理研究的贡献和未来的研究方向
	Barney	2001	JOM	总结资源基础理论发展,以及资源基础理论对相关研究领域的影响
	Makadok	2001	MS	建立了有关信息的理论,指出企业购买稀有资源时需要重视信息
	Makadok	2001	SMJ	整合了资源基础观和动态能力理论有关企业超额利润产生的观点
	Lippman	2003	SMJ	引入支出视角讨论资源基础观微观基础
	Ireland	2003	JOM	战略企业家需要能够识别一些能为企业带来增长机会的资源
	Winter	2003	SMJ	介绍和解释了高阶能力的概念
	Gavetti	2005	OS	通过强调认知的作用,建立了动态能力的微观基础理论
	Foss	2005	SMJ	建立了资源基础理论和产权理论的理论链接
	Foss	2007	OSs	提出领导者对信息的判断和心智模式需要引起足够的重视
	Teece	2007	SMJ	澄清了业绩持续优秀企业具备能力的微观基础
	Bingham	2007	SEJ	解释组织的经验积累和启发式思维模式如何影响组织的动态能力
	Sirmon	2007	AMR	构建资源管理框架,包括资源构建、资源捆绑、资源利用三个步骤
	Armstrong	2007	JOM	回顾和点评了资源基础理论的问卷调查研究方法
	Abell	2008	MDE	建立了惯例、能力和绩效之间联系的微观基础
	Crook	2008	SMJ	运用元分析揭示了战略资源引起企业绩效差异的重要原因
	Kraaijenbrink	2010	JOM	回顾了已有研究对资源基础理论的一些主要的批评观点

续表

发展阶段	第一作者	时间	来源	主要观点
新发展阶段 2011— 2021	Wernerfelt	2011	JOM	组织应该基于已有资源现状，以获得竞争优势为目的对外获取资源
	Barney	2011	JOM	讨论资源基础理论的未来发展，指出微观基础是重要研究方向之一
	Foss	2011	JOM	微观基础研究基于个人行为和互动，能够有效地补充资源基础理论
	Maritan	2011	JOM	基于已有研究提出组织获取资源的两种途径：外部购买和内部构建
	Sirmon	2011	JOM	提出领导者在组织资源管理的三个步骤中发挥着重要作用
	Ployhart	2011	AMR	认知、行为、情感状态和工作环境复杂程度共同决定人力资本资源
	Bridoux	2013	JOM	将组织利用资源区分为市场中利用资源和制度环境中利用资源
	Schmidt	2013	AMR	对组织资源的价值来源进行了研究，强调从价值来源角度理解资源
	Helfat	2014	SMJ	提出领导者管理认知能力会对企业绩效产生影响
	Sonenshein	2014	AMJ	发现领导者在引导员工创造性使用资源方面具有关键作用
	Chadwick	2015	SMJ	企业绩效的达成需要各层级管理者在资源管理中进行参与
	Kim	2015	SMJ	战略要素市场是理解资源基础理论重要的、潜在的情境
	Reilly	2016	JOM	综述了资源分配过程中的时间范围研究
	Lanza	2016	EMJ	揭示资源编排对知识资源管理中绩效的影响
	Barney	2018	SMJ	在资源基础理论有关利润产生中加入利益相关者视角
	Stoyanov	2018	JOM	基于资源编排研究跨国经营中企业家的外来者责任
	Andrevski	2019	JOM	竞争性进攻中组织内部资源和组织外部资源的权变作用
	Fainshmidt	2019	JMS	组织因素和环境因素对动态能力与竞争优势之间关系的共同影响
	Freeman	2021	JOM	总结利益相关者理论对资源基础理论的四方面研究启示

注释：AMJ 为 Academy of Management Journal 的缩写；AMR 为 Academy of Management Review 的缩写；BJE 为 The Bell Journal of Economics 的缩写；EMJ 为 European Management Journal 的缩写；JMS 为 Journal of Management Studies 的缩写；JOM 为 Journal of Management 的缩写；MDE 为 Managerial and Decision Economics 的缩写；MS 为 Management Science 的缩写；OS 为 Organization Science 的缩写；OSs 为 Organization Studies 的缩写；SEJ 为 Strategic Entrepreneurship Journal 的缩写；SMJ 为 Strategic Management Journal 的缩写；TGF 为 The Theory of the Growth of the Firm 的缩写。

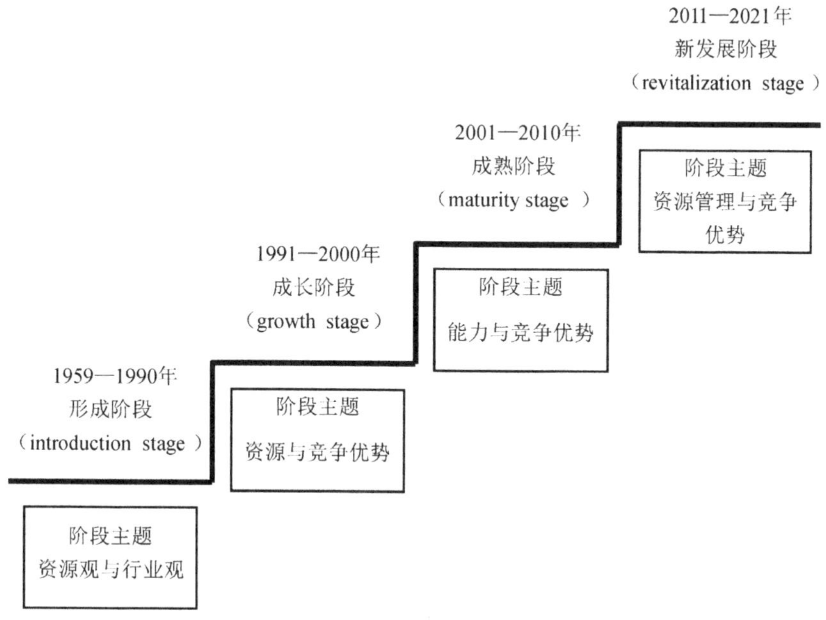

图 1－1　资源基础理论的发展历程

1959 年至 1990 年（形成阶段），资源基础观作为对产业组织观的补充出现，为组织持续竞争优势的获得提供了不同于产业组织观的新视角，同一行业内组织资源的差异受到关注[21]。Penrose[22]最早研究了资源与企业成长间的关系，提出资源会促进企业成长，而资源不充足会限制企业成长。Barney[23]指出产业组织观和资源基础观反映出战略理论中两种不同的竞争类型：产业组织观关注产业结构、实施和绩效对企业发展的影响，解释了由于企业所在行业不同引起的竞争优势差异，然而却没有很好地解释同一行业内、不同企业间的竞争优势差异；资源基础观作为产业组织观的补充，关注企业独特的资产和能力，为研究企业竞争优势来源提供了新思路。

1991 年至 2000 年（发展阶段），以 Barney 在 JOM 期刊发表经典文献“Firm Resources and Sustained Competitive Advantage”为标志，资源基础理论开始蓬勃发展。Barney[3]提出具有珍贵的、稀有的、难以模仿的、不可替代（VRIN）四种特征的资源能够为组织带来持续竞争优势。此后，研究者又将组织作为吸收和运用资源的场所加入能够为组织带来持续竞争优势的资源特征，提出具有珍贵的、稀有的、难以模仿的、不可替代、属于组织（VRINO）五种特征的资源能够为组织带来持续竞争优势[24]。在此时期，探讨资源特征与组织持续竞争优势之间的关系成为资源基础理论关注的重点。然而，VRIN[3]或 VRINO[24]是组织持续竞争优势来源的观点也受到很多批判，例如，Kraaijenbrink、Spender 和 Groen[21]指出这些特征既不是组织达成竞争优势的充分条件，也不是必要条件，从而对资源基础理论提出了挑战。面对资源与组织持续竞争优势间关系的困惑，有学者开始反思是资源本身产生了持续竞争优势，还是组织能够获取和整合这些资源的能力产生了持续竞争优势[25]。此后，学者们注意到资源与能力的区分，推动资源基础理论发展进入新的阶段。

2001 年至 2010 年（成熟阶段），动态能力理论为组织资源研究提供了基于能力的新视角[26]，能力与组织持续竞争优势之间的关系在此阶段成为了资源基础理论最为关注的焦点。与资源基础理论提出的具有 VRIN[3]或 VRINO[24]特征的资源能够为组织带来持续竞争优势的观点不同，动态能力理论否定绝对持续竞争优势的存在，提出持续竞争优势只有在动态的层面才能够实现[27, 28]。Eisenhardt 和 Martin[7]将动态能力描述为组织整合、配置、增加、释放资源以适应和创造市场变化的过程。从而，部分学者将能力从广义的资源中划分出来[29]。Helfat 和 Peteraf[4]将资源定义为组织拥有、控制或能够半永久接近的生产过程中的资产或输入；将能力定义为组织协调任务、运用资源从而达到特定目标的技能[4]。动态能力理论使领导者在组织获取资源过程中发挥的作用受到重视。例如，Bingham、Eisenhardt 和 Furr[30]发现了在领导者影响下组织的经验积累和启发式思维模式会影响组织的动态能力。Narayanan、Colwell 和 Douglas[31]提出了领导者对资源利用的决策是影响组织已有资源构成变化的重要因素。

2011 年至 2021 年（新发展阶段），资源基础理论出现了新的发展，资源管理成为新兴的重要研究领域[15,16,18]。经历了成长阶段对资源与组织持续竞争优势间关系的关注，以及成熟阶段对能力与组织持续竞争优势间关系的关注，资源基础理论研究者在新发展阶段注重将资源、能力与组织持续竞争优势间关系相结合，研究组织通过管理资源从而产生持续竞争优势的过程[15, 18]。Sirmon、Hitt 和 Ireland[15]提出了资源管理框架，将组织资源管理的过程划分为三个阶段，即资源构建、资源捆绑和资源利用，并详细阐述了这三个阶段所包括的 9 个资源管理步骤，即资源获取、资源积累、资源剥离、资源稳定、资源丰富、资源开拓、资源调动、资源调整、资源配置。Sirmon、Hitt 和 Ireland 等[18]在此基础上强调了管理者行为在资源建构、资源捆绑、资源利用三个阶段中的作用。资源管理框架的提出为资源基础理论发展提供了新的思路：一方面，管理者在资源管理中的作用受到重视，以组织内个体行动者为焦点的微观基础研究成为资源基础理论研究者呼吁的重要研究方向;另一方面,讨论组织资源管理的情境受到关注,Bridoux、Smith 和 Grimm[34]在资源管理与组织绩效的实证研究中,将组织利用资源的情景区分为市场中利用资源和制度环境中利用资源,为资源基础理论研究、关注制度环境提供了重要线索。

总结资源基础理论四个阶段发现,资源基础理论自提出后吸引了众多学者的关注。学者们对资源基础理论的探究促使其不断发展,成为组织管理和战略研究中的重要理论之一[20, 35]。然而,纵观资源基础理论发展,本研究发现其在以下三个方面还存在缺陷,需要进一步探索。

第一,经济性视角成为潜在假定,忽视了从社会性视角研究资源。

虽然 Whetten[36]提出理论产生的情境至少与理论本身一样重要,但是已有研究对组织资源的理解却在很大程度上忽视了讨论资源的情境[37]。作为对产业组织观(industrial organization view)的补充[3, 38],资源基础观(resource-based view)起源于西方社会的市场经济环境。聚焦于理论产生的情境,本研究发现起源于西方市场经济情境的资源基础理论以经济性视角作为理解组织资源的潜在假定。

首先,资源的经济性理解反映在资源基础理论对资源目标的研究中。资源基础理论建立在对资源概念理解的基础上。本研究借鉴 Halbesleben 等[39]从"目标导向视角"(goal-directed perspective)对组织资源的定义,提出已有资源基础理论对资源目标的经济性理解。从早期研究开始,Penrose[22]即指出组织需要成功获取和管理资源以达到出众的经济绩效。后来,Barney[3]将资源与组织持续竞争优势相结合,为组织战略研究开拓了一个重要研究领域——资源基础观,并将资源定义为各种组织所控制的能够使其构思和实施战略以提高其效率和效力的资产、能力、组织过程、组织属性、信息和知识等的集合[3]。此后大部分资源研究者延续了这种将提高组织经济绩效[19,40-42]、效率与效力[3, 26]作为资源目标的界定。Chadwick、Super 和 Kwon[19]回顾了过去 20 多年资源基础理论的发展,指出资源基础理论主要用于解释组织经济绩效的差异,资源基础理论对资源目标的经济性理解常常反映在"绩效(performance)"[19,40-42]、"盈利(profitability)"[15,43,44]、"效率(efficiency)"[3, 26]、"效力(effectiveness)"[3, 26]等词语描述中。

其次,资源的经济性理解反映在资源基础理论对资源价值来源的研究中。早于 Barney[3]提出资源基础观,Barney[23]即提出了战略要素市场(strategic factor market)的概念。Barney[23]将战略要素市场定义为组织为了实施战略而买卖资源的场所,提出"组织需要在战略要素市场中买卖资源以实施战略,仅有在资源的买入成本小于其未来价格时组织才能够从市场中获得超常收益"。可见,Barney[23]在资源基础理论早期研究中即指出资源的价值体现在战略要素市场中资源成本与资源未来收益间的差异,成本与收益之间的差异越大则组织资源的价值越大。后续资源基础理论研究者对资源价值的理解受到了 Barney[23]提出的战略要素市场的影响，大多采纳了战略要素市场作为组织获取资源的场所，并将战略要素市场中价格机制作为衡量资源价值的潜在假定。资源基础理论对资源价值来源的经济性理解常常反映在“成本(cost)”[23, 44]、“价格(price)”[2,23,40]、“收益(returns)”[23, 37]、“利润(profits)”[15, 43]、“租金(rent)”[45, 46]等词语描述中。

以经济性视角为潜在假定理解组织资源与西方社会中市场经济为主导的现实相呼应[19, 47]。然而，起源于西方市场经济环境中的经济性资源理解并不能很好地解释中国高校领导者为组织获取的资源内涵，例如“双一流”建设①、“985 工程”②、“211 工程”③、国家重点实验室④、国家工程实验室⑤、千人计划⑥、万人计划⑦等政府颁布的工程、项目被领导者看作重要资源。情境的差异为本研究探索中国高校领导者获取的资源内涵提供了研究机遇。不同于经济性视角对组织资源的理解，社会性视角为本研究理解中国高校领导者为组织获取的资源内涵提供了重要启示。自 20 世纪 60 年代以来，组织研究者受到社会学理论的影响，对组织目标的理解逐渐发生了重要转变：从聚焦于组织的经济性目标转变为同时考虑组织的经济性目标和社会性目标[48]。此后，大量从社会性视角出发解释组织行为差异的研究文献开始出现，形成了管理研究中的几个重要话题，例如，社会责任研究(social responsibility)[48, 49]、社会回应研究(social responsiveness)[50, 51]、社会绩效研究(social performance)[50, 52]、社会网络研究(social network)[53, 54]、社会资本研究(social capital)[54, 55]、社会评价研究(social evaluation)[56, 57]等。其中，社会资本研究关注了社会网络结构对资源价值的影响，指出投资社会网络中的社会关系会得到

① 2017 年，教育部、财政部、国家发展和改革委员会联合发布《关于公布世界一流大学和一流学科建设高校及建设学科名单的通知》，正式公布世界一流大学和世界一流学科建设高校及建设学科名单，首批“双一流”建设高校共计 137 所，其中世界一流大学建设高校 42 所(A 类 36 所，B 类 6 所)，世界一流学科建设高校 95 所；双一流建设学科共计 465 个(其中自定学科 44 个)。世界一流大学和世界一流学科建设是中共中央、国务院作出的重大战略决策，也是中国高等教育领域继“211 工程”“985 工程”之后的又一国家战略。

② “985 工程”是建设若干所世界一流大学和一批国际知名的高水平研究型大学的重点建设工程。1998 年 5 月，江泽民同志在庆祝北京大学建校 100 周年大会上宣告“为了实现现代化，我国要有若干所具有世界先进水平的一流大学”，1999 年，国务院批转教育部《面向 21 世纪教育振兴行动计划》，“985 工程”正式启动。

③ “211 工程”是面向 21 世纪、重点建设 100 所左右高等学校和一批重点学科的高校重点建设工程。“211 工程”于 1995 年 11 月经国务院批准后正式启动。“211 工程”是新中国成立以来，由国家立项的、在高等教育领域进行的规模最大、层次最高的高校重点建设工作。

④ 国家重点实验室是依托一级法人单位建设的、具有相对独立的人事权、财务权的科研实体，国家重点实验室是国家组织开展高水平研究、聚集和培养优秀科学家、进行高层次学术交流的重要基地。

⑤ 国家工程实验室是依托企业、科研院所或高校等设立的研究开发实体，是国家科技创新体系的重要组成部分。

⑥ 千人计划是“海外高层次人才引进计划”的简称，从 2008 年起实施，旨在引进 2000 名左右海外高层次人才。

⑦ 万人计划是“国家高层次人才特殊支持计划”的简称，从 2012 年起实施，旨在用 10 年左右时间，遴选支持 1 万名国内高层次人才，形成与千人计划的相互补充。

工具性的回报(returns)、收益(benefits)和利润(profit)[54],为本研究从社会性视角理解组织资源提供了直接启示。然而,虽然考虑了社会网络结构的影响,将资源作为“资本”(capital)的社会资本研究仍主要关注资源的经济性目标以及经济性价值[58],为本研究探索资源的社会性目标以及社会性价值来源提供了研究空间。

第二,组织资源获取的微观层面研究缺失,特别是领导者在获取资源中的作用。

如果说资源对组织持续竞争优势重要的话,那么这些促使组织产生持续竞争优势的资源究竟是如何获取的引起了学者们的关注[59]。如何获取资源成为资源基础理论研究中重要的研究问题之一[1]。

关于组织如何获得资源,已有研究对组织从外部获取资源、从内部积累资源等组织行为做了大量探讨[1],对组织获得资源的认识不断深入。学者们对组织获取资源持有两种观点:一种认为资源是通过组织外部交易获取的,购买(buying)是组织从外部市场中获取资源的方式[3];另一种认为资源是通过组织内部积累得到的,构建(building)是组织从内部积累资源的方式[60]。Martin 和 Peteraf[1]将两种观点相融合,认为组织资源既可以通过外部购买又可以通过内部积累得到,并指出领导者在组织获取资源中所发挥的作用是将组织外部获取资源与组织内部积累资源融合后所产生的重要研究机会。

已有研究对组织获取资源的探讨主要集中于战略和组织等中观层面,研究组织作为整体行动者的资源获取行为[1],对组织内部个体行动者为组织获取资源的方式则鲜有关注[20,32,33,61]。然而,现实中组织内个体行动者,特别是领导者在组织获取资源过程中发挥了重要作用[20,32,33]。例如,无论是市场中的资源购买还是组织内部的资源积累,组织内成员都要花费大量精力来保证资源获取的可持续性和稳定性,退一步讲,即便是组织作为整体行动者的并购、政治行为、资源整合、资源利用等行为,也是组织内成员的个体行为累积的结果[61]。因此,在理解组织如何获取资源问题时,组织内个体行动者的资源获取行为至关重要,特别是组织的领导者,因为其主要职能之一就是帮助组织获取资源[61]。

近年来,Abell、Felin 和 Foss[32],Barney、Ketchen 和 Wright[20],Foss[33],Raffiee 和 Coff[62],Barney 等[63],Meyer-Doyle 等[64]学者注意到从微观层面揭示组织资源获取的重要性,呼吁展开资源基础理论的微观基础(micro foundation)研究。例如,Barney、Ketchen 和 Wright[20]提出微观基础研究是资源基础理论未来发展的重要方向。Foss[33]指出微观基础研究可以增强资源基础理论对组织行为的解释能力。Alvarez 和 Busenitz[27]提出领导者个人在组织资源获取中发挥的作用对于理解组织资源获取非常重要,是打开组织资源获取“黑箱”的重要切入点。不同于组织层面研究资源或能力与竞争优势之间的关系,微观基础研究关注从微观个体层面揭示组织获取竞争优势的过程[32,33],成为了资源基础理论重要的研究方向之一[20]，为本研究探索高校领导者如何为组织获取资源提供了理论依据。

第三，组织获取资源的影响因素及影响机制尚不明确。

组织获取资源是同时涉及制度环境和领导者个人的复杂问题[65,66]。已有研究已经注意到制度环境和领导者个人两方面的影响[1,27,67,68]，然而对制度环境和领导者个人对组织资源获取的具体影响因素以及共同影响机制缺乏深入探讨[65,66]。

首先，制度环境会对组织获取资源产生影响。Meyer 等[69]指出理解组织需要理解组织所处的制度环境，制度环境为组织提供了最基本的规则约束。制度主要指为社会生活提供稳定性和意义的规制性、规范性和文化-认知性要素[70]。这一定义强调了制度在社会生活中相对持久的特征、在特定社会系统中的"牢固性和稳定性"[71]。研究者已经注意到在不同制度环境中理解领导者行为的重要性，甚至有学者指出制度是孕育企业家的主要因素之一[72]。例如，Crossland 和 Hambrick[73]的研究指出，不同国家制度中的企业经理人对企业绩效的作用不同，他们选择美国、德国、日本三个国家各 100 个企业进行了长达 15 年的数据收集。研究发现，相比于德国和日本，美国的企业经理人对企业绩效的影响更大。同时，学者们注意到新兴经济体的制度环境与西方发达国家差异很大[74]。尤其从计划经济向市场经济转型的国家引起了学者们的广泛关注[75]。例如，Hoskisson 和 Wright[74]指出，在解释新兴经济体中组织行为时，制度理论和资源基础理论的结合可为解释制度环境中组织需要的资源差异提供启示。Peng 和 Heath[67]指出，对转型经济体的研究，需要把曾经看作背景的制度因素作为前因来解释企业的成长。Meyer 和 Peng[68]聚焦于中东欧地区，指出组织经济理论、资源基础理论、制度理论构成了解释新兴经济体中企业行为的三种重要理论基础，制度理论与组织经济理论或资源基础理论的交互为理解企业面临的重要战略问题(如外国投资者进入模式、本地企业重组战略、创业者进入和成长战略等)提供了基于制度基础观(institution-based view)的重要视角。张琳、张晓军和席酉民[66]指出，对组织所需关键资源的识别需要建立在对组织所处制度环境分析的基础上，不同制度环境中资源配置方式不同，从而构成组织竞争优势的关键资源也可能不同。可见，制度环境对领导者为组织获取资源的影响已经受到学者们的关注，面对制度环境中相同的资源配置模式，某些资源以及相应的获取策略会因制度环境限制而成为众多领导者共同的选择。

其次，领导者个人也会对组织获取资源产生影响。领导者作为特定制度环境中的个人，其长期社会化过程所形成的个人价值观、个性、经历、行为模式等因素不可避免地对其为组织获取资源的过程造成影响[66]。Alvarez 和 Busenitz[27]指出，经过领导者整合而形成的新资源往往由于具备长时间消耗、因果模糊、内部关联性和聚合效率等特征而难以被竞争对手模仿。Hillman 和 Dalziel[76]指出董事能够为组织提供资源主要依靠董事个人的两大基础：董事所拥有的专业知识、经验、学识、名声、技能等在内的人力资本[77]，以及董事与外部组织或个人的联系，即董事的社会资本[78]。Peng[79]基于中国从计划经济向市场经济转型的制度环境展开研究，发现拥有丰富资源的外部董事对企业的绩效有着正向的影响，然而拥有少数资源的外部董事则没有发现这种影响，研究表明当董事会的组成没有满足环境需要时，企业的绩效会受到消极影响。Baker 和 Nelson[11]指出，组织对资源未来收益的判断是主观的，其中领导者个人是影响组织对资源价值判断的关键。Maritan 和 Peteraf[1]指出，在组织内部积累资源的过程中，领导者个人的知识、技能、认知、经验等发挥着重要作用，某种程度上甚至决定了资源整合后所产生的新资源价值。可见，领导者个人在某种程度上主观影响了组织所需要的资源类型及资源获取策略，导致即使是在相同或相似的制度环境下不同领导者获取资源的过程也会存在差异。

综上所述，虽然已有资源基础理论研究成果丰硕，但是起源于西方市场经济环境的资源基础理论将资源置于战略要素市场①中，从而经济性视角成为理解组织资源的潜在假定，并没有从社会性视角对领导者为组织获取的资源内涵进行深入探究。虽然学者们已经注意到个体行动者为组织获取资源的重要性[80]，呼吁对资源基础理论的微观基础展开研究[20,32,33]，但已有研究并没有对领导者如何为组织获取资源的重要问题进行专门而系统的解答。虽然制度环境和领导者个人差异会影响组织资源获取的观点已经受到学者们的关注[1,27,67,68]，但已有研究对"哪些制度因素会影响领导者为组织获取资源""哪些个人因素会影响领导者为组织获取资源"以及"这些因素如何影响领导者为组织获取资源"等研究问题并没有进行充分解答[65,66]。基于以上研究背景分析，本研究基于个体行动者视角对组织资源获取的微观机制展开研究，以组织内领导者为切入点，分析其为组织获取资源的内涵、策略及影响机制，解答个体行动者如何为组织获取资源的研究问题。

因此，本研究聚焦于组织内领导者为组织获取资源的过程，首先将研究问题界定为：组织内个体行动者如何为组织获取资源？其次通过对研究问题的进一步分析，将研究问题划分为三个子研究问题：领导者个体为组织获取的资源有哪些(what)？领导者个体通过怎样的策略获取资源(how)？领导者个体为什么要如此获取资源(why)？研究问题的划分为本研究的开展提供了解答问题的关键点。三个子研究问题的划分依次递进、层层深入，全面解答了"个体行动者如何为组织获取资源"的研究问题。根据子研究问题的划分，本研究分别对组织内领导者个体获取的资源内涵及类型、获取资源的策略、获取资源的影响机制进行研究。研究问题划分如图 1-2 所示。

第一，领导者个体获取的资源内涵。

"领导者个体为组织获取的资源有哪些(what)"是本研究要解决的主要问题，

① Barney(1986)提出战略要素市场(strategic factor market)作为讨论组织资源的场所，后续资源基础理论研究者受到了 Barney(1986)提出的战略要素市场的影响，大多采纳了战略要素市场作为组织获取资源的场所。

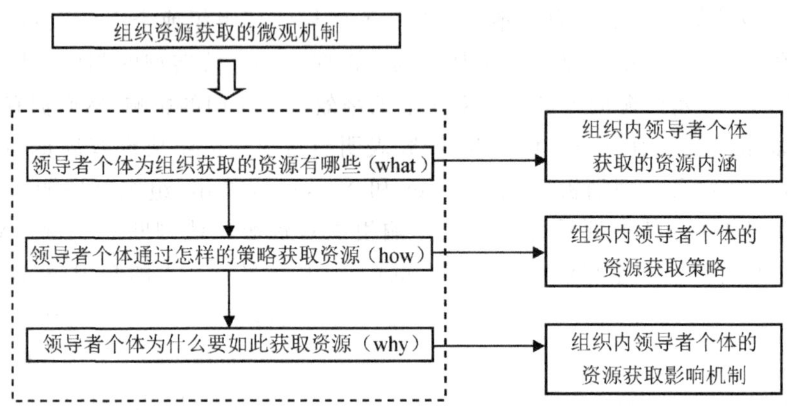

图 1－2　研究问题的提出与分解

是进一步探究领导者获取资源策略以及影响机制的前提条件。资源基础理论从资源的定义、分类以及价值来源方面为理解组织资源提供了基本依据。然而，起源于西方市场经济环境中的资源基础理论将讨论资源的情境置于战略要素市场中，经济性视角成为已有研究理解组织资源的潜在假定[19]。从经济性视角理解资源并没有很好地解释中国情境中组织领导者获取的资源内涵及类型。因此，本研究首先对此问题展开研究。

第二，领导者个体获取资源的策略。

探究领导者个体获取资源的策略是本研究在识别领导者获取的资源内涵后的进一步研究，目的在于揭示“领导者个体通过怎样的策略获取资源（how）”。已有研究对组织获取资源的探讨主要集中于组织层面，研究组织作为整体行动者的资源获取方式，对组织内部个体行动者如何为组织获取资源则鲜有关注。近年来，从微观层面探索领导者在组织获取资源过程中的作用引起了学者的关注[20,32,33]。例如，Alvarez 和 Busenitz[27] 指出以领导者为切入点探究其为组织获取资源的过程是打开组织资源获取“黑箱”的关键。因此，本研究聚焦于领导者个体为组织获取资源的过程，揭示其为组织获取资源的策略。

第三，领导者个体获取资源的影响机制。

对领导者个体获取资源策略的揭示引起另外一个问题，就是“领导者个体为什么要如此获取资源（why）”。虽然不同制度环境和不同领导者个人差异会影响组织获取资源的观点已经受到了学者们的关注，但已有研究对“哪些制度因素会影响领导者为组织获取资源”“哪些个人因素会影响领导者为组织获取资源”“这些因素如何影响领导者为组织获取资源”等研究问题并没有进行充分解答[65,66]。因此，本研究同时考虑制度层面和个体层面的影响，对领导者个体为组织获取资源的影响因素和影响机制进行了研究。

本书分为 7 章，章节安排如下：第 1 章介绍了研究的现实背景，明确了研究问题、研究内容与章节安排；第 2 章通过综述已有文献建立本书的研究框架，从“组织资源内涵”“组织资源获取”“组织资源获取的影响机制”三个方面对组织资源获取相关研究进行综述；第 3 章为研究设计，介绍了本研究的开展过程，详细说明了研究方法、样本选择、数据收集、数据分析、研究效度等内容；第 4 章研究了领导者个体为组织获取的资源内涵，区分了社会型资源与经济型资源的类型划分和价值来源，回答了“领导者个体为组织获取的资源有哪些(what)”的研究问题；第 5 章研究了领导者个体为组织获取资源的策略，揭示了个体认知、行为与制度环境互动的资源获取过程，回答了“领导者个体通过怎样的策略获取资源(how)”的研究问题；第 6 章从宏观制度层面和微观个体层面研究了领导者为组织获取资源的影响机制，回答了“领导者个体为什么要如此获取资源(why)”的研究问题；第 7 章总结了本研究的结论、主要创新点和未来研究方向。本研究的章节安排如图 1－3 所示。

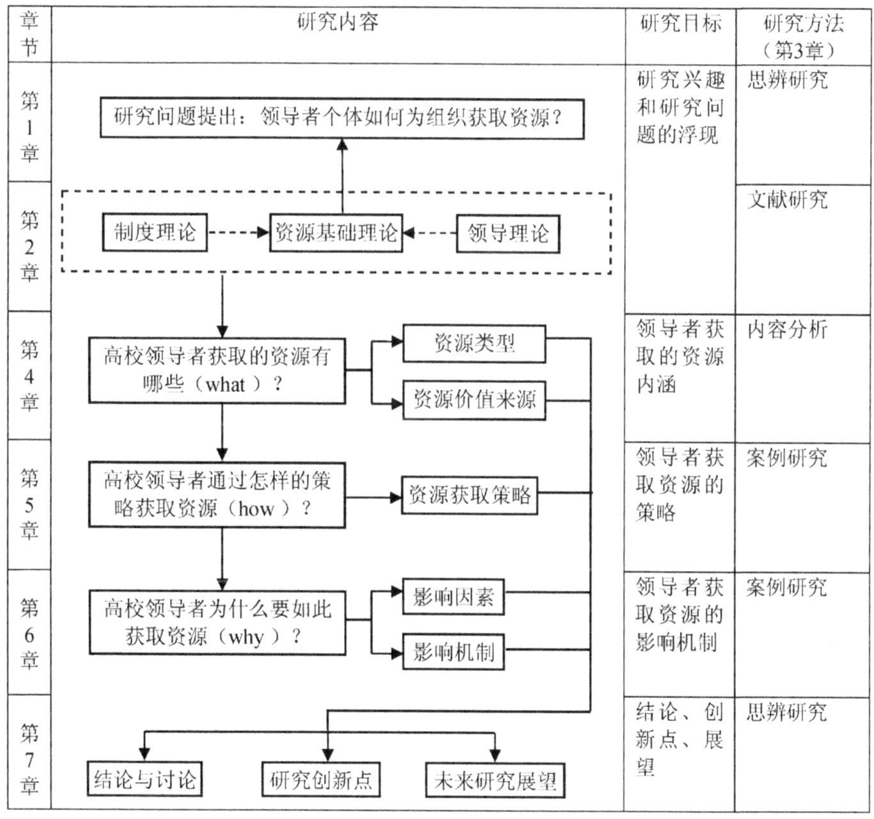

图 1－3　研究结构与章节安排

第2章 研究综述

本章主要对研究的理论基础进行综述。围绕“个体行动者如何为组织获取资源”的研究问题,本章以资源基础理论为基础,同时借鉴制度理论与领导理论相关研究,从“组织资源内涵”“组织资源获取”“组织资源获取的影响机制”三个方面对已有研究进行综述。具体来说,资源基础理论从组织层面对资源的内涵以及资源的获取方式提供了借鉴;制度逻辑理论从制度层面为组织资源获取的环境提供了借鉴;领导理论从个体层面对领导者在组织资源获取中的作用提供了借鉴。

2.1 组织资源的内涵

资源作为组织研究中的重要话题,长期吸引着众多学者的关注[1,3],独特的资源不仅能够为组织带来持续竞争优势[3],而且能减少组织对其所在外部环境的依赖[81,82]。Barney[83]指出学者们从不同角度对组织资源展开了研究,资源基础理论成为其中重要的研究理论,为组织资源内涵以及组织资源获取研究提供了基本的理论依据。基于资源基础理论,本研究首先对资源的定义、资源的分类、资源的价值来源进行综述,进而对资源基础理论研究资源的经济性视角进行反思,指出本研究从社会性视角理解组织资源内涵的重要性和必要性。

2.1.1 资源的定义与分类

1)资源的定义

已有研究中资源的定义种类繁多,学者们从不同角度对资源进行了界定和解读,如表2-1所示,本研究将资源基础理论研究中常见的资源的定义列举如下。其中,有三种对资源的界定在后续研究中得到了广泛引用,深刻影响着已有研究对组织资源的理解。

表2-1 已有研究对资源的定义举例

作者(年份)	期刊	资源定义
Caves(1980)	JEL	资源是组织在特定时间内拥有的所有资产,包括有形资产和无形资产

续表

作者(年份)	期刊	资源定义
Wernerfelt(1984)	SMJ	资源是能够为组织带来优势或劣势的一切。具体来说,资源是特定时间内组织所拥有的有形资产和无形资产总和
Barney(1991)	JOM	资源包括所有资产、能力、组织过程、组织属性、信息、知识等组织所控制的能够使组织构思或实施战略,从而提高效率和效力的一切
Amit 和 Schoemaker (1993)	SMJ	资源是组织拥有或控制的所有可用的要素存量;能力是组织运用资源而达到特定结果的技能
Helfat 和 Peteraf(2003)	SMJ	资源是组织所拥有、控制或者能够半永久接近的生产所需的资产或投入(包括有形和无形)
项保华(2003)	科研管理	资源是能够被管理者所完全掌握的外显的、静态的、有形的、被动的"使役对象"
Kraaijenbrink, Spender 和 Groen(2010)	JOM	现有资源定义几乎无所不包,没有很好地反映资源本质,有利于组织战略实施的一切都是资源
罗友花和李明生(2010)	科研管理	资源是指能够对特定主体带来力量或弱点的任何东西,包括有形的和无形的东西
Halbesleben 等(2014)	JOM	资源是有利于组织或个人目标达成的任何事物,提出了概括已有资源定义的"目标导向视角"

注释:JEL = Journal of Economic Literature; JOM = Journal of Management; SMJ = Strategic Management Journal。

首先,Wernerfelt[2]从最宽泛的角度将资源定义为能够为特定组织带来优势或劣势的一切。此定义一方面指出资源是对特定主体而言的,另一方面从优势和劣势两个维度看待资源对组织的作用。后续部分学者延续了这种"双面性"的资源定义,例如罗友花和李明生[84]将资源定义为能够对特定主体带来力量或弱点的任何东西。其次,Barney[3]将资源与组织持续竞争优势相联为战略研究开拓了一个新的领域——资源基础观,提出具有 VRIN 特征(即珍贵的、稀有的、难以模仿的、不可替代)的资源能够为组织带来持续竞争优势[3]。资源基础观为组织持续竞争优势的获得提供了不同于产业组织观的新视角,同一行业内不同组织间的资源差异受到关注[21]。资源被定义为各种组织所控制的能够使其构思和实施战略的资产、能力、组织过程、组织属性、信息和知识等的集合,重点强调了资源与组织持续竞争优势之间的联系[3]。最后,动态能力理论为组织获取资源提供了基于能力的新视角[26]。Amit 和 Schoemaker[25]将资源和能力区分开来：资源被定义为组织拥有、控制或能够半永久接近的生产过程中的资产或输入；而能力则是组织协调任务、运用资源而达到特定结果的技能[4]。与资源基础观提出的具有 VRIN 特征[3]的资源能够为组织带来持续竞争优势的观点不同，动态能力理论否定绝对的持续竞争优势的存在，提出竞争优势的持续只有在动态层面才能够实现[6,26,85]。将能力从广义资源中划分出来后[29]，资源的定义更集中于组织可用的生产要素集合[25]，而这些生产要素之间如何被整合以达到竞争优势成为了后续动态能力研究者所关注的主要问题。

Wernerfelt[2]、Barney[3]、Amit 和 Schoemaker[25]提出的三种对资源的界定在后续研究中被广泛引用，然而，对于这些被广泛引用的资源定义，学者们也提出了反思和质疑。例如，Kraaijenbrink、Spender 和 Groen[21]指出以上三种资源定义几乎无所不包，并没有很好地揭示资源本质。对于组织资源定义的探索仍在新近研究中吸引着研究者的关注。例如，Halbesleben 等[39]综述了已有研究对资源的定义，提出了资源的"目标导向视角"(goal-directed perspective)，他们将资源定义为有利于组织或个人目标达成的任何事物，并指出"目标性"是理解资源本质以及概括已有多种资源定义的关键，即资源对组织目标达成的贡献被视为资源区别于其他构念的关键。因此，本研究接纳并采用了资源的"目标导向视角"[39]，同时借鉴已有经典定义[3]，进而将资源定义为有利于组织目标达成的要素集合，包括组织的资产、能力、组织过程、企业属性、信息、知识等。

2)资源的分类

资源基础理论研究者注意到对资源类型进行划分有利于更好地理解资源内涵，因此，资源的分类同样引起了学者们的关注。如表 2-2 所示，本研究将资源基础理论研究中常见的资源的分类进行了列举。

表 2-2 已有研究对资源的分类举例

作者(年份)	期刊	资源分类
Caves(1980)	JEL	有形资源(tangible resource) 无形资源(intangible resource)
Barney(1991)	JOM	物质资源(physical capital resource) 人力资源(human capital resource) 组织资源(organizational capital resource)
Amit 和 Schoemaker(1993)	SMJ	资源(resource) 能力(capability)
Maritan 和 Peteraf(2011)	JOM	外部获取资源(acquiring resource) 内部积累资源(accumulating resource)

续表

作者(年份)	期刊	资源分类
Andrevski 和 Ferrier(2019)	JOM	组织内部资源(internal resource) 组织外部资源(external resource)
罗辉道和项保华(2005)	科研管理	战略资源(strategic resource) 一般资源(general resource)

注释:JEL = Journal of Economic Literature; JOM = Journal of Management; SMJ = Strategic Management Journal。

首先,Caves[86]根据资源存在形态的差异将资源划分为有形资源和无形资源两类,其中,有形资源是具有实物形态的资源,如厂房设施、生产设备、原材料等,无形资源是不具有实物形态的资源,如企业的产品和服务声誉、专利和知识产权等[84]。在进一步区分有形资源与无形资源时,有学者指出虽然有形资源保证了组织经营业务的正常运行,但无形资源更可能成为组织持续竞争优势的来源[87, 88]。因此,学者们意识到了无形资源的重要性[27],对无形资源的划分相比有形资源引起了学者们的更大争议。Grant[89]将无形资源分为四类,即人力、技术、名声和组织资源。Hall[90]将无形资源分为资产和能力两种:资产强调组织已有的技术、荣誉等,如专利、名誉等;能力强调组织拥有的与完成某事相关的技能,如组织能力、操作能力等。

其次,Barney[3]根据资源依托载体的差异将资源分为物质资源、人力资源和组织资源三类,其中,物质资源包括组织所有的物理技术,如机器设备、地理位置等;人力资源包括组织内的培训、经验、智力、联系、管理者和工人的洞见等;组织资源包括组织的结构、正式和非正式的计划、控制、协作系统,团体间的非正式联系等。此外,学者们还从其他视角对组织资源进行了划分。如罗辉道和项保华[29]根据资源与竞争优势间的关系将资源划分为一般资源和战略资源,其中,一般资源是企业的普通资源,这些资源因为容易模仿、容易购买等原因不能为企业带来竞争优势;战略资源是能够为企业带来竞争优势的资源。Maritan 和 Peteraf[1]根据资源获取方式的差异将资源划分为外部获取的资源和内部积累的资源两类,其中,外部获取的资源是组织在市场中通过购买而获得的资源;内部积累的资源是组织在内部建立起来的资源[1]。Andrevski 和 Ferrier[91]在对组织竞争性进攻产生超额利润的研究中,将组织资源类型划分为外部资源和内部资源,其中,外部资源指组织在战略联盟网络中获取的资源,内部资源指组织内部的资源集合。

2.1.2　资源的价值来源

Zhang、Zhang、Xi[47]指出资源的价值来源是资源基础理论研究中的重要问题,构成了理解资源内涵的另一个重要方面。自 Barney[3] 1991 年提出具有价值的、稀缺的、难以模仿的、不可替代四种特征的资源能够为组织带来持续竞争优势后，资源基础理论强调资源与组织持续竞争优势之间的联系，即关注资源与结果变量之间的关系，然而缺乏对资源前因变量的关注。如果说对资源与组织结果变量之间关系的研究显示出资源对组织的重要性，那么对资源与其前因变量之间关系的研究则能够很好地解答资源的重要性是如何而来的。资源的价值来源构成了从前因变量研究组织资源的一个重要方面。

通过对已有文献回顾发现，对资源价值的讨论在资源基础理论提出的初期曾受到了部分研究者的关注。早于提出资源基础观，Barney[23]即提出了战略要素市场的概念，并在战略要素市场中讨论了组织资源的价值来源。他将战略要素市场定义为组织为了实施战略而买卖资源的场所，指出资源的价值体现在战略要素市场中组织买入资源的成本与资源未来收益间的差异，成本与收益之间的差异越大，组织资源的价值越大。此后，资源基础理论研究者受到了战略要素市场的影响，大多采纳了战略要素市场作为组织获取资源的场所，从而资源在战略要素市场中的成本和收益的差异成为衡量其价值的潜在假定。例如，Dierickx 和 Cool[60]延续了通过战略要素市场中买卖的价格差异衡量资源价值，同时指出了资源在组织内部建立的可能性。Grant[89]关注了有形和无形资源的价值，强调了战略要素市场中的信息不完备会影响组织对资源价值的评估。Makadok 和 Barney[92]在战略要素市场中建立了有关信息的理论，指出企业购买稀有资源时需要重视信息，信息的获得能够帮助组织更准确地判断资源价值。Kim、Hoskisson 和 Lee[44]指出战略要素市场是理解资源价值的重要的、潜在的情境，指出战略要素市场的差异影响跨国企业地域多元化与企业盈利能力之间的关系。

此外，资源的价值来源在研究中长期没有得到学者们更多的重视，直到 Schmidt 和 Keil[40]再次指出资源价值来源对理解组织资源的重要性。通过对组织资源的价值来源进行研究，他们发现资源能够为组织目标达成做出贡献的关键在于资源能够为组织带来价值，并强调了从资源价值来源的角度深入理解组织内涵的重要性。不同于 Barney[23]在战略要素市场中用资源成本和收益间的差异衡量资源价值，Schmidt 和 Keil[40]提出资源价值受其所在情境的影响，资源是否有价值取决于组织的市场地位、组织原有的资源、组织在网络中的位置以及管理者的先有知识和经验等四个方面。Barney[83]指出从利益相关者视角对资源基础理论进行补充，能够更好地理解组织获取资源的价值。

近年来，Schmidt 和 Keil[40]，Zhang、Zhang、Xi[47]，Barney[83]，Andrevski 和 Ferrier[91]对组织资源价值的探讨为本研究从资源价值角度加深对组织资源内涵的理解提供了理论依据，也为本研究跳出战略要素市场长期形成的从经济性视角理解资源价值提供了重要线索。

2.1.3　理解资源的视角

1)经济性视角理解资源

学者们指出理论产生的情境至少与理论本身一样重要[36]。回顾已有资源基础理论研究对组织资源的理解,本研究发现,经济性视角成为已有研究理解组织资源的潜在假定[19]。首先,资源的经济性理解反应在资源基础理论最初的发展中。作为对产业组织观的补充[3,38],资源基础理论起源于西方社会的市场经济环境,战略要素市场成为理解组织资源的潜在背景。正如 Barney[23] 根据市场中自由竞争的价格体制衡量资源价值,提出"组织在战略要素市场中买卖资源以实施战略,仅有在资源的成本小于其价值时组织才能够从市场中获得超常收益"。Wernerfelt[2] 将市场环境中的资源和产品进行对比,指出"资源和产品对组织来说如同一个硬币的两面,产品的生产过程需要资源,而资源会成为产品的一部分"。其次,资源的经济性理解在资源基础理论后续研究中得到了继承和延续。从而经济性视角成为已有研究理解组织资源的潜在假定。

本研究对资源基础理论研究进行了回顾,研究发现经济性视角理解资源反映在资源目标以及资源价值来源两个方面。一方面,"绩效(performance)"[19,40-42]、"盈利(profitability)[15,43,44]"、"效率(efficiency)"[3,26]、"效力(effectiveness)"[3,26]等反映组织经济性目标的词语普遍出现在资源基础理论对资源目标的研究中。例如,Penrose[22] 指出组织必须通过成功获取和管理有价值的资源,才能达到出众的绩效。Barney[3] 指出资源能够促使企业构思和实施战略从而提高企业的效率和效力。Sirmon、Gove 和 Hitt[14] 指出资源必须被有效率地捆绑和利用才能实现竞争优势。Leiblein[26] 同样提出资源对企业有用的关键在于资源能够促使企业构思和实施战略从而提高其效率和效力。Ndofor、Sirmon 和 He[93] 指出资源基础理论强调资源是企业获得竞争优势和出众绩效的重要驱动力。Schmidt 和 Keil[40] 指出企业拥有的资源禀赋不同会导致企业产生不同的绩效。Chadwick、Super 和 Kwon[19] 回顾了过去 20 多年资源基础理论的发展,提出资源基础理论主要用于解释组织绩效的差异。Meyer-Doyle 等[64] 指出企业能够通过获取资源进而实施战略得到超常的经济绩效。

另一方面,"成本(costs)"[23,44]、"价格(price)"[2,23,40]、"收益(return)"[23,37]、"利润(profit)"[15,43]、"租金(rent)"[45,46] 等词语常常用来衡量组织资源的价值。例如,Wernerfelt[2] 指出企业需要在市场中购买资源以产生收益,而资源价格与买卖双方的议价能力有关。Barney[23] 指出只有当企业实施产品市场战略的资源的购买成本明显少于这些资源的经济价值时,企业能够获得超常收益。Castanias 和 Helfat[45,46] 指出企业内部资源的独特性和差异性是企业租金产生和形成的关键。Sirmon、Hitt 和 Ireland[15] 指出资源价值产生于企业在以超过竞争对手的能力为顾客提供解决方案的同时,能够维持或提高资源的利润边界。Makadok[43]指出资源基础理论聚焦于竞争优势有利于帮助解释企业内部利润差异的来源。Schmidt和Keil[40]指出资源价值对要素市场内的竞争有影响是由于企业将资源的价值看得越重,企业越会愿意为其付出更高的价格。Breton-Miller和Miller[45,46]指出一些资源的本质在于促进组织产生持续的租金。Kim、Hoskisson和Lee[44]研究发现企业实施产品市场战略所需要获取的资源,其成本在不同国家有所不同。Andrevski和Ferrier[91]指出企业能够通过运作其优越的内部资源或外部资源获得更高的利润。Fainshmidt等[94]指出组织的战略导向构成了影响不同环境中动态能力价值的一个重要因素,在变化频率相对低的环境中,通过资源获得差异化收益的可能性更低,但开发新资源的成本依然很高。

2)社会性视角理解资源

经济性视角理解资源与西方社会中以市场经济为主导的现实相呼应[19,47]。然而,1978年改革开放政策实施后,中国开始了由计划经济向市场经济的转型,转型时期的特殊性造就了国家行政干预的计划经济与自由竞争的市场经济共存[95]。单一的经济性视角并不能很好地解释中国情境下组织获取的资源内涵,情境的差异为本研究探索中国高校领导者为组织获取的资源内涵提供了研究机遇。

经济行为嵌入在社会结构中的观点很早就受到了学者们的重视[96,97]。20世纪60年代以来,组织研究者受到社会学理论的影响,对组织研究的思路逐渐发生了重要转变:从聚焦于经济性视角理解组织转变为同时从经济性视角和社会性视角理解组织[48]。大量强调从社会性视角理解组织的文献开始出现,成为管理研究中的重要话题,例如社会责任研究[48,49]、社会回应研究[50,51]、社会绩效研究[50,52]、社会网络研究[53,54]、社会资本研究[54,55]、社会评价研究[56,57]等。这些研究为本研究从社会学视角理解组织资源提供了重要启示。

首先,社会责任、社会回应以及社会绩效等研究启示本研究关注组织的社会性目的,关注制度环境中合法性要求以及企业的社会评价[56,57]。20世纪60年代以来,企业社会责任研究成为政府、企业家、学者们共同关注的重要研究话题[49]。吕力[50]指出企业社会责任研究经历了从企业社会责任(CSR或CSR1)到企业社会回应(CSR2),再到企业社会绩效(CSP或CSR3)的三个研究阶段发展。徐本华[52]指出企业社会责任、社会响应、社会绩效等研究认为企业不应只以利润作为衡量其行为的标准,还必须同时考虑企业行为对利益相关者以及对社会的影响。刘玉焕和井润田[49]研究发现,企业社会绩效与企业财务绩效之间的关系成为企业社会责任研究中的一个重要问题,然而研究结论却存在很大的分歧:研究初期,学者们认为企业承担社会责任会损害其财务绩效,提出企业社会绩效和企业财务绩效之间存在负相关的关系;随着研究的深入,越来越多的学者相信企业社会绩效和企业财务绩效之间存在正相关的关系。李茜、熊杰和黄晗[101]指出企业社会责任以及社会绩效等研究关注企业在创造经济利润的同时还需要承担的社会责任，社会责任缺失会对财务绩效产生影响。肖红军和李平[102]指出传统式的社会责任治理方式，如点对点的原子式社会责任治理、传导式的线性化社会责任治理、联动型的集群式社会责任治理，在平台情境下表现出局限性，进而提出了适用于平台情境的企业社会责任生态化治理方式。

其次，社会网络和社会资本研究关注了社会网络结构对资源价值的影响，为本研究从社会性视角理解组织资源提供了直接启示。20 世纪 90 年代以来，社会网络和社会资本研究成为管理学研究中最新的研究话题之一。黄灿和李善民[103]等研究者注意到组织之间存在各种资源和信息的交换，其中从事经济活动的个体或群体嵌入于社会网络结构中，会受到社会网络的约束和影响。社会网络与社会资本研究紧密相连[53]，社会网络研究强调社会成员构成关系网络，而社会资本研究关注这种关系网络为成员提供的可以利用的资源[55]。郭云南、张晋华和黄夏岚[53]指出社会网络是一群特定的人之间的正式、非正式的社会关系的集合，包括人们之间的直接社会关系和通过物质环境、文化共享形成的间接社会关系。Coleman[77]研究发现了社会资本的五种表现形式：义务与期望、信息网络、规范与有效惩罚、权威关系、多功能社会组织或有意创建的社会组织。Lin[54]指出社会资本是投资社会网络中的社会关系而得到工具性的回报(returns)、收益(benefits)和利润(profit)。陆迁和王昕[55]总结了已有研究对社会资本的四种理解：第一种是社会网络说，学者们将社会资本的本质看作是一种社会网络关系，社会关系网络中能够占有和利用的资源即为社会资本；第二种为社会信任说，学者们将信任看作是社会资本的关键，信任成为了社会网络目标实现的重要纽带；第三种为权威关系说，学者们将社会资本看作是个人拥有的以社会结构资源为特征的资本财产，人们将自己的部分权利转让给他人以换取对他人资源的控制；第四种为社会参与说，学者们认为社会资本的重点在于社会参与性，通过不同个体和团体的参与作用于政治、经济生活。

然而，需要说明的是，社会网络和社会资本研究虽然考虑了社会网络结构对组织资源的影响，但将资源作为“资本”(capital)的社会网络和社会资本研究仍主要关注资源的经济性价值[58]，为本研究探索资源的社会性价值提供了研究空间。

综上所述，尽管经济行为嵌入在社会结构的观点并不新奇[96, 97]，但很少有研究从社会性视角入手讨论资源对组织社会性目标达成的作用以及资源的社会性价值来源。正如沈奇泰松、葛笑春和宋程成[104]的研究反思，在战略管理的传统观点(资源基础理论)无法解释组织的资源获取行为时，是否有超出“经济理性”的另一种社会性驱动机制在发生作用？

如图 2-1 所示，不同于经济性视角理解资源，社会性视角的引入启示本研究从制度环境中理解资源。需要说明的是，根据关注问题的不同，管理学研究中学者们对社会性视角的借鉴形成了两种重要的研究流派：制度学派（the institutional approach）[70, 105]和社会网络学派（the network approach）[54, 96]。制度学派研究者从宏观层面理解社会结构，将社会结构理解为包括社会规则、规范、意识形态等的制度环境[70, 105]，强调行动者在制度环境中受到的约束[70]。而社会网络学派从微观层面将社会结构理解为链接组织或个人的社会网络，强调个人在社会网络中的位置差异，以及由社会网络引起的社会资本的不同[54, 96]。本研究同时借鉴制度学派和社会网络学派的观点，关注制度环境对组织内个体获取资源的影响，以及个体行动者获取资源的社会互动过程，从而理解领导者为组织获取的资源内涵。社会性视角的引入为本研究从微观层面理解领导者个体为组织获取的资源内涵提供了理论依据。

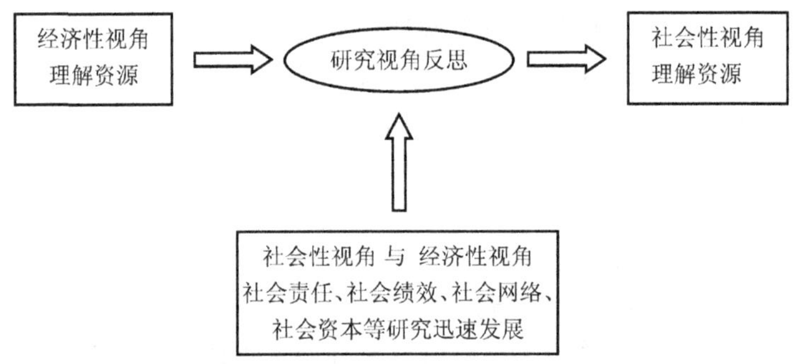

图 2-1　组织资源内涵的研究视角

2.2　组织资源获取

资源是组织生存和发展的基础，如何获取资源是组织管理者思考的核心问题，也是资源研究中经久不衰的话题[1]。关于组织如何获取资源，学者们持有两种不同观点：一种认为资源是从组织外部的战略要素市场中通过购买获取的[3]；另一种认为资源是从组织内部通过构建得到的[60]。Maritan 和 Peteraf[1]、Andrevski 和 Ferrier[91]将两种观点相融合，认为组织获取资源既可以通过外部购买得到，又可以通过内部构建得到。

本研究将已有研究对组织资源获取的两种观点——组织外部获取和组织内部获取列举如表 2-3 所示。以下将分别对组织外部获取资源和组织内部获取资源两方面的研究进展进行介绍。

表 2-3　组织资源获取分类

作者(年份)	期刊	组织外部获取资源	组织内部获取资源
Barney(1986)	MS	购买资源 (purchase resource)	——
Dierickx 和 Cool(1989)	MS	购买资源 (purchase resource)	积累资源 (accumulate resource)
Amit 和 Schoemaker(1993)	SMJ	——	发展资源 (develop resource)
Makadok 和 Barney(2001)	MS	购买资源 (purchase resource)	——
Helfat 和 Peteraf(2003)	SMJ	——	建立资源(build resource) 整合资源(integrate resource) 重新配置资源 (reconfigure resource)
Denrell、Fang 和 Winter(2003)	SMJ	——	转化为复杂资源 (transform resource)
Sirmon、Hitt 和 Ireland(2007)	AMR	购买资源 (purchase resource)	发展资源 (develop resource)
Adegbesan(2009)	AMR	购买资源 (purchase resource)	管理资源 (manage resource)
Maritan 和 Peteraf(2011)	JOM	购买资源 (purchase resource)	建立资源 (build resource)
Sirmon 等(2011)	JOM	购买资源 (purchase resource)	发展资源 (develop resource)

注释：AMR＝Academy of Management Review；JOM＝Journal of Management；MS＝ Management Science；SMJ＝Strategic Management Journal。

2.2.1　组织外部获取资源

早于 Barney[3] 提出资源基础理论，Barney[23] 在研究资源如何为组织提供竞争优势时提出了战略要素市场的概念。他将战略要素市场定义为组织为了实施战略而买卖资源的场所，在战略要素市场中，组织可以买卖与战略实施相关的资源，从而完成从组织外部获取资源。“战略要素市场中购买资源”的提出在一定程度上解释了组织间资源的差异性，奠定了资源基础观的理论基础，在有关组织外部获取资源的后续研究中得到了发展。例如，Makadok 和 Barney[92] 建立了有关信息的理论，考虑到组织购买资源时，资源的价值是未知的，且资源价值对不同组织来说不同，因此他们提出组织购买稀有资源时需要重视信息，信息能够帮助组织更准确地预测资源价值。Sirmon、Hitt 和 Ireland[15] 建立了资源管理框架，将组织从外部获取资源作为资源管理步骤中的第一个环节，对于组织从外部获取资源，他们采用了

Barney[23]的观点，指出组织需要从战略要素市场中购买资源。

纵观资源基础理论对组织从外部获取资源的研究，发现组织从战略要素市场中购买资源经历了早期的战略要素市场研究、组织资源互补研究、领导者信息判断研究的发展和演变。首先，在资源基础理论提出的早期，学者们研究了组织从战略要素市场中购买资源的过程。研究发现组织对战略要素市场中资源成本和未来价格差异的预期是其在战略要素市场中成功获取资源的前提，而运气和信息优势则是决定组织是否能够正确预期资源未来价格从而产生超额利润的关键。除去运气的偶然性影响，信息优势成为组织能够控制的影响其从外部获取资源的主要因素。

其次，研究者们发现战略要素市场研究过于强调信息对组织在战略要素市场中购买资源的重要性，忽略了组织本身特性和领导者的作用。例如，Mahoney[106]发现领导者的思考模式影响了领导者对资源价值和用途的感知，进而影响组织从外部获取资源。Alvarez 和 Busenitz[27]指出领导者在社交网络中所处的位置会影响领导者能够接触到的信息渠道，某些多样化的、不寻常的、专有的信息来源会有利于组织获取资源。Denrell、Fang 和 Winter[107]认为组织层面的因素差异会影响组织对资源价值的认知。Baker 和 Nelson[11]指出组织对资源未来收益的判断是主观的，其中领导者个人是影响组织对资源价值判断的关键。Sirmon、Hitt 和 Ireland[15]认为在研究以资源为基础的组织竞争时，组织通常需要同时对一组互补性资源进行配置部署。Dencker、Gruber 和 Shah[108]认为领导者的知识和经验是组织资源的另外一种来源。Adegbesan[109]认为组织在战略要素市场中的资源选择受组织现有资源类型影响，组织可以通过对资源的配置组合取得超额绩效。Maritan 和 Peteraf[1]指出需要深入剖析组织外部资源获取的具体管理过程和组织过程，才能彻底澄清组织是如何从外部获取资源的。张琳、张晓军和席酉民[61]指出作为组织的战略制定者和运营管理方，领导者在创造组织异质性资源过程中的作用也受到研究者的重视，从外部资源获取的过程看，领导者影响组织从外部获取资源的关键在于能为组织带来信息优势。Stoyanov 等[110]指出领导者在社交网络中所处的位置会影响领导者对组织获取资源的判断，领导者某些多样化的、不寻常的、专有的信息来源会有利于组织获取资源。黄灿和李善民[103]提出企业股东的关系网络形成的弱关系会影响其获取信息优势的能力，从而有利于提升企业绩效。

总的来说，现有资源基础理论研究对组织从外部获取资源的探讨起源于 Barney[23]提出的战略要素市场，购买成为了组织从外部获取资源的方式。此外，学者们对组织从外部获取资源的研究还涉及信息优势、组织互补性资源配置以及领导者信息判断等方面的研究。从信息优势看，组织对资源价值的判断取决于组织收集信息的能力；从组织互补性资源配置看，在不考虑信息差异的情况下，不同组织会基于自身资源配置情况对同一种资源做出不同的价值判断；从领导者信息判断看，领导者具有的特定信息和能力不但会影响组织对获取资源机遇的价值判断，而且决定了组织对机遇的感知能力。

2.2.2 组织内部获取资源

不同于组织从外部获取资源，学者们认为一些非交易性资源（如信任和名誉等）只能通过组织内部积累而获得，提出从组织内部获取资源的能力差异是影响组织获取竞争优势的重要因素。自 Dierickx 和 Cool[60] 提出有些资源无法从组织外部获取以后，组织内部获取资源受到学者们的重视，激发了学者从组织内部研究资源的获取过程以及组织的可持续竞争优势来源，促使组织内部获取资源成为区别于组织外部获取资源的另一种资源获取研究观点[1]。组织内部获取资源强调组织内部参与资源获取的复杂过程，这一观点为后来的动态能力和动态资源基础观的出现和发展提供了重要理论基础。

动态能力理论为组织资源提供了基于能力的新视角[26]，与组织外部获取资源不同，动态能力理论否定绝对持续竞争优势的存在，提出竞争优势的持续只有在动态的层面才能够实现[27,28]，启发研究者从组织内部研究资源的获取过程。在动态能力的基础上进一步提出的动态资源基础观[4]，包括动态能力、资源管理的系统观、基于能力的竞争理论等。动态资源基础观认为组织的资源和能力都存在一个动态变化的过程，资源和能力的动态变化可以解释组织竞争优势的变化。

Amit 和 Schoemaker[25] 将能力从广义资源中划分出来[29]，从而资源的定义更集中于组织可用的生产要素集合[25]，而这些生产要素之间如何被整合以达到竞争优势成为后续动态能力研究者所关注的主要问题。Teece、Pisano 和 Shuen[111] 提出了动态能力概念，并将动态能力定义为“组织整合、构建、调整内外部资源以适应外部环境的能力”。Eisenhardt 和 Martin[7] 将动态能力描述为组织整合、重新配置、增加和释放资源以适应和创造市场变化的过程。Teece[112] 提出动态能力包含组织为了应对顾客端和技术端机遇而具有的不可复制的能力，并将动态能力概括为三个方面：感知机会和威胁的能力；抓住机遇的能力；为了维持竞争力，在必要时刻加强、合并、保护、重构企业有形和无形资产的能力。研究发现动态能力很大程度上与组织内部的技能、程序、组织构架、决策程序、规则规范等方面高度相关，而这些细节正是组织动态能力难以构建开发的难点[112]。Helfat 和 Peteraf[113] 提出了动态管理能力的概念，并且总结了其对战略变革的影响，他们将动态管理能力定义为管理者创造、扩展以及不断完善的企业生存的方式。Nason 和 Wiklund[114] 指出动态能力研究中一个重要贡献就是关注到了资源的通用性，面对不断变化的外部环境，动态能力弥补了资源需求因环境而异的缺陷。

与资源基础理论关注从外部获取资源不同，动态能力和动态资源基础观的提出，推动了研究者从组织内部过程思考资源积累产生新资源的过程。组织内部积累资源受到了更多学者们的关注。Pacheco-De-Almeida 和 Zemsky[115] 认为组织内部积累资源具有一个内在经济矛盾:企业越是加速开发某种资源,开发的成本就越高,从而提出了可持续竞争优势与超额收益间可能存在的矛盾。Pacheco-De-Almeida,Henderson 和 Cool[116]研究了 1975—1995 年石油化工企业的内部资源积累,发现资源积累对企业投资有显著的滞后效应,越是资源积累缓慢的行业竞争越激烈。Agarwal 和 Helfat[117]提出企业更新战略时存在一种连续积累的变化过程,企业的资源和能力等因素的变化会导致企业的战略转变。Gary 和 Wood[118]认为要从长时间的发展过程入手分析企业间的绩效差异,研究发现企业在长时间内积累的差异化资源和不同的战略选择是解释企业绩效差异的潜在原因。Fainshmidt 等[94]结合组织内部因素和环境因素的共同影响,探索了战略匹配机制对动态能力与竞争优势之间关系的影响,当动态能力支持的组织战略方向与环境相匹配时,动态能力才会为组织带来竞争优势。

如图 2-2 所示,经过多年的理论发展,研究者逐渐认识到组织外部获取资源和组织内部获取资源是两种同时存在的资源获取方式。例如,Andrevski 和 Ferrier[91]提出组织外部获取资源和组织内部积累资源是资源构建过程中的两个重要步骤。再如,Maritan 和 Peteraf[1]回顾了已有文献对组织外部获取资源和组织内部获取资源两方面的研究,总结了组织获取资源的研究脉络。首先,他们提出组织资源既可以通过外部获取又可以通过内部积累得到,外部获取和内部获取成为已有资源基础理论研究理解组织获取资源的两种观点;其次,他们对组织从外部获取资源和从内部获取资源的方式进行了区分,指出组织外部获取资源通过购买的方式完成,组织内部获取资源通过构建的方式完成。

Maritan 和 Peteraf[1],Barney、Foss 和 Lyngsie 等[63],Meyer-Doyle、Lee 和 Helfat 等[64],Andrevski 和 Ferrier[91]等研究为未来组织资源获取研究奠定了理论基础,同时他们也注意到领导者在组织获取资源中的作用是两种观点融合后所产生的重要研究机会。本研究基于学者们对组织外部获取资源和内部获取资源的划分,聚焦于组织从外部获取资源的过程,引入微观层面个体领导者的作用,深入探究高校领导者为组织获取资源的过程,如图 2-2 所示。

2.2.3 组织获取资源的微观基础

关于组织如何获得资源,已有研究从组织外部获取资源、组织内部积累资源两方面进行了大量探讨,对组织获得资源的认识也不断深入。然而,已有研究对组织获取资源的探讨主要集中于战略和组织等中观层面,研究组织作为整体行动者的资源获取行为[1],对组织内部个体行动者为组织获取资源的方式则鲜有关注[20,32,33,61]。现实中,为了得到无法通过市场交易得到的稀缺资源,组织成员特别是领导者需要千方百计甚至利用潜规则来争取资源,即使是对市场中可交易的资源,组织成员也要花费大量精力来保证资源获取的可持续性和稳定性。因此,在理

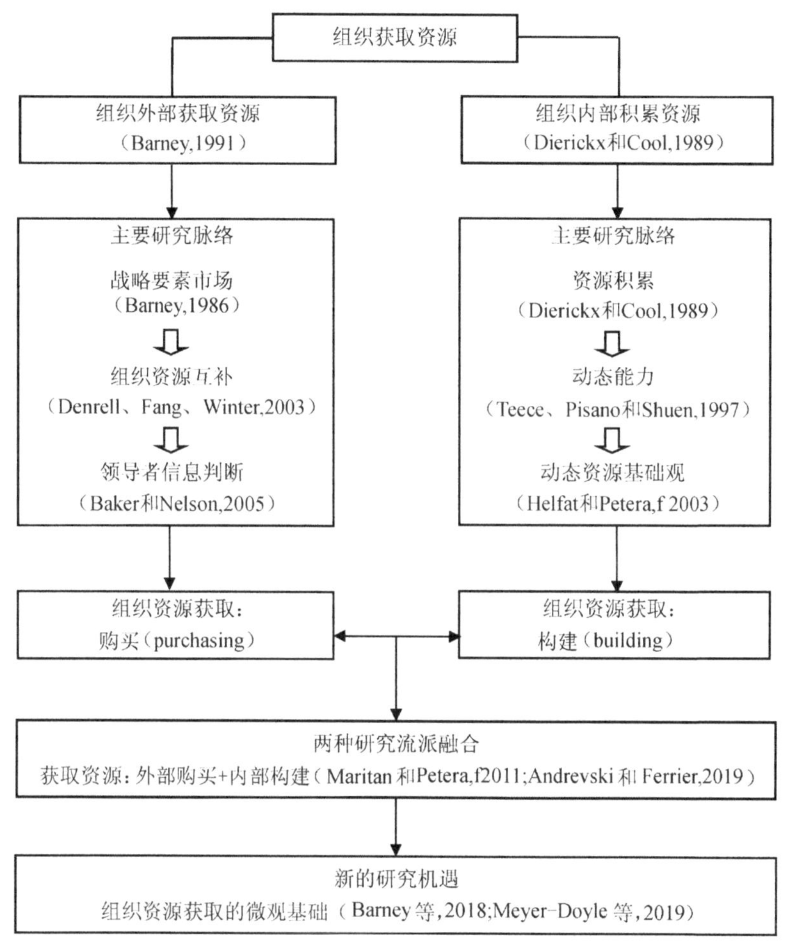

图 2-2　组织获取资源研究

解组织如何获取资源问题时，个体行动者的资源获取方式至关重要。

近年来，资源基础理论的研究者也提出，研究组织如何获取资源应该更加关注个体层面的作用，即关注资源基础理论的微观基础[20,32,33]。Abell、Felin 和 Foss[32] 将微观基础定义为组织内个体的行为和策略性互动他认为组织层面的研究无法有效解释资源和能力对组织绩效的影响，需要通过影响微观层面的个人来发挥对组织绩效的影响。Barney、Ketchen 和 Wright[20]，Foss[33]，Raffiee 和 Coff[62]，Barney、Foss、Lyngsie 等[63]，Meyer-Doyle、Lee 和 Helfat 等[64] 提出微观基础研究是资源基础理论未来发展的重要方向，认为微观基础研究可以增强资源基础理论对组织行为的解释能力。本研究以下将从资源基础理论的微观研究框架和微观研究维度两个方面对已有研究进行综述。

1)微观研究框架

资源管理研究聚焦组织管理和使用资源的过程,为资源基础理论的微观研究构建了研究框架,成为近年来资源基础理论研究中新兴的重要研究领域[17,18]。如图 2-3 所示,不同于已有研究对资源与组织竞争优势间关系的探究,资源管理研究注重从组织资源管理的过程揭示竞争优势的来源,并强调了管理者行为在资源管理过程中的作用,为探索资源基础理论的微观基础提供了重要的研究线索。

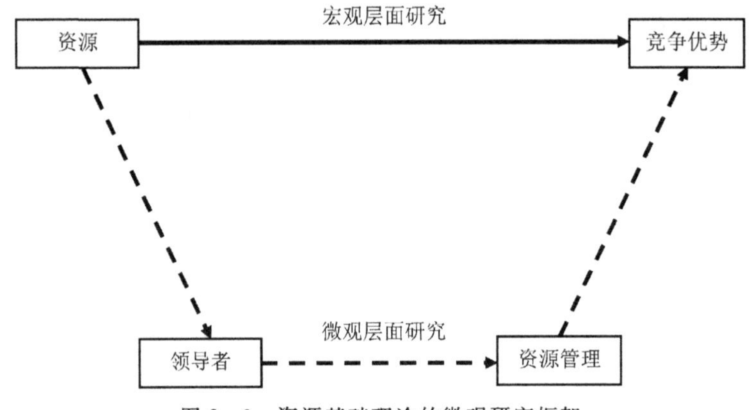

图 2-3 资源基础理论的微观研究框架

如图 2-4 所示,Sirmon、Hitt 和 Ireland[15]构建了组织资源管理步骤,将资源管理的过程依次划分为资源构建、资源捆绑、资源利用三个阶段[17]。其中,资源建构又包括资源获取、资源积累、资源剥离三个步骤;资源捆绑又包括资源稳定、资源丰富、资源开拓三个步骤;资源利用又包括资源调动、资源调整、资源配置三个步骤[15]。同时,分别对资源管理框架中提出的 9 个步骤进行了说明:资源获取是指从战略要素市场购买资源的过程;资源积累是指组织内部发展资源的过程;资源剥离是指剥离组织现有控制资源的过程;资源稳定是指对组织现有能力进行最小限度提高的过程;资源丰富是指扩展组织现有能力的过程;资源开拓是指开发适应竞争环境新能力的过程;资源调动是指明确那些能帮助组织在市场中发现机遇能力的过程;资源调整是指将所确定的能力进行有效和高效匹配的过程;资源配置是指实践中运用已有能力配置支撑选定的杠杆战略的过程,其中可选的战略包括资源优势战略、市场机遇战略、企业战略等。

此后,研究者延续了 Sirmon、Hitt 和 Ireland[15]搭建的资源管理框架。例如,Sirmon 等[18]提出了资源编排的概念,将资源管理和资产编排进行比较和融合,强调了管理者行为在资源建构、资源捆绑、资源利用三个步骤中的作用,提出资源、能力与管理者行为的有效组合是增强企业创造性的重要途径[17]。Bridoux、Smith 和 Grimm[34]通过实证研究检验了资源管理与组织绩效间的关系,他们将组织利用资源的情景区分为在市场中利用资源和在制度环境中利用资源,进而研究了资源构建、资源捆绑、市场中利用资源以及制度环境中利用资源与企业绩效之间的关系。Chadwick、Su-

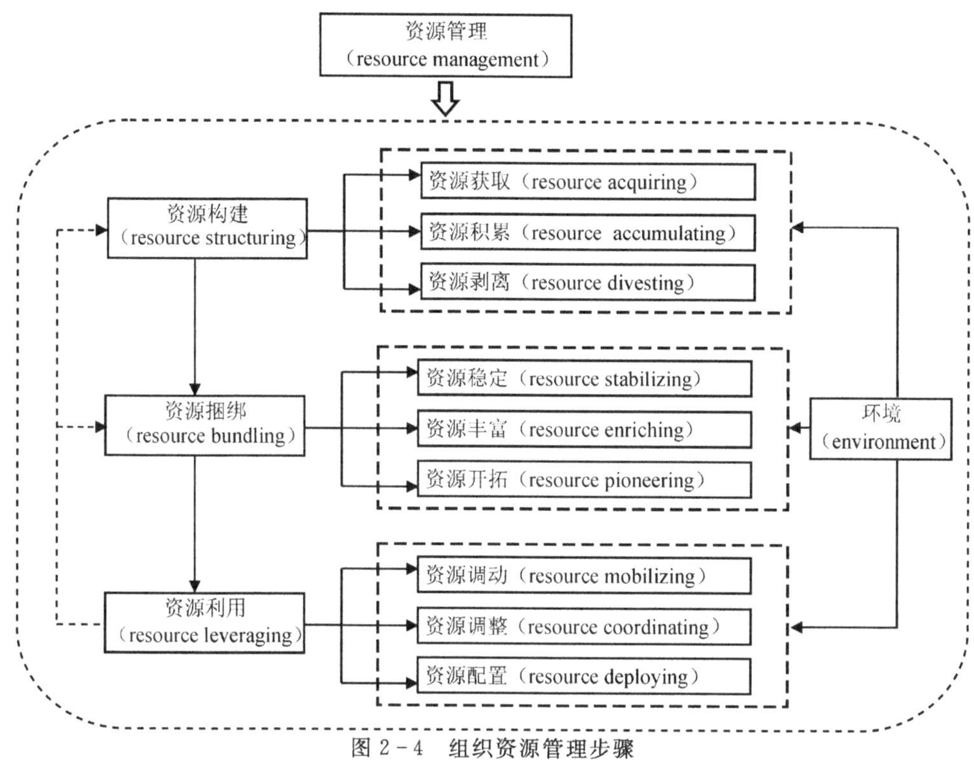

图 2-4　组织资源管理步骤

注：参考 Sirmon、Hitt 和 Ireland[15] 整理。

per 和 Kwon[19] 基于资源编排理论检验了企业不同层级管理者参与资源编排的过程，发现企业高层管理者的战略人力资源管理导向会影响中层管理者使用基于承诺的人力资源系统，进而影响企业绩效。Lanza、Simone、Bruno[119] 研究了知识资源获取和知识资源剥离情境下的资源编排问题，发现新员工经验获取与组织绩效之间存在"U"型关系，打破员工的共同专业化，正向调节团队共同专业化和组织绩效之间的关系。

综上，资源管理框架系统地展示了管理者能够参与资源管理过程的 9 个步骤，为本研究从微观层面探究高校领导者为组织获取资源的过程提供了理论基础。聚焦于领导者在组织资源获取中的作用，本研究从微观层面对资源管理步骤中的资源获取展开了深入探究。

2)微观研究维度

以资源管理研究为代表的资源基础理论研究已经注意到了领导者在组织获取资源过程中的作用。资源基础理论提出之后，具有 VRIN[3] 或 VRINO[24] 特征的资源是组织持续竞争优势来源的观点受到很多批判，有学者指出这些特征既不是竞争优势的充分条件，也不是必要条件，从而对资源基础理论提出了挑战[21]。面对这种对资源与持续竞争优势间关系的质疑，学者们开始反思究竟是资源本身产生了持续竞争优势，还是组织能够获取和整合这些资源的能力产生了持续竞争优势？于是，能够促使组织产生持续竞争优势的资源究竟是如何获取的引起了学者们的关注，领导者在创造组织异质性资源过程中发挥的作用受到重视[27]。围绕领导者为组织获取资源的研究问题，本研究发现，已有研究从领导者认知、领导者行为、资源获取环境三个维度为资源基础理论的微观基础研究提供了重要启示。

首先，已有研究启示本研究关注领导者行为在组织资源获取过程中发挥的作用。Hillman、Zardkoohi 和 Bierman[120]指出领导者通过参与政治行动为组织创造有利的政治环境，从而得以获取必要的资源，有利于组织经济效益的提升。Zahra、Sapienza 和 Davidsson[121]指出在领导者整合组织已有资源的过程中，选择、结合和协调是整合过程的三个关键行为，领导者通过影响组织对已有资源的选择、对所选择资源的结合以及对资源转换过程中冲突的协调，从而实现组织获取资源[61]。Teece[112]在解释组织动态能力时认为组织的商业模式更多的取决于领导者个人的努力行为。Garbuio、King 和 Lovallo[122]研究了领导者在获取资源中的不同行为表现，发现领导者倾向于对资源进行平均化投资；偏向于高估已有资源的价值而不情愿剥离表现不佳的资源；同时会基于已有经验对熟悉的资源加大投资。Sirmon 等[18]在资源管理框架中，强调了管理者行为在资源建构、资源捆绑、资源利用三个步骤中的作用。张琳、张晓军和席酉民[61]发现区别于组织从外部“一次性”地获取资源，组织对已有资源的整合是伴随组织发展过程逐渐完成的，领导者作为组织最高决策者在资源整合行为中发挥着重要作用。刘新梅等[17]基于资源编排视角研究了领导者参与对企业新产品创造力的影响作用及边界条件。张璐等[123]对商业模式创新中战略导向和动态能力对资源行动的影响进行了分析，基于资源行动视角揭示了商业模式创新的形成机制和创新方式。

其次，已有研究对领导者为组织获取资源的启示不仅局限于领导者行为层面，领导者个人认知的作用也受到了重视。领导者认知研究聚焦于领导者对事物的认知过程，用于解释领导者是如何想以及如何做决策的[124]。Ocasio[125]基于注意力的分配提出了注意力基础观，指出在“关注－理解－行动”链条中“关注”是第一个环节，组织或个人只有在“关注”的基础上才能进一步进行“理解”和“行动”。Alvarez 和 Busenitz[27]将创业理论与资源基础理论进行整合，提出异质性是创业理论和资源基础理论能够结合的基础，资源基础理论所依赖的资源异质性来源于企业家对机遇认知的异质性，企业家认知使组织能够发现某些被其他组织所忽视的资源价值。Baker 和 Nelson[11]指出组织对资源未来收益的判断是主观的，其中领导者个人是影响组织对资源价值判断的关键。Teece[112]认为动态能力往往出现在高级管理层，领导者个人认知能力和创造能力对发掘机遇具有重要作用。Foss 和 Klein[126]指出领导者对信息的判断和心智模式在资源基础理论中没有引起足够的重视。Maritan 和 Peteraf[1]指出领导者在收集信息、判断资源价值的过程中发挥了重要作用，然而其发挥的作用和重要性被低估了。Barney、Ketchen 和

Wright[20]指出资源基础理论的微观基础研究越来越关注领导者的认知，特别是领导者过往经验对其寻找机会、把握机会、帮助组织取得竞争优势的影响。Helfat和Peteraf[113]认为领导者的认知能力对于把握机遇和资源配置方面具有重要作用，领导者认知能力会对组织战略决策造成决定性影响。张琳、张晓军和席酉民[61]将领导者影响组织获取资源的过程划分为资源识别、资源外部获取和资源内部积累三个阶段，强调了领导者认知对组织资源获取的影响。黄晓芬和彭正银[127]提出领导者在长期实践中会形成不同的认知风格，领导者认知风格会主观影响网络组织内企业间的合作、资源的整合以及合作创新的绩效。

最后，除了关注领导者行为和领导者认知之外，已有研究还启示本研究关注领导者为组织获取资源的环境。例如，Pfeffer 和 Salancik[82]将企业经营绩效的不佳归因于企业采取了与其所在环境不匹配的策略，从而改变企业与其所在环境的匹配程度，能够有效地帮助企业解决环境中面临的难题，例如可以通过更换 CEO 促使企业与其所在环境形成匹配。Busenitz 和 Barney[128]指出面对环境的不确定性和模糊性，领导者在信息有限的情况下进行决策，领导者以往惯用的决策模式会影响领导者对资源的认知。Guthrie 和 Olian[129]研究了环境变化与企业高管继任选择之间的关系，随着环境中不确定性的增加，企业高管的任期会缩短，高管的更换会更加频繁。在这种情况下，高管从单个组织所获得的经验被认为没有高管从高度不确定环境中获得的多元的、跨组织的经验重要。Winter[6]发现为了应对环境的变化，领导者对组织资源进行重新整合能够使组织产生竞争优势。Peng[79]基于中国从计划经济向市场经济转型的制度环境展开研究，发现拥有丰富资源的外部董事对企业的绩效有着正向的影响，然而拥有少数资源的外部董事则没有发现这种影响，研究表明当董事会的组成没有满足环境需要时，企业的绩效会受到消极影响。Hillman、Withers 和 Collins[81]发现不同环境中组织所需要的资源是变化的，通过高管继任来应对环境变化说明不同领导者能够提供的资源存在差异。Bridoux、Smith 和 Grimm[34]在资源管理与组织绩效间关系的实证研究中，将组织资源利用的情境区分为市场环境和制度环境两种，分别考虑了管理者在市场环境中利用资源和在制度环境中利用资源的差异，为资源基础理论关注市场外的制度环境提供了重要线索。Barney[83]将利益相关者理论与资源基础理论相结合，启示研究者关注组织所在环境中多方利益相关者对组织获取资源的影响。

此外，需要说明的是，领导者认知、领导者行为以及资源获取环境对组织资源的影响并不是独立发生的，三者之间存在互动和共同影响的可能。首先领导者认知与行为密切相关，其次领导者认知和行为会受到环境的约束，也可能从环境中挖掘和感知到新的机遇。例如，Gavetti[130]发现管理者对战略决策问题的认知表征决定了组织行为。Teece[112]发现领导者并不过多参与分析和管理的具体工作，而是更多地通过感觉来判断机遇并制定执行方案。Bingham 和 Eisenhardt[30]提出在复杂且不确定性的环境下，领导者个人的认知直觉会为企业提供更好的动态能力。Barney、Ketch 和 Wright[20] 提出领导者需要适应所处的环境，调整获取资源的途径并通过转换环境以得到更多机会。Helfat 和 Peteraf[113] 指出当领导者受到组织环境的制约时，即使领导者个人能力出众也无法有所作为。Barney[83] 认为领导者为组织获取资源的行为与组织外部多方利益相关者紧密相关，环境会影响资源获取过程中领导者的行为和认知。

综上所述，虽然已有研究已经注意到从微观层面研究组织资源获取的重要性，但并没有对领导者为组织获取资源的策略进行深入探究。本研究正是顺应 Abell、Felin 和 Foss[32]，Barney、Ketchen 和 Wright[20]，Foss[33]，Raffiee 和 Coff[62]，Barney、Foss、Lyngsie 等[63]，Meyer-Doyle、Lee 和 Helfat 等[64] 研究者提出的“探究资源基础理论微观基础”的研究呼吁，结合领导者认知和行为，同时考虑领导者认知、领导者行为以及资源获取环境三个维度，对领导者为组织获取资源的策略展开了深入研究，完善资源基础理论对组织获取资源的微观基础的研究的不足。

2.3 组织获取资源的影响机制

领导者为组织获取资源的是同时涉及制度环境和领导者个人的复杂问题[65]。张琳、张晓军和席酉民[66] 结合资源基础理论、领导理论以及制度理论，构建了分析领导者资源获取问题的研究框架，提出了领导者为组织获取资源的过程会同时受到制度环境和领导者个人的影响。本研究从制度环境和领导者个人两个方面综述已有研究对组织资源获取的影响。具体来说，制度理论从制度层面为组织资源获取的环境提供了借鉴；领导理论从个体层面对领导者在组织资源获取中的作用提供了借鉴。

2.3.1 制度环境影响组织获取资源

制度理论强调制度环境为组织带来的压力和约束[131]，是多个社会科学学科（如经济学、社会学、政治科学等）研究关注的重点[132]。Scott[70] 总结了学者们对制度的理解，将制度定义为为社会生活提供稳定性和意义的规制性、规范性和文化-认知性要素。这一定义将制度划分为规制性要素、规范性要素和文化-认知性要素三个维度[70]，强调了制度在社会生活中相对持久的特征，在特定社会系统中的牢固性和稳定性[71]。其中，规制性要素强调明确的、外在的各种规制过程，包括规制设定、监督和奖惩活动；规范性要素强调社会生活中制度存在的说明性、评价性和义务性内容，包括价值观和规范；文化-认知性要素构成了关于社会实在性质的共同理解，以及建构意义的认知框架。本研究从经济学、社会学、政治学三种学科视角对早期制度理论及新制度理论的发展进行了梳理，将不同学科视角下制度理论的发展进行总结，如表 2-4 所示。

表 2-4　制度理论的发展

	经济学		政治学		社会学	
	代表人物	主要思想	代表人物	主要思想	代表人物	主要思想
早期制度理论(19 世纪晚期至 20 世纪 50 年代)	Veblen T、Commons J、Mitchell W	批判正统经济学的非现实假设,如对个体行为的假设;强调历史变迁的重要性	Burgess J W、Wilson W、Willoughby W W	研究正式结构与立法系统;描述具体政治系统;强调制度根源;对具体制度形式进行历史重构;接近道德哲学而非经验科学	Spencer H、Sumner W G	生物学类推色彩的进化论和功能论
					Cooley T Hughes E	个人与制度、自我与社会结构的相互依赖
					Marx K、Weber M、Parsons T	唯物与唯心主义的争论;主、客观融合;研究社会行动
					Mead G H、Schutz A、Bourdieu P、Berger P	关注符号系统;强调认知框架而非规范系统
新制度理论(20 世纪 50 年代至今)	Coase C、Williamson O	组织作为一种制度形式能够降低交易成本	Krasner S D,Hall P A,Skocpol T,Zysman J	历史的新制度主义:社会建构主义的立场	Meyer J、Rowan B	制度是文化性规则复合体,广泛制度环境变迁影响组织
					Zucker L G	强调认知性信念对于行为的支撑、锚定作用
	North D	关注社会博弈规则对组织的影响,包括文化、政治与法律框架	Moe T M,Shepsle K A,Weingast B	理性选择的新制度主义:制度的建构是由寻求增进或保护其利益的个体确立的	Bourdieu P	将由独特的价值观与方法、手段所支配的社会场合称为"社会场域";强调"社会场域"的争斗性质以及权力在争斗中的作用
	Nelson R R,Winter S G	经济变迁过程分析			Silverman D	关注意义系统与组织在社会行动中被建构和重构的方式

注:参照 Scott[70] 整理而得。

如表 2-4 所示，19 世纪晚期至 20 世纪 50 年代，早期的制度经济学家对正统经济学过于简单的“经济人”假设提出批判，并强调对政治经济制度进行大量描述性研究的价值[70]。早期的政治学制度学派将制度分析作为宪法学与道德哲学的基础。Bill 和 Hardgrave[133] 指出早期的政治学制度学派具有五大特征：集中研究正式结构与立法系统；强调对政治系统进行详细的描述和解释；强调制度的根源而不是持续变迁；关注对具体制度形式进行历史重构，大多并非理论性研究；基调更接近道德哲学而非经验科学[70]。早期的社会学制度研究一方面表现为分析广泛的制度结构，如宪法与政治系统、宗教结构、语言与立法系统等，另一方面表现为对社会互动中规范框架与共同意义的关注[70]。

20 世纪 50 年代，随着组织作为新兴研究领域的出现[134-136]，制度对组织的影响受到新制度理论研究者的关注[137, 138]。交易成本经济学和演化经济学成为了经济学新制度理论中的两个重要方向，其中，Coase[139] 和 Williamson[140] 将组织作为一种用来降低交易成本的制度形式开启了交易成本经济学的发展；Nelson 和 Winter[141] 聚焦于产业和组织人口层次分析发现的经济变迁过程推动了演化经济学的发展。政治学的新制度理论分化出历史的新制度主义和理性选择的新制度主义两个方面，前者注重从宏观层面对制度形成的演化过程进行研究，后者注重从微观层面探讨人们对制度的设计[70]。与经济学、政治学相比，社会学对制度的研究更具有延续性，社会学早期的制度研究思想受到了后续新制度理论研究者的重视。将组织作为分析对象，社会学的新制度理论更强调文化信念体系对组织的影响[142, 143]。

理解组织需要理解组织所处的制度环境，制度环境为组织提供了最基本的规则约束[69]。制度环境对领导者为组织资源获取的影响受到了研究者的关注。制度环境影响领导者为组织获取资源的过程表现在两个方面，首先制度环境会对领导者个人产生影响，其次制度环境会对组织所需要的资源产生影响。

首先，制度环境会对领导者个人产生影响。研究者已经注意到在不同制度环境中理解领导者的重要性，甚至有学者指出制度是孕育企业家的主要因素之一[72]。例如，Crossland 和 Hambrick[73] 的研究指出不同国家制度中的企业经理人对企业绩效的作用不同，他们选择美国、德国、日本三个国家各 100 个企业进行了长达 15 年的数据收集。研究发现，相比于德国和日本，美国的企业经理人对企业绩效的影响更大。之后，Crossland 和 Hambrick[144] 继续在 15 个国家对不同制度中企业经理人作用的差异进行了研究。通过考虑非正式制度因素（个人主义、不确定性容忍、权力距离、文化松弛）和正式制度因素（所有权分布、法律起源、雇主灵活性）的影响，发现除“权力距离”外其他制度因素都会影响企业经理人的经理自主权。此外，学者们注意到新兴经济体的制度环境与西方发达国家差异很大[74]。尤其从计划经济向市场经济转型的制度环境引起了学者们的广泛关注[75]。Peng[145]

认为转型经济体(如中欧、东欧、苏联、东亚)的制度环境为企业家大量出现提供了条件,同时,转型期制度环境中的企业家战略也表现出不同特征。Hoskisson 等[146]指出在解释新兴经济体中组织行为时,需要注意制度环境差异引起的组织资源类型差异。Meyer 和 Peng[147]指出对转型经济体的研究,需要把曾经看作背景的制度环境作为前因来解释企业的成长,制度理论与资源基础理论的交互为解释企业面临的资源约束提供了重要启示。Zhang、Zhang、Xi[47]认为领导者为组织获取资源过程中个人的认知和行为不可避免地受到其所在制度环境的影响,考虑中国从计划经济向市场经济转型过程中的制度环境有利于深入理解领导者为组织获取资源的过程。

其次,制度环境会对组织所需要的资源产生影响。Hoskisson 和 Wright[74]指出在解释新兴经济体中组织行为时,制度理论和资源基础理论的结合可为解释制度环境中组织需要的资源差异提供启示。Meyer 和 Peng[68]聚焦于中东欧地区,指出组织经济理论、资源基础理论、制度理论构成了解释新兴经济体中企业行为的三种重要理论基础,制度理论与组织经济理论或资源基础理论的交互为理解企业面临的重要战略问题(外国投资者进入模式、本地企业重组战略、创业者进入和成长战略等)提供了基于制度基础观的重要视角。此后,Meyer 等[69]将制度理论和资源基础理论结合,解释外国企业进入新兴经济体的模式,研究发现:当制度体系不完善时市场效率无法保证,外国企业会更加依赖本地资源,进而会影响其进入新市场的模式选择。Zhang 等[148]对中国本土领导者成长进行了深入的扎根研究,指出在中国计划经济和市场经济共存的双元制度环境中,领导者为组织所获取的资源类型可能与西方市场经济情境中存在差异。张琳、张晓军和席酉民[66]指出对组织所需关键资源的识别需要建立在对组织所处制度环境分析的基础上,不同制度环境中资源配置方式不同,从而构成组织竞争优势的关键资源也可能不同。虽然不同制度环境中组织所需资源存在差异的观点已经受到了学者们的关注,但已有研究对“哪些制度因素会影响领导者为组织获取资源”“制度因素如何影响领导者为组织获取资源”等研究问题并没有进行充分解答。本研究正是在此背景下展开的。

2.3.2 领导者影响组织获取资源

作为组织中重要的个体,领导者常常成为管理研究关注的焦点[149]。领导研究的出现几乎与人类文明是同步的[150]。对领导的关注贯穿东西方古典文献,围绕“领导是如何发挥作用”的研究问题,学者们试图打开领导有效性“黑箱”的努力从未停滞[151]。本研究首先对领导研究的发展历程,尤其是变革型领导、交易型领导等新型领导理论的发展进行介绍;其次对已有研究为领导者在组织资源获取过程中发挥作用提供的启示进行综述。

近一个世纪以来，领导研究先后经历了特质理论[152,153]、行为理论[154,155]、权变理论[156,157]、新型领导理论[158,159]的流派发展，迅速积累起庞大的知识仓库[151]。20 世纪初期，“伟人理论”在领导研究中备受关注[150]，研究者普遍认为领导者是具有特殊“特质”的个体，并注重对成功领导者的特质进行挖掘，希望从领导者特质出发揭开领导者有效性的奥秘[152,153]。20 世纪 50 年代左右，研究者注意到种类繁多的特质并不能够成为解释领导者有效性的原因[160,161]，特质理论受到了领导研究者的质疑[162,163]，领导特质研究随之衰落[160,161]。进而部分研究者开始关注领导者的行为，试图从领导行为视角揭示领导有效性[154,155]。领导权变理论的兴起源于学者们注意到不同情境中的有效领导行为具有差异性[156,157]，Fiedler[157]的研究表明，领导者与成员之间的关系、任务结构、职位权力等都会影响领导行为的有效性。领导权变理论强调情境与领导行为的匹配，启示后续研究关注情境对领导有效性的影响。

20 世纪 80 年代左右，变革型领导[158,159]、交易型领导[158,159]等新型领导理论出现，吸引了众多学者的关注。Burn[159]在有关政治领导力的研究中将首次提出变革型领导与交易型领导的概念，并将两者进行对比区分：变革型领导通过价值呼吁影响跟随者；交易型领导通过利益交换影响跟随者。学者们进一步发展了变革型领导的概念，将变革型领导描述为通过让员工意识到所承担任务的重要意义而激发员工的高层次需要，建立相互信任的工作氛围，促使员工为组织利益做出努力，最终达到超出预期的结果。

Bass[158]提出的变革型领导包括三个维度，即魅力-感召领导、智能激发和个性化关怀。随后，Bass 和 Avolio[168]、Bass 和 Avolio[169]进一步将“魅力-感召领导”区分为领导魅力和感召力两个维度，从而形成了变革型领导的四个维度，即领导魅力、感召力、智能激发、个性化关怀。Bass 和 Avolio[169]基于这四个维度开发了后续研究中最为广泛使用的变革型领导量表[170,171]。Podsakoff 等[172]将变革型领导由最初的四个维度丰富为六个维度，即提出愿景、行为示范、鼓励合作、高绩效期望、个人支持、才智激励。Kark 和 Shamir[173]将变革型领导从个人层面扩展到了团队层面，研究发现变革型领导会影响下属自我概念的两个层面：关系自我和集体自我，进而引起下属的不同行为。

李超平和时勘[171]对中国情境中变革型领导的测量进行了研究，提出了变革型领导在中国文化背景下的四个维度，即德行垂范、愿景激励、领导魅力、个性化关怀，并开发了适用于中国情境的变革型领导问卷。李永占[174]、李卫宁等[175]指出尽管不同学者采用不同指标来评价变革型领导的有效性，但大部分研究表明变革型领导与反映领导有效性的正向指标有正向关系，与反映领导者有效性的负向指标有负向关系。

此后，学者们对变革型领导进行了大量的实证检验，同时激发了对魅力型领导[176]、伦理型领导[177,178]、精神型领导[164]、真实型领导[179]、破坏型领导[180,181]等新型领导理论的研究。

魅力型领导是指领导者以个人魅力和号召力影响下属，使其完成既定的目标。罗珉[176]在总结已有研究的基础上将魅力型领导的魅力来源划分为人格魅力、关系魅力、社会结构魅力三种。伦理型领导包括道德人和道德管理两个维度，道德人是指领导者本人应当诚实可信、符合道德规范；道德管理是指领导者通过树立榜样和设置奖惩来向员工传播道德规范和价值标准[177,178]。精神型领导认为领导、精神性、个人意义之间存在联系，重视追随者的价值感受在领导有效性中扮演的角色，主张领导者通过满足下属精神层面的基本需求，获得有益于个人、团队、组织、社会的结果。张军成和凌文辁[164]指出，精神型领导研究起源于美国文化背景，研究者在界定精神型领导时，少部分研究明确指出精神性与宗教信仰之间相互独立或相互联系，然而大多数精神型领导研究对精神性与宗教信仰之间的关系都采取了暧昧化处理。真实型领导是一种将领导者积极心理能力和高度发展的组织情境相联系的领导过程，包含领导者自我意识、无偏见程序、真实行为、真实关系定向等四个维度。韩翼和杨百寅[179]指出，真实型领导最重要的特征体现在即使面临强大的外部压力或引发领导非真实行为的诱因，领导者仍能选择真实行为，也就是说，真实行为是领导者自我愿望的反应，而不是受迫于社会规范压力。

除了对追随者产生积极影响的新领导类型研究，新型领导理论也出现了对领导负面作用的研究，例如领导者使用辱虐、强制、惩罚等方式对下属产生的消极影响。近年来，破坏型领导研究开始受到学者们的关注，学者们根据关注点差异，对领导者消极影响的研究包括辱虐型管理、暴君行为、管理者侵害、管理者阻滞、厌恶型领导、工作场所欺凌等。从领导者维度看，破坏型领导产生于领导者的魅力、权力需求、自恋、消极的生活经历、仇恨意识；从追随者维度看，追随者基本需求未满足、自我评价较低、心理不成熟、有野心、与破坏型领导有相似的世界观等会导致其容易受到破坏型领导的影响；从环境维度看，环境中的不稳定性、威胁、文化价值观、制衡制度的缺失等促进了破坏型领导的产生。

破坏型领导最早起源于 House 和 Howell[180]对魅力型领导光明面和阴暗面的分析，他们提出领导者的破坏性行为，如暴力、攻击性行为等会对追随者产生影响[181]。Kellerman[182]将破坏型领导分为七种类型，即无能型领导、僵化型领导、放纵型领导、无情型领导、腐败型领导、狭隘型领导、邪恶型领导。其中，无能型领导是指领导者没有能力为组织带来创新性变化；僵化型领导是指领导者固执己见；放纵型领导是指领导者缺乏自我控制；无情型领导是指领导者对追随者的需求视而不见；腐败型领导是指领导者具有欺诈、偷窃等不良行为；狭隘型领导是指领导者漠视非直接下属的福祉；邪恶型领导是指领导者给追随者带来身心伤害。Padilla、Hogan 和 Kaiser[183]从领导者、追随者、环境三个维度提出了破坏型领导的毒性三角理论，解释了破坏型领导能够发挥作用的机制。陈志霞和涂红[184]基于毒性三角理论进一步研究了领导排斥的概念、特点及其影响因素。

时至今日，新型领导理论不断发展，凸显出强大的生命力。本研究以“领导”为关键词对2010年(起始于2010年1月1日)至2020年(截止于2020年12月31日)发表在《管理世界》《南开管理评论》《管理评论》3本中文核心期刊上的研究进行了检索，研究发现2010年至2020年在《管理评论》发表的77篇领导研究文献中有55篇(71.4%)涉及新型领导理论；2010年至2020年在《管理世界》发表的35篇领导研究文献中有20篇(57.1%)涉及新型领导理论；2010年至2020年在《南开管理评论》发表的49篇领导研究文献中有26篇(53.1%)涉及新型领导理论。

不同于特质理论、行为理论、权变理论等研究选择单一视角对领导有效性进行解释，新型领导理论综合特质、行为、情境等多种视角，更加系统地揭示了领导者发挥作用的机制，对领导研究产生了重要影响[149]。新型领导理论为本研究融合特质、行为、情境等多个方面系统性分析领导者为组织获取资源的过程提供了理论依据。然而，新型领导理论对领导者有效性的理解更多聚焦于组织内部，即领导者对追随者的影响，这也为本研究从组织层面探究领导者为组织获取资源的过程提供了研究空间。

此外，尽管当前专门针对领导者影响组织获取资源的研究还十分有限，但已有研究中对这一问题的讨论和设想为本研究深入揭示领导者为组织获取资源的影响机制奠定了理论基础[1,27]。如表2-5所示，本研究列举了已有研究对领导者影响组织获取资源的启示。

表2-5 已有研究对领导者影响组织获取资源的启示

作者(年份)	期刊	领导者影响组织获取资源的主要观点
Adner 和 Helfat(2003)	SMJ	领导者的人力资本、社会资本和认知能力在组织获取异质性资源过程中扮演重要角色
Alvarez 和 Busenitz(2001)	JOM	企业家对机遇的认知和机遇寻找行为既可看作是组织的资源，同时又影响组织获取其他异质性资源的能力
Baker 和 Nelson(2005)	ASQ	组织对资源未来价值的判断是主观的，资源的价值和领导者的判断紧密联系
Busenitz 和 Barney(1997)	JBV	面对环境的不确定性和模糊性，领导者在信息有限的情况下进行决策，领导者以往惯用的决策模式会影响领导者对资源的认知
Chadwick、Super 和 Kwon (2015)	SMJ	为了达到有效性，企业各个层级的管理者都必须参与到资源管理(构建、捆绑、利用)过程中，不同层级管理者所发挥的作用由高层领导者进行协调

续表

作者(年份)	期刊	领导者影响组织获取资源的主要观点
Conner 和 Prahalad(1996)	OS	领导者在组织知识转化的过程中发挥着重要的作用，领导者在组织中发挥的基本角色就是对组织专有知识的整合
Dierickx 和 Cool(1989)	MS	组织能从战略要素市场中获取的是可交易资源，对于不可交易资源的获取需要领导者在组织已有资源的基础上开发
Foss、Foss 和 Klein(2007)	OSs	领导者对信息的判断和心智模式在资源基础理论中没有引起足够的重视
Hillman、Withers 和 Collins (2009)	JOM	不同环境中组织所需要的资源是变化的，通过高管继任来应对环境变化说明不同领导者能够提供的资源存在差异
Meyer-Doyle(2019)	SMJ	领导者层面对企业获取资源行为和绩效的影响比企业层面因素的影响更重要
Hillman、Zardkoohi 和 Bierman(1999)	SMJ	领导者通过参与政治行动为组织创造有利的政治环境，从而得以获取必要的资源，有利于组织经济效益的提升
Maritan 和 Peteraf(2011)	JOM	领导者在收集信息、判断资源价值的过程中发挥了重要作用，然而其发挥的作用和重要性被低估了
Maritan 和 Peteraf(2007)	JOM	在管理和组织过程中，领导者影响组织获取资源是随时间演变发生的
Nahapiet 和 Ghoshal(1998)	AMR	组织内个人(领导者与员工)所拥有的社会资本和人力资本会影响组织竞争优势获得
Sirmon 等(2011)	JOM	管理者行为会影响组织有效的构建资源、捆绑资源、利用资源
Winter(2003)	SMJ	为了应对环境的变化，领导者对组织资源进行重新整合能够使组织产生竞争优势
刘新梅、赵旭和张新星(2017)	科学学与科学技术管理	企业管理者的管理行为在组织管理资源从而实现创造力的过程中发挥着重要作用

续表

作者(年份)	期刊	领导者影响组织获取资源的主要观点
姚小涛、张田和席酉民(2008)	管理科学学报	领导者在社交网络中所处的位置使他们能够得到一些多样化的、不寻常的、专有的信息

注释:AMR=Academy of Management Review; ASQ=Administrative Science Quarterly; JBV=Journal of Business Venturing; JOM=Journal of Management; MS=Management Science; OS=Organization Science; OSs=Organization Studies; SMJ=Strategic Management Journal; TGF=The theory of the growth of the firm。

如表2-5所示,首先,已有研究注意到领导者影响组织获取资源的关键在于能为组织带来信息优势[23, 61]。一方面,领导者个人能力会影响组织对资源价值的判断,进而影响组织信息优势的产生[27]。Baker和Nelson[11]指出组织对资源未来收益的判断是主观的,其中领导者个人是影响组织对资源价值判断的关键。Cho和Hambrick[185]以美国航空业放松管制为背景,研究了高管团队注意力配置对组织战略变革的影响,研究发现注意力配置总结了高管团队特征对企业战略变革的影响。吴建祖和毕玉胜[186]对华为的高管团队进行了案例研究,研究发现高管团队在技术获取、品牌建设、目标市场定位三个维度的注意力配置会影响企业最终的国际化战略选择,具体来说,当高管团队注意技术自主研发和品牌自主建设时,企业更倾向于选择自然扩张;当高管团队注意成熟市场时,企业更倾向于选择并购或自然扩张。另一方面,领导者在社交网络中所处的位置会影响领导者能够接触到的信息渠道,某些多样化的、不寻常的、专有的信息来源也会影响组织获取资源[27]。姚小涛、张田和席酉民[187]指出领导者在社交网络中所处的位置使他们能够得到一些多样化的、不寻常的、专有的信息。张琳、张晓军和席酉民[61]指出领导者拥有的"弱连接的优势"使其有机会参与到多种跨地区的社交互动中收集某些特定的信息,从而增加领导者获取资源的多样性;而领导者拥有的类似于友情和亲情的强连接会直接影响领导者获取某种特定资源的可能性[187]。

其次,领导者影响组织获取资源主要表现在领导者整合组织已有资源创造新资源的过程[61]。与资源基础理论关注组织从外部获取资源不同,动态能力理论否定绝对的持续竞争优势存在,提出竞争优势的持续只有在动态层面才能够实现[7,26,85],激发了后续资源拼凑[11-13]、资源管理[14-16]、资源编排[17-19]等研究从组织内部考虑资源的积累过程。Maritan和Peteraf[1]指出在组织内部积累资源的过程中,领导者个人的知识、技能、认知、经验等发挥着重要作用,在某种程度上甚至决定了资源整合后所产生的新资源价值。Zahra、Sapienza和Davidsson[121]指出在领导者整合组织已有资源的过程中,选择、结合和协调是整合过程的三个关键环节,领导者通过影响组织对已有资源的选择、对所选择资源的结合以及对转换过程中冲突的协调,影响组织从内部积累资源的实现[61]。Andrevski和Ferrier[91]指出区别于组织从外部“一次性”的获取资源，组织对已有资源的整合是伴随组织发展过程逐渐完成的，领导者作为组织最高决策者在资源整合行为中发挥着重要的作用。Alvarez 和 Busenitz[27]更是指出经过领导者整合而形成的新资源往往由于具备长时间消耗、因果模糊、资产内部关联性和资产聚合效率等特征而难以被竞争对手模仿。

综上，领导者作为特定制度环境中的个人，其长期社会化过程所形成的个人价值观、个性、经历、行为模式等因素不可避免地对其为组织获取资源的过程造成影响[66]。领导者个人的资源识别和资源创造在某种程度上主观影响了组织所需要的资源类型和资源获取策略选择，于是，即使是在相同的制度环境下领导者个人主观认知到的资源差异很大，相同的资源也会被不同领导者通过不同策略获取。

2.3.3 制度逻辑:链接制度与领导者

制度逻辑理论通过“不同制度逻辑”搭建了宏观制度环境与微观行动者沟通的桥梁[188, 189]，为本研究分析制度环境和领导者个人对组织资源获取的影响机制提供了理论依据。过去 20 年，制度逻辑理论成为制度理论中极为重要的前沿问题[188]，也成为组织理论中成长最快的研究领域[190, 191]。

制度逻辑理论起源于社会学研究中的新制度理论[192, 193]，用来描述现代西方社会制度中相互矛盾的实践和信念对行为主体认知和行为的塑造[188]。Friedland 和 Alford[194]将制度逻辑定义为社会层面的规则、信仰、文化对行为主体的认知和行为的塑造，并将制度逻辑看作指导行为主体活动的组织法则[199]。Thornton 和 Ocasio[200]在 Friedland 和 Alford[194]的基础上整合符号、规范、结构三种制度要素对制度逻辑的定义对其进行了补充和完善，他们将制度逻辑定义为由社会建构的关于物质实践、价值、信念、假设、规则的历史模式，个体通过这些模式生产和再生产物质生活、组织空间和时间以及给社会现实赋予意义[201]。Alford 和 Friedland[193]、Friedland 和 Alford[194]、Thornton 和 Ocasio[200]的早期研究为制度逻辑在组织研究中的应用提供了理论基础，他们对制度逻辑的理解和定义受到了研究者的广泛引用。制度逻辑理论提出了制度多元性的观点，弥补了新制度理论解释组织差异化的不足，成为目前制度研究的热点[188, 189]。

制度逻辑理论是在新制度理论[202, 203]之后发展起来的研究流派[199]。新制度理论的出现为组织研究提供了重要的理论借鉴，然而，其对组织异质性关注的不足也引起了部分学者的反思和批判。因此，制度逻辑理论既有对新制度理论的借鉴，又有对新制度理论“过于注重组织趋同性”的弥补、完善。首先，制度逻辑理论延续了新制度理论奠基者等对文化规则(cultural rules)、认知结构(cognitive structures)塑造组织结构的关注[188]。其次，与新制度理论研究者强调单一主导性制度不同，制度逻辑理论研究者将制度理解为更加碎片化的概念，强调制度情境是多元的、发散的、相互竞争的[188,194,200]。与新制度理论研究关注制度促使组织趋于同质化不同[202,203]，制度逻辑理论关注多种制度逻辑并存引起的组织差异[188,190]。制度逻辑对制度多元化的描述以及对组织异质性的解释推动了制度理论的发展。

制度逻辑理论提出后，制度的复杂性受到研究者的关注，学者们对多元制度逻辑类型以及制度多元性对组织及个人的影响进行了探究。制度环境通过不同制度逻辑影响行动者，而行动者则需要对共存的制度逻辑做出选择和回应。以下本研究将从"制度逻辑影响组织或组织内个体"以及"组织或组织内个体回应制度逻辑"两方面对制度逻辑研究进行综述。

1)多元制度逻辑对组织及个体的影响

在组织层面，Dunn 和 Jones[198]指出制度多元性是塑造企业行为差异、驱动制度变革的重要因素[188]。李晓丹和刘洋[199]指出制度逻辑是把制度与组织行为联系起来的关键概念，制度逻辑对组织的影响表现在组织必须服从制度要求，从而获得自身活动的合理性以及关键资源。基于中国的情境，他们揭示了三种制度逻辑作用于组织行为的机制：通过身份认同发挥作用；通过组织间地位、权力竞争发挥作用；通过注意力分配发挥作用。刘振等[204]指出社会企业同时受到市场逻辑、公益逻辑、理性选择逻辑三种制度逻辑的影响，然而三种制度逻辑的组合不同导致企业能够获得的合法性类型不同，从而构成了社会企业三种不同的成长方式。毛益民[201]指出组织是一个开放系统，其内部政治生态与外部制度环境是紧密关联的，而制度逻辑对组织的影响主要表现在：组织依赖外部行动者获取各种资源，外部行动者受到制度环境中不同制度逻辑影响，势必将不同的制度逻辑要求施加于组织，并对其执行情况进行监督。葛明磊等[205]对产业互联网转型背景下组织双元性与多元制度逻辑动态演变间的关系进行了研究，发现在组织变革初期，结构型双元通过分散化效应提升制度逻辑的中心性，降低多元制度逻辑的兼容性，在组织变革中后期，情境型双元和互惠型双元通过整合效应提升多元制度逻辑的兼容性，促进其融合。

在个体层面，Fligstein[206]研究了制度逻辑与组织领导者选择间的关系，研究发现，随着外部环境中主导逻辑的变化，财富 100 强企业相应会选择不同背景的领导人[207]。Thornton 和 Ocasio[190]提出了制度逻辑影响个体行为的四种机制：通过组织和个体的集体身份认同塑造行为主体的群体特征；通过社会分层和分类塑造个体行为主体的认知；通过改变组织决策者的注意力配置来影响组织和个体行为；影响社会行动主体对权力和身份的争取。毛益民[201]指出组织成员作为制度环境中的个体，制度逻辑会对其价值诉求和行为惯例产生影响，进而对其在组织中的具体实践产生影响。薛坤坤和王凯[95]以 2010 年至 2014 年沪深 A 股国有上市公司为样本，通过分析国有企业金字塔层级与其高管经营逻辑之间的关系，揭示了企业冗余雇员对企业绩效的影响过程。研究发现：冗余雇员会对企业绩效产生负面影响，国有企业金字塔层级越低，政府干预作用越强，从而行政逻辑越容易在高管经营中占主导地位；相反，国有企业金字塔层级越高，政府干预作用越弱，从而经济逻辑越容易在高管经营中占主导地位。

2)组织及个体对多元制度逻辑的回应

组织及组织内个体并非被动地接受制度逻辑的影响，面对多种制度逻辑共存的制度环境，组织或个体如何对相互竞争的多元制度逻辑进行选择性回应成为重要的研究方向[199]。Oliver[208]对组织应对制度的回应策略进行了探索，研究发现，组织通过遵守和默从策略、妥协策略、回避策略、反抗策略、操纵策略等五种策略回应制度的影响。其中，遵守、默从策略是组织完全顺从制度要求，表现为组织习惯、模仿和服从制度要求；妥协策略是组织通过部分服从来满足各方部分制度要求，表现为组织平衡、安抚和协商制度要求；回避策略是组织逃避遵从制度要求的必要性，表现为组织隐瞒、缓冲和逃离制度要求；反抗策略是组织明确拒绝至少一种制度要求，表现为组织忽视、挑战和攻击制度要求；操纵策略是组织试图改变制度要求，表现为组织指派、影响和控制制度要求[201]。Pache 和 Santos[209]在此基础上，通过增加对制度冲突类型、组织内部制度要求呈现类型的划分，进一步完善了组织回应制度要求的策略模型。他们将制度冲突划分为手段和目标两种类型，将组织内部制度要求呈现划分为缺乏制度要求、单一制度要求、多元制度要求三种类型，进而组合形成组织面临的六种不同情形，每种情形下组织采取妥协战略、回避战略、反抗战略、操纵战略等回应战略的可能性不同。

Raynard 和 Greenwood[210]认为，组织如何回应制度复杂性依赖于三方面因素的相互作用：制度要求之间不相容的程度、场域内是否存在稳定的或普遍接受的制度逻辑之间优先次序、不同制度逻辑之间管辖范围的重叠程度。这三方面因素通过不同组合形成了制度复杂性配置的四种理想类型，即制度逻辑不相容、不稳定的场域内优先次序、管辖权的重叠、一致的复杂性。Kraatz 和 Block[211]从组织身份的角度研究了组织如何回应多元制度逻辑冲突。研究发现组织不仅仅是外部制度要求的接受者，还能够通过组织身份应对外部制度要求，组织通过组织身份回应多元制度逻辑的方式包括四种：删除或边缘化一种或多种身份；增加不同身份间的合作、创造不同身份间的联系；形成组织价值、建立持久身份；分化组织身份、将不同身份与不同制度要求相联[201]。王凯和王丽丽[207]通过案例研究分析了中国国有企业集团对多元制度逻辑的应对策略。研究发现，合法性逻辑和效率逻辑是企业面对的两种冲突的制度逻辑，企业通过建立三级治理结构，设计内部资本市场、竞争系统以及知识转移等治理机制，有效应对了制度环境中两种冲突制度逻辑的共存。

近年来学者们注意到新兴经济体的制度环境与西方发达国家差异很大，尤其从计划经济向市场经济转型的国家引起了学者们的广泛关注，指出制度逻辑研究对转型经济体的复杂制度环境具有更好的解释力。转型期间,旧的制度机制还会继续存在,而新的具有主导性的制度逻辑还没有形成广泛的社会约束力,多元性或者冲突性的制度环境成为社会转型期社会的突出特点[212]。聚焦于中国情境,学者们纷纷意识到双元制度逻辑共存的现实对于推动制度逻辑理论发展以及解释中国实践的重要性。

杜运周和尤树洋[188]指出转型经济体宏观层面的制度逻辑变迁,为研究组织层面制度逻辑多样性以及多元制度逻辑对组织的影响提供了丰富的试验田。Luo[213]指出中国转型时期的制度环境为制度复杂理论构建提供了重要的分析基础。郑莹、陈传明和张庆垒[192]指出制度逻辑旨在分析场域内存在的多重制度标准,特别适用于转型经济体内组织的研究,通过对比政府逻辑和市场逻辑对企业政策敏感性的影响,他们发现政府逻辑会降低企业政策关注度,且此效应在国有企业中表现更加明显。薛坤坤和王凯[95]指出中国改革开放以来,企业的主导逻辑开始由行政逻辑向经济逻辑转变,即由强制的国家行政干预主导逐渐向自由竞争的市场经济主导发展。转型期间,国有企业高管经营中行政逻辑和经济逻辑的差异会调节冗余雇员对企业绩效的影响[95]。李晓丹和刘洋[199]指出中国从计划经济向市场经济转型的制度环境为研究多种制度逻辑、建构制度复杂理论提供了最佳试验场所,有着鲜明优势。王利平[214]指出在中国经济体制转型时期,国有企业同时面临上级政府主管部门以行政方式实施的政府逻辑支配以及自由市场经济体制下的市场逻辑支配,两者相比,政府逻辑支配是比市场逻辑支配更为重要的主导性制度逻辑。Zhou、Gao 和 Zhao 等[215]指出中国转型期间旧的政府主导逻辑还会继续存在,而新的市场导向逻辑还在形成中,矛盾的、冲突的制度环境为复杂制度理论构建提供了重要的分析场所。苏敬勤和刘畅[216]指出中国经历了从计划经济向市场经济的转型,转型时期从计划经济向市场经济的过度和融合形成了“双元制度逻辑”共存的环境:政府逻辑和市场逻辑共存[192,217-219]。

需要说明的是,对于制度理论如何适宜于管理学研究的问题,郭毅、殷家山和周裕华[220]提出将制度理论与主流管理理论(如资源基础理论等)进行交汇是解决制度理论跨界问题的理想出路。制度理论与资源基础理论结合的思想为本研究提供了重要启示。

因此,本研究以资源基础理论为基础,同时借鉴制度理论与领导理论的研究启示,对领导者个体为组织获取资源的过程展开研究。总体来看,资源基础理论从组织层面对领导者为组织获取的资源内涵以及资源获取策略研究提供了理论基础;而制度理论和领导理论分别从宏观层面和微观层面对领导者为组织获取资源的影响因素和影响机制提供了重要借鉴。

第3章　研究设计

本章将对研究设计进行详细介绍。为了从微观层面对组织获取资源的过程做出深度的描述和诠释，本书将研究问题划分为三个子研究问题：领导者个体为组织获取的资源有哪些（what）？领导者个体通过怎样的策略获取资源（how）？领导者个体为什么要如此获取资源（why）？通过三个子研究问题层层深入地揭示领导者为组织获取资源的过程。根据子研究问题需要，本研究首先运用内容分析方法对领导者为组织获取的资源内涵（第4章）展开研究；其次运用案例研究方法对领导者获取资源的策略（第5章）以及领导者获取资源的影响机制（第6章）进行了研究。本章将分别对本研究的研究方法、样本选择、数据收集、数据分析以及研究效度进行详细说明。

3.1　研究方法

管理学领域研究方法众多，为了规范本研究的方法使用，本研究对管理学领域常用的研究方法进行了总结和归纳，如表3-1所示。

理论研究方法（theoretical research）是通过理论演绎的方式对研究对象进行解释的研究方法[221]。理论研究方法的研究结论不必建立在直接观察和经验数据的基础上[222]。在管理学领域，理论研究方法主要包括思辨研究方法（speculation）和文献研究方法（literature review）两种[221]。其中，思辨研究方法通过直觉以及逻辑演绎，揭示现象本质及其深层机制，不强调客观性与实证性，强调研究者的个人洞察力和直觉判断[222]。文献研究方法通过对已有文献的搜集、整理和深入分析，指出有关理论目前的发展情况、需要解决的关键问题和未来研究的发展方向[221]。

不同于理论研究，经验研究方法（empirical research）是通过现场观察、访谈、问卷调查、实验等途径收集经验数据进行研究的方法[221]，研究结论有着经验数据的直接支持。在管理学领域，定量研究方法（quantitative research）和定性研究方法（qualitative research）是两种常见的经验研究方法，各有其适用的场合和优势。定量研究方法采用还原论取向、专注于变量间关系的验证，能够科学严谨地验证普适的论点，但很难发现需要“洞察力”的新论点[222]。定量研究方法主要包括实证研究方法和实验研究方法两种。定性研究方法是以研究者本人作为研究工具，在自然情境下采用多种资料收集方法，对社会现象进行整体性探究，通过与研究对象互动对其行为和意义建构获得解释性理解，进而形成理论的研究方法[223]。

定性研究与定量研究的差异在于：首先，不同于定量研究方法对变量间关系的强调，定性研究方法关注数据的生成和意义分析，其主要目标是形成构念，详尽阐述以及精细改良现有理论[224]，特别适用于当现存理论框架不够完善而不能提供清晰假设，或需要对已有研究主题提供新鲜视角的情况[225]。其次，不同于定量研究方法遵循演绎的研究思路展开，定性研究方法遵循归纳的研究思路展开[222]。具体来说，定性研究方法的归纳研究思路主张先根据研究问题收集数据、观测事实，再对研究数据进行经验概括，最后将研究发现纳入理论体系，做出解释，推动理论发展[222]。

本研究对领导者为组织获取资源的研究是一项探索性工作。尽管已有不少研究注意到从微观层面解释组织资源获取的重要性，提出领导者对组织资源的影响[27,32,33]，但理解却仅限于表层，并没有系统地梳理领导者为组织获取资源的过程[20]，没有有效地回答领导者如何为组织获取资源的研究问题[1]，因此本研究主要运用定性研究方法展开研究。根据研究问题的需要，本研究分别选择内容分析方法和案例研究方法两种定性研究方法对领导者为组织获取资源的过程展开研究。以下将对内容分析方法和案例研究方法对本研究的适用性分别进行说明。

表 3－1　管理学领域的研究方法

研究方法			方法简介
理论研究	思辨研究		依据从管理现象中提取的抽象概念，通过直觉以及逻辑演绎，揭示现象本质及其深层机制
	文献研究		通过对已有文献的搜集、整理和深入分析，指出有关理论目前的发展情况、需要解决的关键问题和未来研究的发展方向
经验研究	定性研究	案例研究	对某一个体、群体、组织、事件等进行描述性、探索性、解释性分析的过程，能够深入阐释某种情境下的动态过程，特别适用于回答“为什么”和“怎么样”的研究问题
		扎根理论	以经验为主，根植于组织实质和复杂的日常生活现实中，提倡在基于数据的研究中发展理论，而不是从已有的理论中演绎可验证性的假设

续表

<table>
<tr><th colspan="3">研究方法</th><th>方法简介</th></tr>
<tr><td rowspan="4">经验研究</td><td rowspan="2">定性研究</td><td>民族志</td><td>进入田野进行实地观察,通过自己的切身体验来理解社会,并提出理论见解</td></tr>
<tr><td>内容分析</td><td>对各种信息交流形式的显性内容进行系统描述,通过编码和确定主题或模式,形成对文本内容的主观解释</td></tr>
<tr><td rowspan="2">定量研究</td><td>实证研究</td><td>通过问卷调查、观察等方式获得数据资料,对数据进行统计分析或模型构造等量化处理,最终得出变量间的关系</td></tr>
<tr><td>实验研究</td><td>根据研究目的与假设,在严格控制其他变量的条件下,测量自变量与因变量的变化,再通过量化分析,探索自变量与因变量间的因果关系</td></tr>
</table>

注:根据李磊[221]整理。

3.1.1　内容分析

内容分析是对各种信息交流形式的显性内容进行系统描述的研究方法,具有收集公开数据的可行性以及对敏感话题的适用性[226]。一方面通过内容分析能够获得充足的、详细的文本资料;另一方面,内容分析为某些敏感话题和敏感情境的研究提供了可能性[227]。对于识别领导者为组织获取资源的类型,内容分析具有比访谈、问卷调查等方法更加全面、更加客观的优势。因此,内容分析方法适用于本研究第 4 章对"领导者为组织获取的资源有哪些(what)"的研究问题的回答,本研究运用内容分析方法对领导者个体为组织获取的资源内涵展开研究。

Harris[226]指出内容分析方法既可用作定量分析也可用作定性分析,具有结合定性分析和定量分析的优势[226,228,229]。作为定量分析,内容分析能将用语言表示的文献转化为用数量表示的统计结果,通过对文献内容"量"的分析达到对文献"质"的更深刻、更精确的理解[230];作为定性分析,内容分析能够将数据的计量辅助于编码和确定主题或模式的过程,形成对文本内容的主观解释[228, 229]。内容分析方法为本研究结合定性分析与定量分析对领导者为组织获取的资源内涵展开深入分析提供了可能。本研究以定性分析为主,通过编码分类、主题或模式识别对文本内容进行主观解释,同时,为了反映领导者为组织获取资源的编码数目及频率分布,也采用了定量分析方法进行统计性描述。

如图 3-1 所示，本研究遵循 Harris[226] 提出的内容分析方法研究程序，从确定研究问题、选择分析文本、确定分析单元、收集研究文本、研究数据编码、形成研究结论等步骤保证了内容分析研究步骤的有效性。

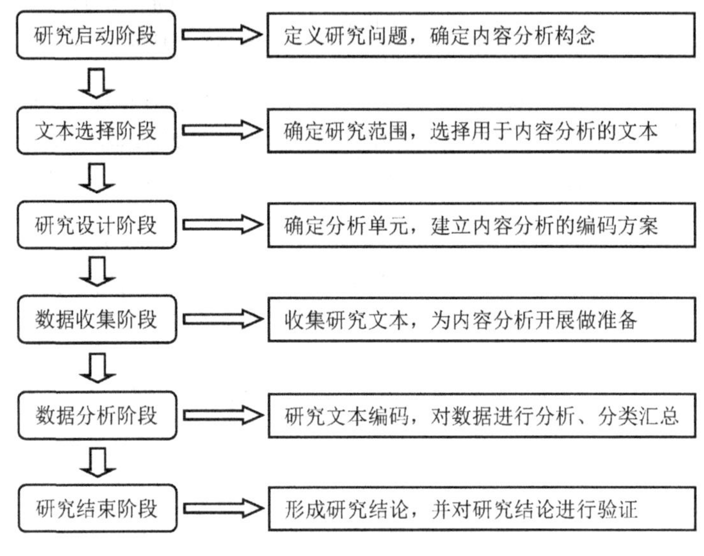

图 3-1　内容分析方法的研究程序

注：参考 Harris[226] 整理。

3.1.2　案例研究

案例研究是对某一个体、群体、组织、事件等进行描述性、探索性、解释性的分析的过程[160, 225]，作为一种研究策略，案例研究的优势在于能够深入阐释某种情境下的动态过程，回答“为什么”和“怎么样”的问题[225]，适用于本研究第 5 章对“领导者个体为组织获取资源策略(how)”以及第 6 章对“领导者个体为组织获取资源的影响机制(why)”的探索。

近年来，由案例研究构建理论引起了国内外研究者的重视，正如 Eisenhardt 和 Graebner[231] 所述，“那些由案例来构建理论的文章常常被认为是‘最有趣’的研究，并且常常成为引用最频繁的文章”。Eisenhardt[225] 发表于期刊 *Academy of Management Review* 的《由案例构建理论》案例研究方法论文也成为了管理学领域引用最高的文章之一。同时，管理学本土化的呼吁也促使案例研究越来越受到国内研究者的关注[232-234]，学者们运用案例研究方法开展的研究数量也在迅速增长。例如，本研究以“案例”为关键词对国家基金委认定的 30 种管理学重要期刊从 1996 年(起始于 1996 年 1 月 1 日)至 2020 年(终止于 2020 年 12 月 31 日)发表的文章进行了检索、统计。

如表 3-2 所示，以每五年为一个时间段将各期刊发表的案例研究文章数量进行列举。由表 3-2 可见，核心期刊发表的案例研究论文数量呈现出明显的上升趋势，例如《管理评论》在 2016 年至 2020 年发表的案例研究文章数目（151 篇）是其 2011 年至 2015 年发表案例文章数目（43 篇）的近 4 倍；《南开管理评论》《科研管理》《中国软科学》《公共管理学报》在 2016 年至 2020 年发表案例研究论文数量较 2011 年至 2015 年都有明显的增幅。此外，多种以案例研究为主题的学术论坛的举办为国内学者传播和交流案例研究方法提供了重要平台，例如"中国企业管理案例与质性研究论坛"自 2007 年至 2020 年已经举办十四届，"中国管理案例学术年会"①自 2010 年至 2020 年已经举办十一届，这些以案例研究为主题的学术论坛受到了研究者的广泛关注，参与人数迅速增长。

表 3-2 管理学重要期刊发表的案例研究论文统计

期刊	1996—2000	2001—2005	2006—2010	2011—2015	2016—2020
南开管理评论	3	7	16	23	45
科研管理	12	23	30	68	110
管理工程学报	5	8	12	18	8
管理科学	6	6	5	10	12
管理科学学报	3	7	4	4	8
管理评论	0	7	18	43	151
管理世界	20	65	102	91	83
管理学报	—	2	33	132	138
科学学研究	3	10	39	93	142
科学学与科学技术管理	9	8	49	96	77
系统工程理论与实践	10	10	12	14	16
系统工程学报	2	6	2	1	3
系统管理学报	4	6	2	7	16
金融研究	0	27	13	3	2
会计研究	9	21	27	35	24
预测	2	3	3	0	5
运筹与管理	1	2	3	7	22
农业经济问题	3	11	15	34	62

① 继前五届"中国管理案例共享国际论坛"成功召开之后，2015 年"中国管理案例共享国际论坛"正式更名为"中国管理案例学术年会"。

续表

期刊	1996—2000	2001—2005	2006—2010	2011—2015	2016—2020
工业工程与管理	4	20	12	22	23
系统工程	1	3	5	15	13
研究与发展管理	3	10	24	29	36
数理统计与管理	5	1	4	4	1
数量经济技术经济研究	3	13	1	2	4
情报学报	5	0	0	3	14
公共管理学报	0	2	14	47	91
中国管理科学	0	9	6	16	22
中国工业经济	8	7	20	56	39
中国农村经济	9	13	10	10	24
中国软科学	11	12	36	32	59
中国人口·资源与环境	2	11	5	30	22

吕力[235]指出案例研究方法论版本极多，分化成了多种研究流派，不同研究流派使用的研究方法既相互借鉴又存在差异。其中，四种案例研究流派在案例研究中最为常见，对案例研究的发展影响深远[235]，包括 Glaser 和 Strauss 的扎根理论[236]、Miles、Huberman 和 Saldana 的定性研究方法[237]、Yin 的案例研究方法[238]、Eisenhardt 的案例研究方法[225,239]。本研究将这四种案例研究流派的代表学者、特点、优势、劣势、相互联系等进行对比，如表 3－3 所示。四种案例研究流派都有其特点、优势及缺陷。总体而言，四种案例研究流派中，Eisenhardt 的多案例研究方法[225]在管理学领域引用最多、影响最为深远[235]。出于以下三方面考虑，本研究遵循 Eisenhardt 的案例研究方法[225]进行研究。

首先，不同于其他三种案例研究流派，Eisenhardt 的案例研究方法[225]提倡进行多案例研究，在由案例构建理论方面具有优势。根据研究案例数目的不同，案例研究可以分为单案例研究与多案例研究。对于单案例与多案例的争论也一直是案例研究中讨论很多的话题[239, 240]。Eisenhardt[225,239]、Eisenhardt 和 Graebner[231]等提出，虽然单案例能够充分描述一种现象的存在，但多案例研究的“复制逻辑(replication logic)”能够对单案例进行相互比较，澄清是否新的发现仅仅是单案例所特有的。因此，由多案例研究构建理论往往能够产生比单案例研究更坚实、更普通、更可验证的理论[231, 241]。其次，Eisenhardt 的案例研究方法[225]从案例研究方法论和案例研究实践两方面为本研究提供了重要借鉴。一方面，Eisenhardt 撰写了有关案例研究方法论的一系列重要文献[225,231,239]。这些文献清晰地描述了由案例构建理论的程序，提出由案例构建理论的 8 个步骤(案例启动、案例选择、研究设计、进入现场、数据分析、形成命题、文献对比、研究结束)，同时指出各步骤的具体任务以及注意事项。另一方面，Eisenhardt 运用案例研究方法在管理学领域顶尖期刊 *Academy of Management Journal*，*Academy of Management Review*，*Administrative Science Quarterly*，*Strategic Management Journal* 等上发表了大量的研究论文，成为实践由案例研究构建理论的一系列经典范文。最后，相比其他三种案例研究流派，Eisenhardt 提出的案例研究方法[225]形成最晚，对其他三种案例研究都有不同程度的借鉴，因此其包容性也最强，在澄清案例研究规范和程序的同时，能够兼容吸收 Glaser 和 Strauss 的扎根理论[236]、Miles 和 Huberman 的定性研究方法[237]、Yin 的案例研究方法[238]的一些优势。

表 3－3 四种案例研究流派对比

研究流派	Glaser 和 Strauss 的扎根理论	Miles 和 Huberman 的定性研究方法	Yin 的案例研究方法	Eisenhardt 的案例研究方法
代表学者	Gleaser B G, Strauss A L,	Miles M B, Huberman A M	Yin R K	Eisenhardt K M
提出时间	1967 年	1984 年	1978 年	1989 年
方法特点	提倡完全基于数据的、价值无涉的客观主义研究，把类属看作是从数据中生成的。强调数据的自然呈现。要求研究者对不断涌现的数据保持高度注意力	提出了定性数据分析的一系列具体技术(摘要资料、编码方式、备忘录等)。通过程序化的数据分析技术引导研究者逐步将定性资料提炼成为理论	提出了 3 种案例研究分析策略(依据有关理论、考虑竞争性解释、使用描述性框架)以及 5 种分析技术(模式匹配、建构性解释、时序分析、逻辑模型、跨案例聚类分析)	提出由案例构建理论的 8 个步骤(案例启动、案例选择、研究设计、进入现场、数据分析、形成命题、文献对比、研究结束)，规范了案例研究的程序及各阶段任务
方法优势	注重宏观方法论的指导；提供了定性数据分析的编码方法及准则	详细描述了定性数据的初步分析、深层次分析方法；提供了部分模仿定量分析的技术	兼顾宏观思路与微观操作，分析思路明确。提出的五种分析技术被广泛引用	提倡多案例研究；提出的案例研究程序在管理学领域被广泛引用，影响深远
方法劣势	对文献回顾的处理具有争议；研究结果有逐渐脱离原来课题的可能	研究设计和资料分析技术复杂，过于关注操作细节，容易被数据淹没	“问题的提炼”和“理论领域的确定”处于其方法论讨论之外	对涉及具体案例资料分析技术的内容阐述偏少
相互联系	编码方法与 Miles 和 Huberman 对定性数据的编码方法相似	编码方法与 Glaser 和 Strauss 对定性数据的编码方法相似	在 Eisenhardt 的案例研究文章中被多次提及和运用	形成最晚，对其他三种案例研究流派都有不同程度的借鉴

注：参考吕力[235]整理。

综上所述，Eisenhardt 的案例研究方法[225]适用于本研究从微观层面对领导者个体为组织获取资源的策略及影响机制的探索，为本研究回答“领导者通过怎样的策略为组织获取资源（how）”以及“领导者为什么要如此获取资源（why）”的研究问题提供了重要的方法论依据。

如图 3－2 所示，本研究遵循 Eisenhardt[225] 提出的案例研究规范和程序展开研究：①案例启动阶段。带着研究主题进入，研究主题具有宽泛的意义，远离理论预设。②案例选择阶段，选择典型性案例，不预设理论或假设，虽然不存在理想的案例数目，但一般 4 到 10 个研究样本是最合适的；③研究设计阶段，采用多种数据收集方法，邀请多位研究者参与研究过程；④进入现场阶段。数据分析与数据收集交互进行，关注数据收集方法的多样性，适时调整数据收集的柔性，随机应变收集数据。⑤数据分析阶段。同时考虑案例内分析和跨案例分析，遵循多案例研究的“复制逻辑（replication logic）”。⑥形成结论阶段。根据研究数据分析进行初步理论猜想，形成研究结论（命题或假设）。⑦文献对比阶段。与类似的文献互相比较，与矛盾的文献互相比较，进一步改善构念，提高理论层次。⑧研究结束阶段。尽可能达到理论饱和，形成理论则研究结束。

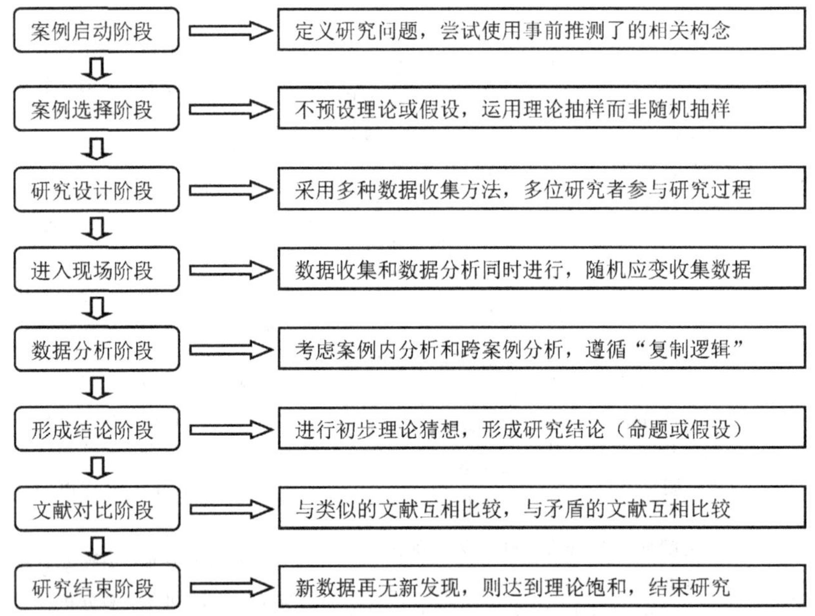

图 3－2　案例研究方法的研究程序

注：参考 Eisenhardt[225] 整理。

3.2 样本选择

3.2.1 研究对象选择

获取资源是不同类型组织的领导者都需要考虑的问题。然而，相比商业组织，社会转型期间行政权力对高校的集中管理更为明显[242]，参与“双一流”建设、“985 工程”、“211 工程”、国家重点实验室、国家工程实验室、千人计划、万人计划等政府颁布的工程、项目类资源在高校领导者工作中显得更加重要[19, 47]。例如，高校注重在官方文件“学校简介”“校长致辞”“办学数据统计”等中详细列举这些资源，例如：

“××学校是中央直管、教育部直属的全国重点大学，是国家一流大学建设高校，是“985 工程”和“211 工程”重点建设的大学之一……学校有××个国家实验室(筹)、××个国家重点(级)实验室、××个国家工程研究中心、××个国家工程实验室、××个国防重点学科实验室、××个教育部重点实验室、××个卫生部重点实验室……学校有中国科学院院士××名、中国工程院院士××名、中组部顶尖千人计划××名、千人计划长期项目××名、外专项目××名、短期项目××名、青年千人××名、长江学者特聘教授和讲座教授共××名、国家杰出青年基金获得者××名、国家基金委创新研究群体××个……学校有国家级教学及人才培养基地××个、国家级校外实践教育基地××个、国家级实验教学示范中心××个、国家工程实践教育中心××个、国家级教学团队××个、国家级教学名师××人、国家级精品课程××门、国家级视频公开课××门、国家级精品资源共享课程××门……。”

具体来说，本研究选取高校领导者作为研究对象，讨论组织资源获取问题主要是考虑到以下四个方面原因。

首先，典型性是本研究选择高校领导者作为研究对象的根本原因。改革开放后，中国经历了从计划经济向市场经济的转型，转型时期的特殊性使本土领导者为组织获取资源的过程不可避免地受到政府与市场共存的双元制度环境影响[218]。起源于西方市场经济环境的资源基础理论将组织资源研究置于战略要素市场中，使经济性视角成为理解组织资源的潜在假定，并不能够很好地解释中国本土领导者为组织获取的资源。中西方情境的差异为本研究探索中国高校领导者为组织获取的资源内涵提供了研究机遇。然而，相比商业组织，转型期间政府行政权力对高校的集中管理更为明显[242]，“双一流”建设、“985 工程”、“211 工程”、千人计划、万人计划、国家重点实验室等大量无法完全用经济性视角进行解释的资源普遍存在，为本研究从社会性视角探索领导者为组织获取资源的内涵、策略以及影响机制提供了众多鲜活的实例，具有典型性。

其次，研究者能够接触、观察、访谈多位高校领导者，为本研究的开展提供了可行性与难得的研究机会。领导研究的可行性常常成为困扰研究者的重要因素，尤其是案例研究。案例研究需要对所选择的样本进行深入挖掘，然而深度访谈领导者的困难使很多对领导者的研究常常仅限于二手数据[243]，无法充分发挥案例研究对个案深入分析的优势。为此，本书作者在某中外合作办学高校的领导与教育前沿研究院兼职研究助理 4 年，其间有机会对该校校长、副校长等领导者进行长期的观察和访谈。同时，实习期内研究者多次参加高等教育领域相关会议，从而有幸接触到国内多位高校领导者，并主动争取机会对其进行了访谈和观察。这些一手数据的获取有助于研究者充分理解高校领导者为组织获取资源的过程，为本研究通过案例建构理论提供了难得的机会。

再次，研究者对高等教育领域的熟悉为理论构建提供了优势。研究所选案例的行业背景会对研究者理解案例产生影响。研究者曾经以中国某房地产企业为样本做过案例研究，研究过程中发现对于房地产行业背景知识和实践经验的欠缺使得案例分析过程中的理论构建十分困难。虽然经历了大量文本阅读，但对于毫无房地产行业实践经验的研究者来说，对房地产行业"行话""行规"的不理解使案例分析过程产生了障碍，甚至某种程度上限制了理论建构的可能性。然而对于高等教育领域来说，研究者从本科开始，在中国高校学习、观察了近十年，相比于对企业环境的陌生，研究者对高等教育领域更加熟悉，也有更多的思考，从而为本研究的理论建构提供了有利条件。

最后，虽然大多数组织领导研究聚焦于商业组织，但作为非营利组织的高校也为领导者实践提供了真实、丰富的情境，同样能够为领导理论构建提供启示[148]。因此，本研究以高校领导者为案例研究样本，探究其为组织获取资源的过程具有丰富现有领导理论的必要性和可能性。

3.2.2 内容分析样本

对于"领导者个体为组织获取的资源是什么（what）"的研究问题，本研究采用内容分析方法进行研究，研究过程分为两个步骤：首先通过对来源于 39 所一流高校官网的"学校简介""校长致辞""办学数据统计"等文本进行内容分析，揭示了高校领导者为组织获取的资源有哪些；其次通过对来源于中央人民政府官网、教育部官网、财政部官网的相关官方文件进行内容分析，揭示了高校领导者为组织获取的资源的价值来源。

第一，本研究收集清华大学、北京大学、中国人民大学、上海交通大学等 39 所国内一流高校的官方文件进行内容分析（39 所样本高校具体名单如表 3－4 所示），回答中国高校领导者为组织获取的资源有哪些。本研究的样本选择主要出于以下三个方面的考虑：首先，这些一流高校是典型的受政府影响的公办高校类型，具体来说，相比于其他高校，这些高校一方面受到政府更多的资金和政策支持，另一方面也受到政府更多的管控和限制[244, 245]，因此，39 所样本高校领导者为组织获取的资源能够典型地反应中国高校领导者为组织获取的资源内容。其次，作为中国重点高校的代表，这些高校注重网络信息建设，相比于其他高校，这些一流高校的官网信息更加丰富，为研究搜集分析文本提供了可行性。再次，“学校简介”“校长致辞”“办学数据统计”等学校官方文件通常是高校对外的宣传和介绍，反映出高校最想对外界展示的关键资源和独特优势。本研究认为这些高校官方文件中提到的资源对高校的生存和发展具有重要意义，能够明显地反映出高校领导者重视的资源内容。综上，本研究选取 39 所一流高校的“学校简介”“校长致辞”“办学数据统计”等官方文件作为研究文本进行分析，文本收集时间截止 2020 年 12 月 31 日，共 98 篇，文本总计 246566 字。

第二，为了探究高校领导者为组织获取的资源的价值来源，本研究选取上述分析中的一种重要资源，即“985 工程”作为研究样本，收集中央人民政府官网、教育部官网、财政部官网的“985 工程”相关的官方文件，展开了进一步内容分析和研究。选取中央人民政府官网是考虑到其作为政府部门中的领导机构所具有的权威性，选取教育部官网和财政部官网是考虑到教育部和财政部是负责“985 工程”实施的两个重要主管部门。选取“985 工程”作为样本，研究高校领导者为组织获取资源的价值来源主要取决于其典型性和可行性：首先，对“学校简介”“校长致辞”“办学数据统计”等学校官方文件的分析结果显示，“985 工程”是出现频率最高的资源类型之一；其次，“985 工程”已经实施多年，在中国高校实践中有着重要影响，“985 工程”受到政府直接给予的丰厚的物质支持和显著的政策支持，成为中国一流大学的“代名词”；最后，“985 工程”的相关文本信息非常丰富，为研究收集和选择合适的数据进行内容分析提供了可行性。

经过筛选和剔除重复，本研究从 3 个网站中共收集到 64 篇题目包含“985”的文本，其中，中央人民政府官网 9 篇、教育部官网 45 篇、财政部官网 18 篇、重复 8 篇。本研究在数据分析过程中根据已有文本中出现的新线索，不断地搜集与增加与“985 工程”相关的其他文本，直到描述“985 工程”从颁布到实施整个过程的重要文本达到饱和，不再有更多新文本出现为止停止数据收集，此过程在已有文本的基础上又加入 19 篇文本，共计 83 篇文本。这些文本的发布时间起始于 1998 年 5 月 4 日“985 工程”初被提出，终止于 2020 年 12 月 31 日本研究停止对此项研究数据收集，文本字数总计 249489 字。

3.2.3　案例研究样本

案例研究的目的是发展理论而不是检验理论，在产生新理论、新见解方面具有一定的优势[225]。不同于实证研究中的统计抽样目的在于获得总体中变量分布的精确统计证据，进行假设检验；案例研究采用理论抽样的方法，目的在于对理论进行拓展或者补充[236]。案例研究的理论抽样意味着选择一个案例正是因为它非常适合说明和扩展不同构念间的相互关系[231]。Eisenhardt[225]指出“虽然不存在理想的案例数目，但一般 4 到 10 个研究样本是最合适的”。因此，依据案例研究的理论抽样原则[225]，本研究选取 8 位能够代表不同高校类型的高校领导者作为案例研究样本[246]。出于对研究对象的保护，本研究对研究对象进行了匿名处理，8 位样本领导者分别以 A、B、C、D、E、F、G、H 命名，其任职高校名称相应以 AA、BB、CC、DD、EE、FF、GG、HH 替代，论文中涉及的其他透露领导者及高校信息的名称也均做匿名处理。

本研究选择领导者 A、B、C、D、E、F、G、H 共 8 位高校领导者作为案例研究样本主要基于以下四点考虑。

(1)典型性。所选案例首先要能够有效地回答研究问题。为了选择典型样本，研究者对 21 位高校领导者进行了访谈，访谈时间从 1 小时到 3 小时不等，在征求访谈对象同意的情况下对访谈过程进行了全程录音(领导者拒绝录音除外)，并且进行了录音过程文本转录。以多于所选样本数目对高校领导者进行访谈，花费了研究者大量的时间和精力，然而这个过程却能够让研究者在与多位领导者接触的过程中形成对研究话题更深刻的理解，从而保证研究所选取的案例能够有代表性地回答高校领导者为组织获取资源的问题。研究过程中剔除掉了大部分不适合的样本，例如获取资源问题不被领导者重视、领导者不看重个人在获取资源中发挥的作用、领导者在访谈中表现出明显的抵制等。最终，研究者在 21 位接受访谈的高校领导者中选取了 8 位能够典型回答研究问题的高校领导者作为案例研究样本。

(2)代表性。所选样本要能够尽可能多地代表不同类型高校的领导者，从而案例间的复制和扩展逻辑能够促进理论的构建[225, 238]。本研究从两方面保障样本的代表性。首先，借鉴陈武元和洪真裁[246]对中国高校分类的研究，对 4 种具有代表性的高校类型(“985”高校、地方公办高校、民办高校、中外合作办学高校)进行抽样(各选取两所)，最终选择了 8 位高校领导者作为样本进行案例研究，样本大小符合 Eisenhardt 提出的案例研究方法的样本选择标准[225]。其中包括两位“985”高校领导者、两位地方公办高校领导者(非“985”、非“211”)、两位民办高校领导者、两位中外合作办学高校领导者。其次，所选 8 位高校领导者在同一类高校中具有代表性。例如，所选取的“985”高校 CC 面临和当地另一所“985”高校的直接竞争，学校领导者非常重视为学校获取资源；所选取的地方公办高校 EE 因地处欠发达地区发展受到制约，获取资源成为其领导者日常工作中的难题；所选取的中外合作办学高校 AA 近年来迅速发展，在借鉴国外办学优势的基础上创办了独具特色的育人模式，成为中外合作办学的典范；在中国民办高校发展时间较短、发展水平普遍较低的情况下，选取的民办高校 HH 因其创办时间早、发展好而备受关注。

(3)多样性。样本的多样性有益于增强由案例构建理论的解释力。从组织层面看，样本高校存在明显差异：高校类型包含公办高校、民办高校、中外合作办学高校等多种类型；办学层次涉及研究生、本科、专科等多个层次；高校所在地区涵盖北京、湖南、河南、江苏、广西等多个地区。从个人层面看，所选领导者的年龄、任职时间、教育经历、领导经历等方面也存在差异。

(4)可行性。所选 8 位样本领导者的研究数据都涉及文本资料、视频、访谈、参与式观察等多个方面。鉴于高校领导者工作繁忙的现实，研究过程中一手数据(接触、观察、访谈)的收集充满了挑战[243]。然而研究者并未因为一手数据收集的困难将研究仅限于大量二手数据的运用。研究者申请了某高校领导与教育前沿研究院的研究助理工作，历时 4 年的参与式观察为研究者提供了接触高校领导者以及访谈和观察高校领导者的难得机会，为本研究的开展提供了可行性。

3.3　数据收集

围绕研究问题，本研究的数据收集主要包括文本资料、访谈、参与式观察、视频资料等四种来源，资料来源和附录 A 所示。在研究的过程中，四种资料收集方法并非依次运用，而是同时进行、不断往复，从而在资料收集过程中形成多种资料之间的相互印证。当数据收集最终达到饱和时[225, 236]，即新增数据不再有新的发现时，本研究停止数据收集。本研究的数据收集过程与数据分析过程是同时进行的，数据收集经历了不断补充的动态过程。以下将分别介绍本研究使用的四种数据收集方法以及不同方法所包含的具体数据内容。

3.3.1　文本资料

文本资料具有内容丰富、详细的特征，能够在较大程度上建构对于研究对象的基本认知。同时文本资料具有信息公开、来源渠道多样的特征，为本文的研究话题提供了有效的分析途径[226]。

对于“领导者个体为组织获取的资源是什么”的研究问题，本研究使用的文本资料主要包括两个方面：①39 所样本高校的“学校简介”“校长致辞”“办学数据统计”等学校官网公开文本，文本总数为 98 篇，总计 246566 字，具体文本资料如表 3－4所示。②中央人民政府官网、教育部官网、财政部官网的“985 工程”相关的官方文件，文本总数为 83 篇，总计 249489 字，具体文本资料如表 3－5 所示。

表 3－4　39 所样本高校文本资料

序号	学校	内容	字数	内容	字数	内容	字数
1	复旦大学	学校简介	1154	数据统计	188	校长致辞	2059
2	哈尔滨工业大学	学校简介	2357	数据统计	15485	—	—
3	西北工业大学	学校简介	3100	数据统计	5427	校长致辞	3515
4	南开大学	学校简介	2662	数据统计	3678	—	—
5	四川大学	学校简介	3026	数据统计	6900	—	—
6	中山大学	学校简介	868	数据统计	2102	校长致辞	2808
7	厦门大学	学校简介	1908	数据统计	2576	校长致辞	4909
8	大连理工大学	学校简介	2382	数据统计	3903	—	—
9	北京师范大学	学校简介	2034	数据统计	2331	校长致辞	2009
10	北京理工大学	学校简介	2110	数据统计	422	校长致辞	2566
11	东北大学	学校简介	1877	数据统计	2207	—	—
12	西北农林大学	学校简介	2370	数据统计	125	—	—
13	中国海洋大学	学校简介	2550	数据统计	1973	—	—
14	北京大学	学校简介	1118	数据统计	3347	校长致辞	3418
15	清华大学	学校简介	700	数据统计	447	—	—
16	电子科技大学	学校简介	1910	数据统计	2424	校长致辞	4672
17	华南理工大学	学校简介	2556	数据统计	1020	校长致辞	1132
18	同济大学	学校简介	2133	数据统计	1410	—	—
19	湖南大学	学校简介	2147	数据统计	1971	—	—
20	南京大学	学校简介	2010	数据统计	102	—	—
21	山东大学	学校简介	1932	数据统计	651	校长致辞	3790
22	浙江大学	学校简介	1230	数据统计	523	校长致辞	2065
23	国防科技大学	学校简介	546	数据统计	2874	校长致辞	1232
24	中南大学	学校简介	2025	数据统计	661	—	—
25	中国农业大学	学校简介	4091	数据统计	542	校长致辞	4817
26	重庆大学	学校简介	2442	数据统计	3489	校长致辞	3333
27	华东师范大学	学校简介	1821	数据统计	823	校长致辞	4144
28	华中科技大学	学校简介	1202	数据统计	1374	校长致辞	4068

续表

序号	学校	内容	字数	内容	字数	内容	字数
29	吉林大学	学校简介	2266	数据统计	13150	—	—
30	兰州大学	学校简介	2303	数据统计	2465	校长致辞	1091
31	中国民族大学	学校简介	1713	数据统计	2193	—	—
32	中国人民大学	学校简介	4166	数据统计	3600	—	—
33	上海交通大学	学校简介	3344	数据统计	1328	校长致辞	2198
34	东南大学	学校简介	3658	数据统计	2688	—	—
35	天津大学	学校简介	2495	数据统计	326	—	—
36	武汉大学	学校简介	2318	数据统计	446	校长致辞	3292
37	西安交通大学	学校简介	2945	数据统计	347	—	—
38	北京航空航天大学	学校简介	3433	数据统计	3768	校长致辞	2341
39	中国科学技术大学	学校简介	1439	数据统计	1480	—	—

表 3－5 “985 工程”文本资料

序号	时间	题目	字数
1	1998	江泽民在庆祝北京大学建校一百周年大会上讲话	3111
2	1998	面向 21 世纪教育振兴行动计划	8749
3	1999	教育部与浙江省重点共建浙大签约	577
4	1999	国务院批转教育部面向 21 世纪教育振兴行动计划的通知	12575
5	2000	天津大学创建世界知名高水平大学纪实	2780
6	2001	清华离世界一流大学还有多远？	3042
7	2001	向世界一流大学挺进	2136
8	2002	世界一流大学的特征是开放	1668
9	2002	今日南大：建设世界一流大学	5820
10	2003	大师、大楼、大气——人大校长纪宝成谈建设一流大学	2010
11	2003	怎样才算“世界一流大学”——清华大学举办一流大学建设研讨会	1685
12	2003	清华大学首次公开跨越发展时间表：2020 年建成世界一流大学	592
13	2004	2003—2007 年教育振兴行动计划	13623
14	2004	教育部、财政部关于成立“985 工程”领导小组、工作小组及办公室通知	700

续表

序号	时间	题目	字数
15	2004	中国下一代互联网示范工程项目配套经费纳入“985工程”建设规划通知	601
16	2004	关于印发《“985工程”建设管理办法》的通知	2132
17	2004	财政部、教育部关于印发《“985工程”专项资金管理办法》的通知	2687
18	2004	财政部关于印发《中央本级项目支出预算管理办法》(试行)的通知	3998
19	2004	教育部、财政部关于继续实施“985工程”建设项目的意见	3740
20	2004	中共中央关于进一步繁荣发展哲学社会科学的意见	2685
21	2005	教育部、广东省人民政府签署“985工程”二期重点共建协议	681
22	2005	教育部、上海市人民政府签署“985工程”二期重点共建协议	940
23	2005	“985工程”一期重点共建	520
24	2005	“高等学校学科创新引智计划”项目经费纳入“985工程”建设规划通知	860
25	2006	国家中长期科学和技术发展规划纲要(2006—2020年)	38550
26	2006	教育部国家外国专家局高等学校学科创新引智计划“十一五”规划	2971
27	2006	“985工程”学校名单	300
28	2007	“985工程”二期重点共建	245
29	2007	关于对“985工程”二期建设项目进行检查工作的通知	1229
30	2008	“优势学科创新平台建设”计划及其与“985工程”的关系	466
31	2008	“211工程”“985工程”及研究生教育培养机制改革有关情况	9958
32	2008	同济大学依托“985工程”建设支持开创学生党建工作新局面	1182
33	2009	中南大学坚持民主管理确保“211工程”和“985工程”投资效益	1169
34	2009	中国农业大学“985工程”仪器设备采购项目更正公告	2077
35	2009	中国农业大学“985工程”仪器设备采购项目招标公告	1215
36	2009	中国农业大学“985工程”仪器设备采购项目中标公告	1735
37	2009	吉林大学“985工程”二期建设取得多项具有国际影响的标志性成果	3103
38	2009	吉林大学“985工程”二期建设培育新兴交叉学科方面取得的标志性成果	3020
39	2009	中国农业大学“985工程”仪器设备采购中标公告	1094

续表

序号	时间	题目	字数
40	2009	中信国际招标有限公司关于中国农业大学“985 工程”招标公告	547
41	2009	上海交通大学以“六大战略”圆满完成“985 工程”二期建设	2277
42	2010	教育部、财政部关于加快推进世界一流大学和高水平大学建设的意见	4471
43	2010	关于印发《“985 工程”专项资金管理办法》的通知	3129
44	2010	国家中长期教育改革和发展规划纲要(2010—2020 年)	29177
45	2010	“985 工程”专项资金助推建设世界一流大学	1271
46	2010	“211 工程”和“985 工程”	197
47	2011	关于“985 工程”高校公布 2010 年《本科教学质量报告》的通知	325
48	2011	教育部试点本科教学评估新方案,“985”高校率先	703
49	2011	北京理工大学“985 工程”2011 年仪器采购项目(之三)废标公告	421
50	2011	北京理工大学“985 工程”2011 年仪器采购项目(之一)变更公告	586
51	2011	中国农业大学“985 工程”仪器设备采购项目招标公告	1534
52	2011	教育部:不再新设“211 工程”“985 工程”的学校	624
53	2011	“985 工程”十年建设成效	1782
54	2011	“985 工程”简介	3069
55	2011	北京理工大学“985 工程”2011 年仪器采购项目(之七)中标公告	486
56	2011	中国农业大学“985 工程”仪器设备采购项目中标公告	1220
57	2012	16 省市 32 所高校再获数百亿“985 工程”建设资金	574
58	2012	450 亿推 32 所“985”高校服务国家战略融入区域发展	576
59	2012	打破“985”迷信	1883
60	2012	新一轮“985 工程”重点共建签约工作情况介绍	4276
61	2012	教育部与 32 所直属“985”高校所在省市均签共建协议	687
62	2012	教育部、北京市继续重点共建五所“985”高校	980

续表

序号	时间	题目	字数
63	2013	解读“限定‘985’‘211’高校毕业生就业招聘”禁令	1925
64	2013	“985 工程”高校如何迎接绩效考评时代	1989
65	2013	教育部财政部关于印发《“985 工程”建设管理办法》的通知	2871
66	2013	“985 工程”三期共建	180
67	2013	“985 工程”建设实行绩效考评	401
68	2013	“985”高校智囊汇聚一堂,共话未来发展战略	661
69	2014	不存在废除“211 工程”“985 工程”的情况	689
70	2014	“985 工程”高校章程建设工作交流会举行	548
71	2014	“211 工程”学校与“985 工程”学校	361
72	2015	中国吹响建设世界一流大学冲锋号	752
73	2015	国家将继续支持“985”“211”工程	1117
74	2015	关于改革完善中央高校预算拨款制度的通知	3330
75	2015	“211 工程”与“985 工程”的来历和效果	642
76	2016	财政预算中建立公办科研单位基础和应用基础经费直通车	4736
77	2016	国家高等教育经费拨付与使用管理	1841
78	2017	从国家战略视野铸造“双一流”	1447
79	2018	改革是教育现代化强大引擎——致敬改革开放 40 周年	7697
80	2018	建设世界一流大学和特色发展引导专项资金管理办法	3407
81	2019	“211 工程”和“985 工程”等重点建设项目统筹为“双一流”建设	229
82	2020	把握高等教育发展的新格局	3381
83	2020	积极探索构建中国特色学科评估体系	4264

对于“领导者个体为组织获取资源的策略”以及“领导者个体为组织获取资源的影响机制”的研究问题，本研究使用的文本资料包括领导者个人文本、组织文本、媒体文本以及专著四类，文本资料主要来源于高校官网、公开出版物、学术期刊、网络文本等，资料统计如表 3-6 所示，具体文本资料及其编码参考附录 A。

表 3-6　案例研究的文本资料统计

领导者	文本类型			
	专著	个人文本	组织文本	媒体文本
领导者 A	7 本	58 篇	99 篇	44 篇
领导者 B	6 本	52 篇	74 篇	51 篇
领导者 C	—	26 篇	131 篇	58 篇
领导者 D	1 本	40 篇	190 篇	37 篇
领导者 E	—	87 篇	170 篇	58 篇
领导者 F	—	18 篇	116 篇	18 篇
领导者 G	1 本	59 篇	123 篇	16 篇
领导者 H	7 本	20 篇	168 篇	47 篇
总计	22 本	360 篇	1083 篇	329 篇

3.3.2　视频资料

视频资料具有生动的特征，能够使研究者对研究对象产生直观的认知，为本研究初步理解样本领导者提供了直接参考。本研究所用的视频资料是各高校官网以及其他视频网站公开发布的视频文件，视频资料的统计和举例如表 3-7 所示。

表 3-7　本研究的视频资料举例和统计

领导者	视频名称	视频时长	视频数目总计
领导者 A	校长 A 专访	25′ 29″	37 个
	A 校长特别访谈	47′ 27″	
	AA 高校 A 校长访谈录	31′40″	
	……		

续表

领导者	视频名称	视频时长	视频数目总计
领导者 B	校长 B 关于教学改革的思考	19′44″	14 个
	校长 B 在毕业典礼上的讲话	09′16″	
	校长 B 离职演讲	06′38″	
	……		
领导者 C	副校长 C 专访	43′19″	14 个
	副校长 C 为学生讲授战略	21′27″	
	高校 CC 新版宣传片	06′16″	
	……		
领导者 D	党委书记 D 讲专题党课	34′57″	15 个
	高校 DD 召开 2016 级新生开学典礼	21′42″	
	高校 DD 宣传片	26′07″	
	……		
领导者 E	高校 EE 宣传片	52′27″	11 个
	党委书记 E 作报告	31′43″	
	高校 EE 招生宣传片	09′21″	
	……		
领导者 F	校长 F 访谈	36′39″	7 个
	高校 FF 党委书记专访	43′16″	
	高校 FF 宣传片	11′56″	
	……		
领导者 G	副校长 G 访谈	29′24″	9 个
	副校长 G:“要我学”变成“我要学”	07′28″	
	高校 GG 宣传片	09′39″	
	……		
领导者 H	高校 HH 董事长专访	59′05″	21 个
	高校 HH 董事长专访	45′53″	
	高校 HH 董事长专题报道	24′36″	
	……		

3.3.3 访谈

访谈能够更深入、更全面地理解高校领导者为组织获取资源的过程。访谈构成了本研究数据收集的重要方法，本研究共进行了 38 次访谈，访谈时间从 1 小时到 3 小时不等，访谈时间共计 55 小时，整理形成访谈文本 42.9 万字。本研究主要采用半结构性访谈的方法对高校领导者及相关人员进行访谈。半结构性访谈是在访谈开始前做好充足准备并拟好访谈提纲，但在访谈的过程中不局限于访谈提纲，随时根据被访者的回答进行访谈问题的调整。本研究的具体访谈记录如表 3－8 所示。

表 3－8 本研究的访谈记录

访谈类型	受访者	职务	高校	高校类型	时间	录音	字数
高校领导者访谈	A	校长	AA	中外合作	2.5 小时	是	22833
	A	校长	AA	中外合作	1 小时	否	8456
	A	校长	AA	中外合作	1 小时	是	9523
	A	校长	AA	中外合作	1.5 小时	是	9619
	B	校长	BB	“985”高校	2 小时	否	6390
	B	校长	BB	“985”高校	3 小时	否	17189
	C	副校长	CC	“985”高校	2.5 小时	是	31624
	D	党委书记	DD	公办高校	2 小时	是	11936
	D	党委书记	DD	公办高校	1.5 小时	是	15726
	E	书记	EE	公办高校	2 小时	是	12812
	F	校长	FF	中外合作	1.5 小时	是	16007
	G	副校长	GG	民办高校	2 小时	否	7417
	G	副校长	GG	民办高校	1 小时	否	12921
	H	副校长	HH	民办高校	1.5 小时	是	8566
相关工作人员访谈	M	副校长	AA	中外合作	1.5 小时	是	13351
	Y	副校长	AA	中外合作	1 小时	是	810
	Y	副校长	AA	中外合作	1.5 小时	是	17974
	Z	校长助理	AA	中外合作	1.5 小时	是	20017
	M	副校长	AA	中外合作	1 小时	是	8239

续表

访谈类型	受访者	职务	高校	高校类型	时间	录音	字数
相关工作人员访谈	X	信息主任	CC	“985”高校	1.5小时	是	14625
	G	教务处长	CC	“985”高校	2小时	是	18237
	W	财务处长	CC	“985”高校	1小时	是	13736
	N	教务处长	DD	公办高校	1小时	是	2114
	S	学院院长	DD	公办高校	1小时	否	6528
	T	副校长	DD	公办高校	1.5小时	是	6789
	L	副校长	GG	民办高校	1小时	否	6887
	L	副校长	GG	民办高校	2小时	否	13292
	P	副书记	GG	民办高校	1小时	是	7306
	P	副书记	GG	民办高校	1小时	是	5945
	P	副书记	GG	民办高校	1小时	是	4864
辅助访谈	F	副校长	FF	民办高校	1小时	是	9283
	I	副校长	II	民办高校	2小时	否	13246
	O	校长	OO	民办高校	1小时	是	12153
	K	校长	KK	“985”高校	1小时	否	7826
	V	副校长	VV	“985”高校	1小时	否	11467
	R	党委书记	RR	公办高校	1.5小时	是	10059
	J	副校长	JJ	公办高校	1小时	否	4478
	U	校长	UU	中外合作	1小时	否	8830

如表3-8所示，首先，本研究对8位样本领导者(领导者A、领导者B、领导者C、领导者D、领导者E、领导者F、领导者G、领导者H)共进行访谈14次，访谈时间共计25小时，形成访谈文本19.1万字。其次，本研究对8位样本领导者所在高校其他管理者、教师等相关人员(副校长M、副校长Y、校长助理Z、信息主任X、教务处长G、财务处长W、副校长T、教务处长N、学院院长S、副校长L、副书记P)共进行访谈16次，访谈时间共计20.5小时，形成访谈文本16.1万字。最后，需要说明的是，除了对8位样本领导者以及相关人员的访谈外，本研究对其他8位高校领导者(“985”高校校长K、“985”高校副校长V、公办高校党委书记R、公办高校副校长J、民办高校副校长F、民办高校副校长I、民办高校校长O、中外合作办学高校校长U)进行了辅助访谈，访谈时间共计9.5小时，形成访谈文本7.7万字。辅助访谈一方面为选择合适的案例研究样本提供了可能性，另一方面也为本研究更好地理解领导者获取资源的过程、验证和完善案例研究结论达到理论饱和[225, 247]起到了重要的作用。本研究的访谈提纲详见附录B。

3.3.4 参与式观察

领导者行动本身的复杂性、难以捉摸性使得通过文本资料和访谈对其进行理解仍然是困难的，因此，长期的参与式观察对于深入理解领导者为组织获取资源的过程提供了重要的帮助。为此，研究者以研究助理的身份在 X 高校兼职工作了近 4 年，其间除了能够对该校领导者及相关人员进行长期观察，还有幸多次参与针对国内高校领导者开展的会议和培训项目。参与式观察使研究者有机会对高校领导者会议中的报告和问答进行详细记录，并对高校领导者的参与过程进行深入观察。研究者对高校领导者的参与式观察列举如表 3－9 所示。

表 3－9　本研究的参与式观察记录

活动类型	高校领导者活动记录
教育改革论坛	校长 A 做报告，介绍高校 AA 校长 A 做报告，分析十八大及三中全会教改决策对高等教育的影响 校长 A 做报告，讲述高校 AA 的变革与对其的思考 副校长 M 做报告，介绍高校 AA 的育人体系、育人理念 副校长 C 做报告，讲述以学生为中心的课程教学如何进行改革探索 副校长 Q 做报告，介绍高等教育需要回归本质，需要传承创新 校长 P 做报告，介绍学校的教学改革、创新举措 副校长 F 做报告，介绍学校的教学改革、创新举措 领导者圆桌讨论
高校领导论坛	校长 A 做报告，介绍高校 AA 如何培养学生 副校长 S 做报告，介绍学校的育人理念 副校长 L 做报告，介绍高校人才培养的创新理念和实践 校长 U 做报告，介绍学校的育人理念、改革创新等 协理副校长 L 做报告，介绍高校的管理经验和存在问题
高等教育论坛	校长 A 做报告，讲述大学如何面对技术创新以及正负面影响 副校长 Y 做报告，讲解全球化对大学发展的机遇 副校长 Z 做报告，论述全球化机遇、大学之间的发展联盟关系 副校长 S 做报告，讲解研究生教育的发展和面临的问题 副校长 J 做报告，分析未来大学可能的发展模式 校长 T 做报告，讲述全球化机遇、未来大学的发展

续表

活动类型	高校领导者活动记录
教育改革论坛	校长 A 做报告,分析高等教育未来发展的困难和机遇 校长 A 做报告,介绍高校 AA 最近几年的新发展 校长 A 做报告,讲解校长的领导能力和管理能力 副校长 M 做报告,介绍学校人才培养理念和举措 副校长 Z 做报告,讨论高校发展的传承与创新方向 副校长 F 做报告,讲解学校的教育理念以及教育实践 校长 S 做报告,分析职业教育的发展方向和变革状况
高校领导论坛	校长 A 做报告,分析跨文化的领导力在高校管理中的作用 学院院长 D 做报告,讲解如何在跨文化情境下进行管理 圆桌论坛,多所高校领导对其优秀实践案例进行分享
高教国际化论坛	校长 A 做报告,讲解高校在全球化机遇中进行跨文化与跨国合作 圆桌讨论,讨论教育部对高等教育国际化的支持 副校长 L 做报告,分析高校如何与其他相关机构展开合作 圆桌论坛,讨论美国高校管理中的领导力问题 副校长 J 做报告,分析高校展开国际合作中可能存在的问题
高校领导论坛	校长 A 做报告,介绍学校育人理念的探索和形成过程 圆桌论坛,多位高校领导者讨论学校人才培养的创新举措 圆桌论坛,多位高校领导者讨论高校如何借鉴国际化经验
教育改革论坛	校长 A 做报告,介绍学校以学生为中心的育人体系 校长 A 做报告,分析学校变革的过程以及面临的挑战 校长 A 做报告,讨论学校的管理问题和领导力问题 副校长 M 做报告,分析学校的育人模式,总结创新经验 副校长 C 做报告,讲述学校人才培养的改革实践 校长 F 做报告,分析中美教育差异,对创新方式进行总结 书记 E 做报告,讨论学校应用型人才的培养模式
高教国际化论坛	校长 A 做报告,分析学校与社会发展、产业合作的关系 副校长 K 做报告,介绍英国高等教育在人才培养方面的经验 副校长 V 做报告,分析高校在新时代面临的机遇和使命 副校长 G 做报告,介绍学校如何改革学分制、培养人才

续表

活动类型	高校领导者活动记录
教育改革论坛	校长 A 做报告，讨论高等教育的未来发展方向 校长 K 做报告，讨论高等教育的面临的期待和发展问题 校长 P 做报告，分析高等教育未来可能存在的挑战 校长 B 做报告，介绍自己对于高校人才培养的思考
高教国际化论坛	校长 A 做报告，介绍学校的国际化之路 校长 R 做报告，分析中外合作办学的优势，指出存在的问题 校长 U 做报告，从制度层面讲解中外合作大学的制度 副校长 Q 做报告，分析国际化发展和本土化建设之间的关系 副校长 G 做报告，讲述学校的教学质量保障体系 理事长 W 做报告，分析高等教育国际化与中国国情的适应性 小组讨论，如何应对高教国际化的未来挑战
民办高校 SS 调研	调研小组与学校教学副校长、学生工作副校长、教务处处长及两位副处长、信息化办主任、财务处处长、学生处处长及办公室主任、教师、学生等进行交流
“985”高校 CC 调研	调研小组与学校财务处处长、信息化部门主任、教务处处长、教务处副处长、教务处科长等进行交流
民办高校 GG 调研	调研小组与学校理事长、副校长、教学系及专业负责人、教务处、学工处管理层、学生代表等进行交流
民办高校 GG 调研	调研小组与学校理事长、副校长、党委副书记、学生工作处处长、教务处处长、教学系及专业负责人、教师代表等进行交流
公办高校 DD 调研	调研小组与学校党委书记、副校长、学院院长、教师代表、教务处主任、教师发展中心主任、人事处员工、教务处员工、教学质量管理科员工等进行交流
公办高校 DD 来访	调研小组与学校党委书记、副校长、教务处处长、学生工作处处长、校办主任等进行交流

3.4　数据分析

数据分析是定性研究最难且最神秘的部分[235]，也是定性研究者面临的重要困境[235]。定性研究一般采用归纳性数据分析方法，虽然不同研究者采用的资料分析技术各不相同，但编码成为定性研究者归纳定性数据的共同选择。其中，扎根理论[236,247,248]，Miles、Huberman 和 Saldana 的定性数据分析方法[237]为定性研究的数据分析提供了两种基本的编码方法[222]。吕力[235]指出，相比 Miles、Huberman 和 Saldana 对编码程序和操作细节的过度关注[237]，扎根理论为研究者编码提供了更多有关数据分析的宏观思路指导[236,247,248]，强调编码的“开放性”从而能够避免研究者困于大量的定性数据而无法自拔[235]。因此，本研究借鉴扎根理论编码进行数据分析。

扎根理论是以研究者本人作为研究工具，采用多种方法收集经验数据，对研究对象的行为和意义进行建构，进而形成理论的研究方法。扎根理论关注数据的生成和意义分析，其主要目标是形成构念、详尽阐述或精细改良现有理论，特别适用于已有理论框架不够完善、不能提供清晰假设或需要从新视角对已有理论进行探索的情况。

需要说明的是，自 Glaser 和 Strauss[236]提出扎根理论后，扎根理论经由不同学者发展形成了三种更细分的研究流派[243]，即经典扎根理论[236]、程序扎根理论[248]、建构扎根理论[247]。Glaser 和 Strauss[236]的经典扎根理论是一种完全基于数据的价值无涉的客观主义研究，把类属作为从数据中生成的、依赖于直接经验的分析过程。Strauss 和 Corbin[248]将经典扎根理论向证实的方向进行发展，形成了程序扎根理论，提出了一些新的概念和方法，如维度化、主轴编码和条件矩阵等。Charmaz[247]提出了建构扎根理论，认为数据和理论都不是被客观发现的，研究者是所研究世界及所搜集数据的一部分。建构扎根理论提倡开放性问题初设，强调研究者与被研究者的视域融合，关注数据的生成过程，更能体现研究者和研究对象之间互动的重要性[243, 249]。因此，本研究采用建构扎根理论对定性数据进行编码，编码过程主要包括初始编码、聚焦编码、理论编码三个步骤[247]，如图 3－3 所示。以下将对本研究的三个编码步骤分别进行叙述。

3.4.1 初始编码

初始编码是指研究者首次对数据内容进行定义的过程，编码意味着给数据贴上标签，同时对每一部分数据进行分类、概括和说明[247]。首先，初始编码应紧贴数据进行，研究者应努力在每一个数据片段上看到行动，同时尽量使用能够反映行动的词语进行编码。其次，初始编码应该是开放性的，研究者在进行初始编码的过程中应保持开放的态度[236]和对研究问题的敏感性[237]，不能让预先形成的概念阻碍新观念的呈现，对于编码中的数据以及它要带你去的地方要保持开放的态度[221]。最后，初始编码应该尽量简短、生动[247, 249]。本研究的初始编码采用逐句编码和意义编码相结合的方式[160, 218]。逐句编码根据文本的字面意思逐句提炼关键词进行编码，最大限度地保留和挖掘了文本的原意[160, 247]。意义编码根据对数据的整体理解进行编码，反映出研究者对文本意义的理解和构建[160, 247]。根据研究资料的内容、类型、丰富度等差异，本研究对不同来源的资料采取了不同的初始编码方式，各种资料对应的初始编码方式详见附录 A。为了更清晰地说明本研究的初始编码过程，表 3－10 列举了逐句编码和意义编码示例。

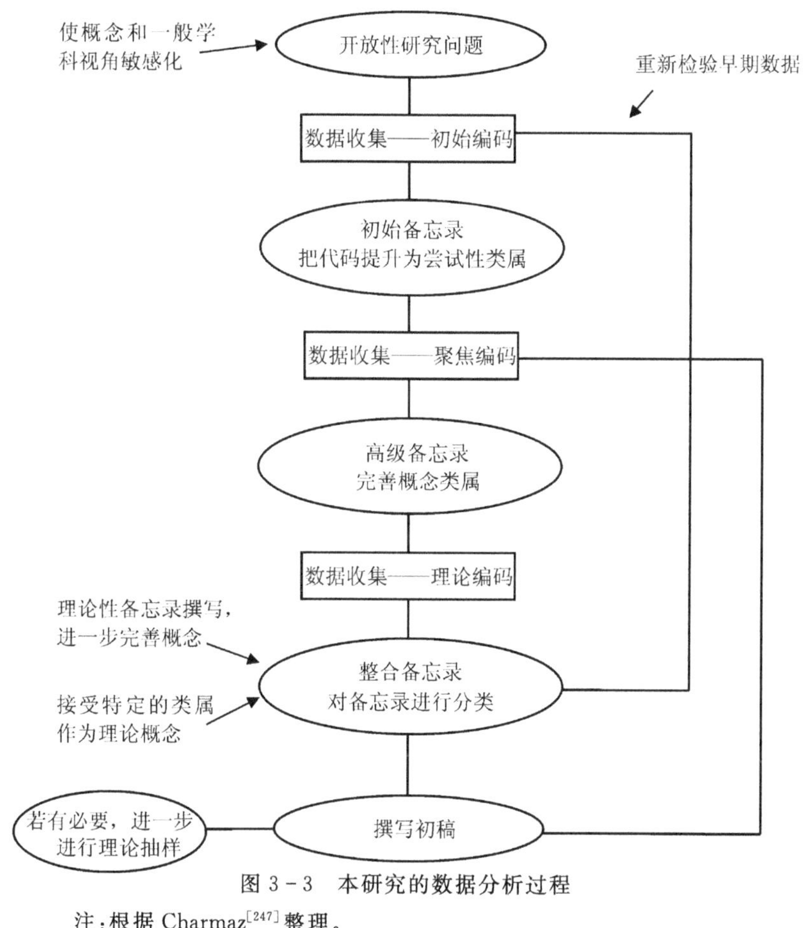

图 3－3 本研究的数据分析过程

注：根据 Charmaz[247] 整理。

表 3－10 本研究的两种初始编码方式举例

编码方式	初始资料	编码结果
逐句编码 （挖掘文本的关键词，发现要素）	“985 工程”建设的总体思路是：以建设若干所世界一流大学和一批国际知名的高水平研究型大学为目标，探索建立高等学校新的管理体制和运行机制。抓住机遇，集中资源，突出重点，体现特色，发挥优势，着重提高高等学校的科技创新能力和国际竞争能力，走有中国特色的建设世界一流大学之路	建设若干所世界一流和国际知名大学 科技创新能力 中国特色

续表

编码方式	初始资料	编码结果
逐句编码（挖掘文本的关键词，发现要素）	“985工程”建设任务主要包括机制创新、队伍建设、平台和基地建设、条件支撑和国际交流与合作五个部分。机制创新，要坚持改革和创新，深化高等学校内部管理体制和运行机制改革，以适应世界一流大学建设的需要。队伍建设要造就和引进一批具有世界一流水平的学术带头人和创新团队，加快建设一支具有世界一流大学水平的教师队伍、管理队伍和技术支撑队伍。平台和基地建设要紧密结合国家创新体系的建设，以国家目标为导向，瞄准世界先进水平和国家重大需求，重点建设一批创新平台和创新基地，促进一批世界一流学科的形成，使之成为攀登世界科技高峰、解决重大理论和实践问题、带动相应学科领域发展的重要基地，使高等学校成为国家创新体系的重要力量，增进国家核心竞争力。条件支撑要建设公共资源与仪器设备共享平台，建设配置合理、设施完备的教学科研用房，继续改善所建高校的教学科研基础设施。国际交流与合作要加强与世界一流大学或学术机构开展实质性合作，推动中国高等教育国际化进程	“985工程”建设分五个部分 第一部分是机制创新 第二部分是队伍建设 第三部分是平台和基地建设，重点建设一批创新平台和创新基地 第四部分是条件支撑 第五部分是国际交流合作
	“985工程”一期建设在我国启动了世界一流大学和高水平研究型大学的建设，探索和积累了经验，奠定了一定的基础	“985工程”一期建设奠定了基础
	“985工程”二期建设目标是：巩固一期建设成果，为创建世界一流大学和一批国际知名的高水平研究型大学进一步奠定了坚实的基础，使一批学科达到或接近国际一流学科水平，经过更长时间努力，建成若干所世界一流大学	“985工程”二期建设目标是建成若干所世界一流大学

续表

编码方式	初始资料	编码结果
意义编码（基于对文本的理解构建关键词，阐释文本）	2010 年，国家出台了《国家中长期教育改革和发展规划纲要（2010－2020 年）》，要求加快创建世界一流大学和高水平大学的步伐，培养一批拔尖创新人才，形成一批世界一流学科，产生一批国际领先的原创性成果，为提升我国综合国力贡献力量。这为“985 工程”共建工作赋予了新内涵，提出了新要求	国家出台文件要求加快“985 工程”的建设
	在调整优化产业结构、转变经济发展方式和促进区域协调发展的时代背景下，国家、区域在经济、政治、文化、科技、社会、生态文明建设等领域的战略举措不断完善，特别是国家相继实施西部大开发、振兴东北老工业基地、中部崛起战略，加快建设珠三角、长三角经济圈和天津滨海新区，这为高等教育提供了广阔舞台、为“985 工程”重点建设提供了新的机遇。同时，也对高等教育提出了更高的要求，寄予新的期待	转变发展方式对高水平大学寄予新期待
	通过“985 工程”前两期重点建设，地方政府积极支持重点共建高校，加快了学校建设世界一流大学和高水平大学的步伐。但第二期重点共建也存在签约率低及地方配套投入较低的问题。新一轮重点共建工作开始之初，地方政府面临加大义务教育、地方高校投入的压力，这些都对重点共建工作提出了新的挑战	新一轮“985 工程”重点共建面临新挑战

3.4.2　聚焦编码

聚焦编码的目的是分类、综合和组织大量的数据，在初始编码之后以新的方式重新排列它们[247]。聚焦编码的形成需要经过在数据中进行反复探索，随着分析的深入，继续收集数据，进而将初始编码整合为包含更多内容的聚焦编码[249]。聚焦编码要求判断哪些初试编码最能充分地分析数据，用大量的数据来筛选和整合初始编码。以第 4 章中高校领导者为组织获取的资源类型分析为例，本研究在初步分析得到了 425 个初始编码之后，收集研究数据不断地筛选初始编码，对初始编码中最重要的、出现最频繁的初始编码进行归纳和概括，最终形成了 11 个聚焦编码，表 3－11 列举出了聚焦编码的形成过程。

表 3-11 本研究的聚焦编码形成举例

初始编码	聚焦编码
a1“985 工程”;a2“211 工程”;a3 全国重点大学;a4 1960 年重点建设;a5 七五重点建设;a6 八五重点建设;a7 1959 年国家重点大学;a8 1978 年国家重点大学;a9 2011 计划……	aa1 高校建设位置
a11 教育部直属;a12 地方政府共建;a13 隶属工业和信息化部;a14 中央直管高校;a12 中组部直管高校……	aa2 行政隶属位置
a21 研究型大学;a22 综合性大学;a23 国际化大学;a24 开放式大学;a25 多学科大学;a26 创新性大学……	aa3 高校发展定位
b28 国家重点实验室;b29 教育部重点实验室;b30 国家工程实验室;b31 省级重点实验室;b32 市重点实验室;b33 其他部委(除教育部)重点实验室;b34 省部级重点实验室;b44 国家人才培养基地;b45 教育部人文社会科学重点研究基地;b46 国家大学生文化素质教育基地;b79 国家级实验教学示范中心;b80 国家工程技术研究中心……	bb1 机构建设项目
B130 长江学者;b131 工程院院士;b132 科学院院士;b133 国家杰出青年科学基金;b134 千人计划;b135 百千万人才工程;b136 青年千人计划;b137 新世纪优秀人才支持计划;b138 双聘院士	bb2 人才培养项目
b177 国家重点基础研究发展计划(973 计划);b178 国家自科基金项目;b179 国家高技术研究发展计划(863 计划);b210 国家自然科学基金委员会创新研究群体;b211 国家级教学团队;b212 教育部创新团队;b218 国家精品课程;b219 国家级精品视频公开课……	bb3 科研教学项目
c261 国家级教学名师奖;c262 国家科学技术进步奖;c263 国家级教学成果奖;c264 国家技术发明奖;c265 国家自然科学奖	cc1 奖项成果
c339 美国科学引文索引论文(SCI 论文);c340 美国工程索引论文(EI 论文);c341 美国社会科学引文索引论文(SSCI 论文);c342 全国百篇优秀博士论文;c343 中国社会科学引文索引论文(CSSCI 论文)……	cc2 发表成果
d357 博士学位授权点;d358 硕士学位授权点;d359 研究生人数;d360 博士后流动站;d361 本科生人数;d362 本科专业……	dd1 办学水平限制
d407 占地面积;d408 校区建设;d409 建筑面积;d410 图书馆藏书量;d411 数字资源;d412 校园网络;d413 资产总值;d414 仪器设备总值;d415 图书馆建筑面积……	dd2 硬件设施限制

3.4.3　理论编码

理论编码是研究者在聚焦编码形成后进行的复杂编码。理论编码把支离破碎的故事重新聚拢、整合在一起[247]。研究者通过聚焦编码形成了类属，而理论编码能够让类属之间的关系变得具体化、明确化。需要说明的是，理论编码的形成并非线性过程，需要在涌现的模式与数据间进行循环往复的比较。

以第 4 章中领导者为组织获取的资源类型分析为例，本研究从初始编码中发展出了 11 个聚焦编码："高校建设位置""行政隶属位置""高校发展定位""机构建设项目""人才培养项目""科研教学项目""学科建设项目""奖项成果""发表成果""办学水平限制""硬件设施限制"。研究者通过对这 11 个聚焦编码进行不断比较，最终发现这些聚焦编码反映出领导者为组织获取资源的影响层面（宏观层面或微观层面）以及领导者为组织获取资源的影响方式（促进性作用或约束性作用）两方面的差异。最终将 11 个聚焦编码发展为 4 个理论编码，即"位置性资源""建设性资源""评价性资源""限制性资源"，用于描述领导者为组织获取的资源类型。

理论编码过程中发现 4 个理论编码之间的差异主要表现在以下两个方面：首先，从资源对高校的影响层面看，"位置性资源"和"限制性资源"更多作用于较为宏观的高校整体层面，而"建设性资源"和"评价性资源"更多作用于较为微观的高校内某个具体领域；从资源对高校的作用方式看，"位置性资源"和"建设性资源"更多表现为促进性作用，即通过政策颁布，政府直接对高校整体或某一特定领域进行建设；而"限制性资源"和"评价性资源"更多表现为约束性作用，即通过指标选取，政府对高校整体或某一特定领域的发展情况进行评估和衡量。图 3 - 4 展示了由聚焦编码到理论编码的形成过程。

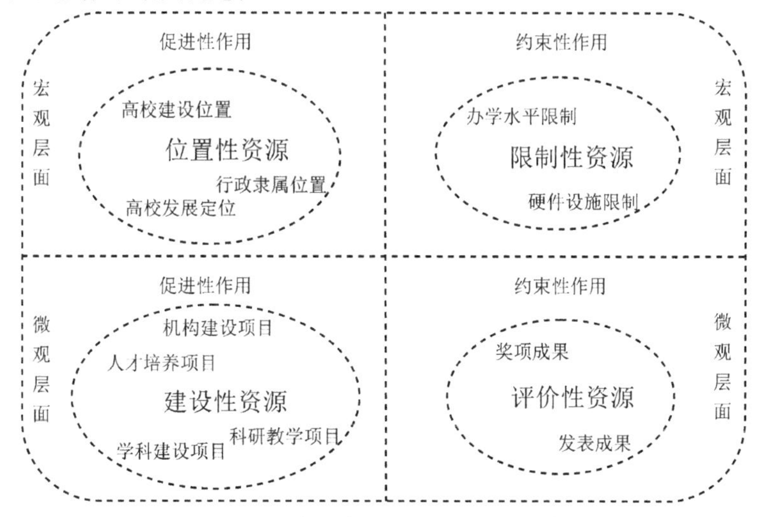

图 3 - 4　本研究的理论编码形成举例

3.5 研究效度

虽然定性研究具有产生新理论的潜质[225, 236]，但是定性研究结论的有效性经常受到学者们的质疑和挑战[160, 250]。为了预防可能存在的偏见，本研究遵循 Yin[238]，郑伯埙和黄敏萍[251]提出的定性研究评价标准，从建构效度、内在效度、外在效度和信度四个方面采取措施保证本研究的有效性。如表 3-12 所示，本研究将使用的保证效度和信度的各项措施进行展示。

表 3-12　本研究保证效度和信度的措施

检验	措施	使用阶段	具体做法
构建效度	多种数据来源	数据收集	本研究数据来源主要包括文本资料、视频、参与式观察、访谈等四种，多种数据来源之间相互印证
	形成证据链	数据收集	获取原始资料—提取相关构念—初步构建理论—进一步验证和修正理论—最终形成理论
	报告核实	数据收集	将形成的高校领导者为组织获取资源内涵、策略、影响机制的模型与样本高校领导者进行核实，保证对案例资料理解的正确性
内在效度	建立解释	数据分析	对理论模型的形成过程进行充分的解释和说明
	分析竞争性解释	数据分析	多名研究者各自提出解释，寻找其中与已有解释对立的解释，审视并修正已有的解释
外在效度	理论指导研究	研究设计	通过文献回顾相关理论已有研究，实现案例研究与现有理论的充分对话
	多案例研究	研究设计	基于“复制逻辑”的多案例研究，有更坚实的理论基础和更好的普适性，本研究选取 8 位中国高校领导者进行多案例研究
	形成命题	数据分析	结合相关理论以及数据分析结果，提出总结研究发现的命题，为案例研究的进一步验证奠定基础

续表

检验	措施	使用阶段	具体做法
信度	周详的研究计划	研究设计	研究开始前提出研究计划书,邀请多名研究者对本研究的研究计划进行充分讨论,形成详细的研究计划
	建立研究资料库	数据收集	建立研究资料库,对不同来源的数据进行分类,标记数据的获取时间和获取来源
	重复实施	数据分析	研究者本人除外,另外两位研究者在编码过程中提供了重要帮助。经过三位研究者的多次讨论,确保编码的一致性和合理性,最终修订形成可靠的编码
	多类型证据呈现	数据分析	案例分析中呈现了文本资料(包括专著、个人文本、组织文本、媒体文本)、访谈、观察等多种渠道的证据

如表 3－12 所示,在案例研究的不同阶段,本研究都采取了相应的措施保证案例研究的效度和信度。具体来说,本研究从以下"数据收集的充分性""数据分析的可靠性""研究结论的理论饱和"三个方面对保证案例研究有效性的措施进行总结。

3.5.1　数据收集的充分性

本研究通过文本资料、视频资料、访谈、参与式观察等多种渠道收集数据,使用多种来源数据进行"三角验证(triangulation)"[225,237,247],提高数据收集的充分性。

研究过程中,各种资料收集方法并非依次运用,而是同时进行、不断往复,从而在资料收集过程中形成多种资料之间的相互印证。此外,本研究的数据收集过程与数据分析过程是同时进行的,数据分析经历了数据收集不断补充的动态过程。

需要说明的是,研究对象、研究话题选择都为本研究数据收集的过程增加了困难。考虑到领导者工作繁忙的现实,访谈、观察等一手数据的收集成为领导研究中面临的一个重要挑战[218],多数研究者最终选择依赖二手数据进行分析[243]。然而本研究在对高校领导者获取资源的分析中,并未因为一手数据收集的困难将研究仅限于大量二手数据的运用。为此,研究者申请了某高校研究院的研究助理工作,历时 4 年的参与式观察为研究者提供了观察高校领导者以及访谈高校领导者的可能。

因此,研究者在案例数据收集过程中花费了大量的精力,正式访谈的高校领导者及相关工作人员远多于案例研究的所选样本。例如,本研究对 8 位样本领导者所在高校的相关工作人员(副校长 M、副校长 Y、校长助理 Z、信息主任 X、教务处长 G、财务处长 W、副校长 T、教务处长 N、学院院长 S、副校长 L、副书记 P)共进行了16次访谈，访谈时间共计20.5小时，形成访谈文本16.1万字(见表3-8)。这些对样本领导者相关工作人员的访谈从“他评”角度形成了对样本领导者“自评”的有效补充，符合Eisenhardt[225]，Charmaz[247]，Miles、Huberman和Saldana[237]提倡的“三角验证”原则。再如，除了对8位样本领导者以及相关人员的访谈外，本研究对其他8位高校领导者(“985”高校校长K、“985”高校副校长V、公办高校党委书记R、公办高校副校长J、民办高校副校长F、民办高校副校长I、民办高校校长O、中外合作办学高校校长U)进行了辅助访谈，访谈时间共计9.5小时，形成访谈文本7.7万字。辅助访谈一方面为选择合适的案例研究样本提供了可能性，另一方面也为本研究更好地理解领导者获取资源的过程、验证和完善案例研究结论达到理论饱和[225,247]起到了重要的作用。

综上，虽然这些访谈、观察等一手数据的收集和整理花费了研究者大量精力，但对于研究者选择典型案例使研究问题能够“清晰地、透明地观察到”起到了重要作用[252]。同时，访谈、观察等一手数据的收集对文本资料、视频等二手数据的收集起到了重要的补充作用，多种数据来源相互印证，确保了本研究数据收集的充分性。

3.5.2 数据分析的可靠性

本研究采用Charmaz[247]所提倡的建构扎根理论对研究数据进行编码，数据分析过程主要包括三个步骤：初始编码、聚焦编码、理论编码[247]，具体的数据分析过程如图3-3所示。在编码过程中，首先，研究者严格遵循Charmaz[247]提出的编码步骤从而保证了数据分析方法的有效性。其次，本研究的数据分析过程与数据收集过程同时进行，数据收集为数据分析提供了基础，数据分析指引进一步的数据收集。数据收集结束后研究者会及时进行数据编码，数据编码的结果直接影响下一步的数据收集。最后，需要说明的是，虽然数据编码主要由研究者本人完成，但为了预防个人偏见，另外两位学者(皆为管理学领域研究者，一位是教授，另一位是副教授，皆关注组织资源、领导等相关研究)在编码过程中提供了重要的指导和帮助。对于每个编码的分析，研究者都进行了仔细思考和严格比较，同时编码过程中注重邀请另外两位学者对编码结果进行讨论，确保编码的一致性和合理性，最终修订形成可靠的编码。

3.5.3 研究结论的理论饱和

理论饱和(theoretical saturation)是定性研究中的重要概念[225,247]，理论饱和的达到标志着定性研究的结束[225]，保证了定性研究结论形成的严谨性[160]。Charmaz[247]指出当搜集的新鲜数据不能再产生新的理论见解，也不能再进一步揭示核心理论类属的新的属性时，扎根理论的类属就达到了理论饱和。定性研究的理论饱和不仅是看到同样的事件或故事在重复出现，更重要的是新数据的增加已经不会有新结论的出现，即达到“发现的是同一模式”[247]。理论饱和为定性研究的结束提供了重要的判断标准。理论饱和的关键在于保证数据分析过程已经收集到足够资料，并且对研究问题已经分析出了“同一模式”的研究结论[236]。

如图 3-5 所示，理论饱和的达到需要在数据收集和数据分析的过程中通过不断比较达到[225]。首先，本研究在数据收集和分析方面遵循“三角验证(triangulation)”原则[225,237,247]，对本文资料、视频、访谈、观察等多渠道数据来源进行不断比较，注重不同数据来源之间的相互印证，直到新收集的数据不再能够产生新信息为止，便认为数据收集和分析达到了理论饱和[225, 247]。其次，本研究遵循 Eisenhardt[225] 提出的“复制逻辑(replication logic)”，同时考虑案例内分析和跨案例比较，直到新增加的数据不能够再增加新的发现为止，便认为数据收集和分析过程达到了理论饱和。

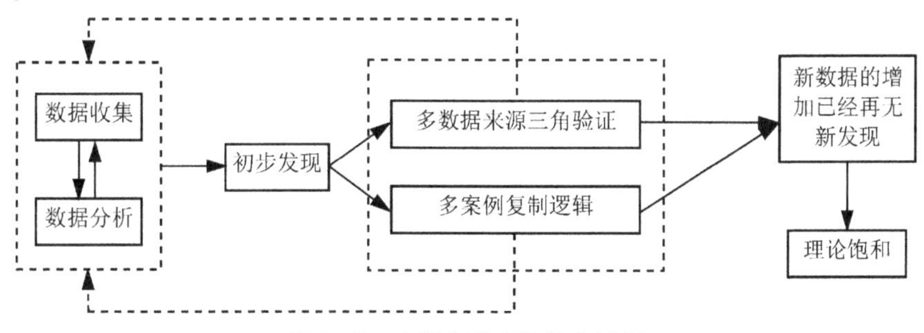

图 3-5 本研究的理论饱和过程

例如，本研究在第 4 章对领导者个体为组织获取资源内涵的分析中，首先通过对“学校简介”“校长致辞”“办学数据统计”等学校官方文件以及中央人民政府官网、教育部官网、财政部官网的“985 工程”相关的官方文件进行内容分析，发现了领导者个体为组织获取的资源类型及其价值来源，进而通过增加样本领导者的访谈以及访谈辅助问卷调查等不同来源数据进行“三角验证”，发现访谈和问卷调查支持了内容分析的研究结论，本研究对领导者个体获取的资源内涵的分析已经达到了理论饱和[225, 247]。再如，本研究在第 5 章对领导者个体获取资源策略以及第 6 章对领导者个体获取资源影响机制的分析中，遵循多案例的“复制逻辑”：首先单独分析 8 位样本领导者为组织获取资源的过程，其次将 8 位样本领导者获取资源的案例进行比较，发现相同的事件或故事在重复出现，最后，将由样本领导者得出的研究结论在对其他高校领导者的辅助访谈中进行验证和拓展，发现其他领导者个体“使用同样的模式获取资源”，案例的增加已经不能增加新的发现，才认为本研究对领导者个体为组织获取资源策略以及影响机制的数据分析过程达到了理论饱和。

第 4 章　领导者个体为组织获取的资源类型

本章的核心问题是研究领导者个体为组织获取的资源是什么，为后续研究领导者获取资源的策略和影响机制奠定基础。以 Barney[3]、Wernerfelt[2] 等为代表的资源基础理论研究往往从经济性视角理解资源，忽视了从社会性视角理解资源。然而，经济性视角并不能很好地解释中国情境下领导者个体为组织获取的资源内涵及类型，例如为什么多种工程、项目被领导者个体看作是重要资源？因此，本章对领导者获取的资源内涵进行了研究：首先，提出研究问题和理论基础；其次，通过对 39 所样本高校的“学校简介”“校长致辞”“办学数据统计”等官方文件（共 98 篇，总计 246566 字）进行内容分析，揭示领导者个体为组织获取的资源类型；再次，通过进一步收集中央人民政府官网、教育部官网、财政部官网的“985 工程”相关的官方文件（共 83 篇，总计 249489 字）展开内容分析，揭示领导者个体为组织获取的资源价值来源；最后，通过与已有研究进行对比，澄清本研究的理论贡献。

4.1　问题提出和研究基础

资源作为组织研究中的重要话题长期吸引着众多学者的关注[1,3]，Barney[3] 将资源与组织持续竞争优势相结合，为组织战略研究开拓了一个重要研究领域——资源基础理论。虽然 Whetten[36] 提出理论产生的情境至少与理论本身一样重要，但是资源基础理论对组织资源的研究却很大程度上忽视了讨论资源的情境[37]。回顾已有资源基础理论研究发现，经济性视角成为资源基础理论理解组织资源的潜在假定[19,47]。资源基础理论对组织资源的经济性理解反映在资源目标以及资源价值来源两个方面。一方面，“绩效（performance）”[19,40-42]、“盈利（profitability）[15,43,44]”、“效率（efficiency）”[3,26]、“效力（effectiveness）”[3,26] 等反映组织经济性目标的词语普遍出现在资源基础理论对组织资源的研究中。例如，Chadwick、Super 和 Kwon[19] 回顾了过去 20 多年资源基础理论的发展，指出资源基础理论主要用于解释组织经济绩效的差异。另一方面，早于资源基础理论的提出，Barney[23] 即提出了战略要素市场（strategic factor market）的概念，他将战略要素市场定义为组织为了实施战略而买卖资源的场所，指出资源的价值体现在战略要素市场中组织买入资源的成本与资源未来收益间的差异，成本与收益之间的差异越大则组织资源的价值越大[23]。此后，资源基础理论研究者受到了 Barney[23] 提出的战略要素市场的影响，大多采纳了战略要素市场作为组织获取资源的场所，从而“成本(cost)”[23, 44]、“价格(price)”[2,23,40]、“收益(returns)”[23, 37]、“利润(profits)”[15, 43]、“租金(rent)”[45, 46]等词语常常用来衡量组织资源的价值来源。表 4-1 列举了资源基础理论研究中对资源的经济性理解。

表 4-1　资源基础理论对资源的经济性理解举例

资源目标:经济性目标	资源价值来源:价格机制
组织必须通过获取资源和管理资源达到出众的绩效[22]	企业需要在市场中购买资源，资源价格与买卖双方的议价能力有关[2]
企业能够通过获取资源进而实施战略得到超常的经济绩效[23]	当企业实施战略所需资源的购买成本明显少于这些资源的未来价值时，企业能够获得超常收益[23]
资源促使企业能够构思和实施战略从而提高效率和效力[3]	企业需要在市场中购买资源[3]
资源必须被有效率地捆绑和利用才能实现竞争优势[14]	资源价值产生于企业在超过竞争对手为顾客提供解决方案的同时能够维持或提高资源的利润空间[15]
资源能够促使企业构思和实施战略，从而提高其效率和效力[26]	资源基础理论聚焦于竞争能力对企业内部利润来源的影响[43]
资源基础理论强调资源和行动是企业获得竞争优势和出众绩效的重要驱动力[93]	企业将资源的价值看得越重，企业越会为其付出更高的价格[40]
企业拥有的资源禀赋不同会导致企业绩效的差异[40]	企业实施产品市场战略需要获取的资源，其成本在不同国家有所差异[44]
资源被广泛用来解释经济绩效的差异[19]	

改革开放以来，从计划经济向市场经济转型的核心即是资源配置方式的调整，因此，对这个过程中本土组织和领导者的研究，一个关键的着眼点是看领导者个体如何为组织获取资源。然而，起源于西方市场经济环境的资源基础理论并不能很好地解释中国情境下高校领导者为组织获取的资源内涵。一流大学和一流学科、“985 工程”“211 工程”、长江学者、千人计划、国家重点实验室等政府颁布的工程、项目被领导者个体看作重要资源。情境的差异为本研究探索中国情境下领导者个体为组织获取的资源内涵提供了研究机遇。

如图 4-1 所示，不同于资源基础理论从经济性视角理解组织资源，社会性视角为本研究理解高校领导者为组织获取的资源内涵提供了重要启示。自 20 世纪 60 年代以来，组织研究者受到社会学理论的影响，对组织目标的理解逐渐发生了重要转变[48]：从聚焦于组织的经济性目标(如经济绩效[19,40-42]、效率与效力[3, 26])

转变为同时考虑组织的经济性目标和社会性目标(如合法性①、社会评价②)。此后,大量从社会性视角研究组织行为的文献开始出现,成为管理研究中的重要话题。例如社会责任研究(social responsibility)[48,49]、社会回应研究(social responsiveness)[50,51]、社会绩效研究(social performance)[50,52]、社会网络研究(social network)[53,54]、社会评价(social evaluation)[56,57]等。其中,社会网络、社会资本和社会资源研究与本研究密切相关,社会网络研究强调社会成员构成的关系网络,而社会资本和社会资源研究关注这种关系网络为成员提供的可以利用的资源、对个体如何利用社会网络进行了探索。一方面,研究者注意到组织间存在多种资源交换和信息交换,从而提出参与经济活动的个体和群体嵌入于社会网络结构中,难免会受到社会网络的制约和影响。另一方面,研究者发现社会关系网络包含特定人群间正式和非正式的、直接和间接的社会关系集合,而这种关系集合能够为成员提供可以利用的资源。

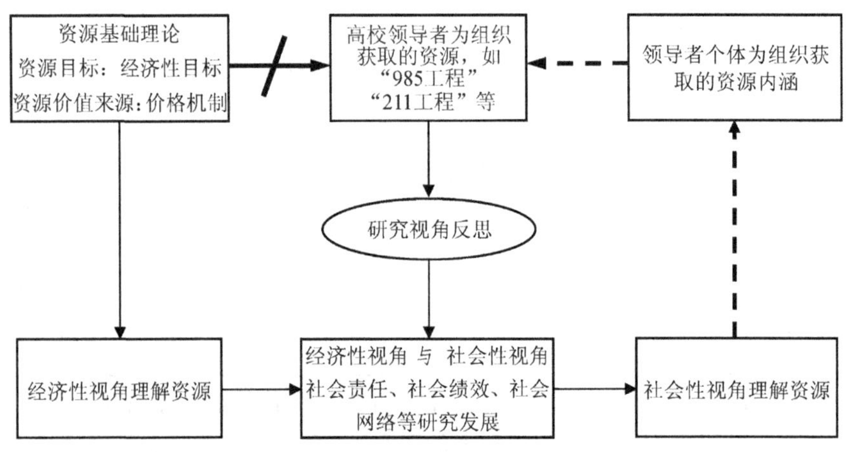

图 4-1 领导者个体为组织获取的资源类型的研究问题提出

不同于经济性视角下资源基础理论对绩效、盈利、收益等资源目标的重视,社

① 合法性(legitimacy)是制度理论研究中的重要概念,是组织追求社会性目标的体现。正如 Scott 指出,组织想要在社会环境中生存,除了追求经济性目标,还需要得到社会认可、信任、接受,制度理论研究者用合法性来概括这些目标。Suchman 将合法性定义为一种普遍化的理解或假定,指行为主体的行动在社会构建的规范、身份系统、价值、信念中是有价值的。Philippe 和 Durand 提出了结果合法性和过程合法性的区分,分别关注于组织活动的结果合法性和组织活动的过程合法性。

② 社会评价(social evaluation)是社会公众对组织的评价,体现了组织对社会性目标的追求。George 将社会评价定义为社会公众(包括政府部门、投资者、竞争者等组织所有的利益相关者)基于对组织的感知而对组织做出的评价,包括组织的声誉、地位、身份、污名等。对于组织而言,其所获得的社会评价会直接影响环境稳定性、组织内认同、组织外接受等关键问题。

会资本和社会资源研究从社会学视角对社会网络中资源的特性、来源、作用等进行了研究，为本研究提供了重要借鉴。首先，社会资源和社会资本研究都引入了嵌入性分析视角，资源或资本本身，都是嵌入于社会结构之中的。也就是说，社会资源和社会资本都是一种结构性的资源，个体拥有的资源与其所处网络中的位置相关。其次，社会资源和社会资本通过成员间关系发挥作用，互动成为不同于经济学视角下买卖的资源交换方式。互动过程中，成员间关系的强弱成为影响资源获取的关键，受到研究者关注。

尽管经济行为嵌入在社会结构中的观点并不少见[96, 97]，但很少有研究者从社会性视角入手讨论组织资源的内涵。不同于从经济性视角理解资源，社会性视角关注社会结构和社会互动，包含更丰富的情境内容。本研究试图通过对领导者为组织获取的资源内涵进行深入研究，从社会性视角弥补资源基础理论研究组织资源内涵的理论缝隙。

4.2 社会型资源的类型

在研究领导者个体为组织获取资源的过程中，研究者发现诸如“985 工程”“211 工程”、千人计划、国家重点实验室等政府颁布的工程、项目成为各高校领导者非常重视的资源，然而这些资源并不能完全用经济性视角进行解释。因此，本研究通过对 39 所样本高校的“学校简介”“校长致辞”“办学数据统计”等官方文件进行内容分析(98 篇文本如表 3 - 4 所示，文本选择理由见 3.2.2，文本字数总计 246566 字)，对那些无法用经济性视角进行解释的资源进行逐级编码，提出了四种领导者为组织获取的资源类型：位置性资源、建设性资源、评价性资源、限制性资源。接受并采纳 Halbesleben 等[39]从“目标导向视角”对组织资源的界定，本研究根据资源实现组织目标的差异将研究发现的领导者个体为组织获取的四种资源概括为社会型资源，提出了社会型资源的概念，以及社会型资源与经济型资源的区分。研究发现，不同于经济型资源有利于组织经济性目标(如经济绩效[19,40-42]、效率与效力[3, 26])的达成；社会型资源有利于组织社会性目标(如合法性[70,98-100]、社会评价[56, 57])的达成。

在对 39 篇“学校简介”的内容分析中，本研究将定性分析与定量分析相结合，总体上以定性分析为主，以定量分析为辅，充分发挥定性数据和定量数据的各自优势[225]。首先，研究发现，组织领导者获取的社会型资源包含初始编码 425 项；初始编码进一步抽象形成 11 个聚焦编码：高校建设位置、行政隶属位置、高校发展定位、机构建设项目、人才培养项目、科研教学项目、学科建设项目、奖项成果、发表成果、办学水平限制、硬件设施限制；11 个聚焦编码经过不断比较，最终发展成 4 个理论编码：位置性资源、建设性资源、评价性资源、限制性资源，用于描述高校领导者为组织获取的资源类型。考虑到展示空间的限制，表 4-2 列出了其中 89 项出现 6 次以上(包含 6 次)的社会型资源及其编码过程。其次，虽然本研究主要采用定性分析方法对研究文本进行挖掘，但为了反映领导者获取的四种社会型资源的具体编码数目及频率分布，也采用了定量分析方法进行统计性描述，例如，表 4-3 对社会型资源的编码数量进行了统计，图 4-2 对 39 所"985"高校的社会型资源数量进行了统计。

表 4-2 社会型资源编码举例

理论编码	聚焦编码	初始编码	初始编码频率
位置性资源	高校建设位置	"985 工程"	37
		"211 工程"	36
		全国重点大学	26
		1960 年全国 64 所重点大学	9
	行政隶属位置	教育部直属	24
		地方政府共建	11
	高校发展定位	研究型大学	31
		综合性大学	22
		国际化大学	9
建设性资源	机构建设项目	国家重点实验室	24
		国家级实验教学示范中心	21
		教育部重点实验室	20
		国家工程技术研究中心	17
		国家人才培养基地	17
		教育部工程研究中心	16
		教育部人文社会科学重点研究基地	15
		国家工程实验室	14
		国家大学科技园	13
		国家大学生文化素质教育基地	12
		省级重点实验室	11
		国家工程研究中心	11
		国家人才培养模式创新实验区	11
		其他部委(除教育部)重点实验室	8
		市重点实验室	8
		国家基础课程教学基地	8
		省部级工程技术研究中心	7

续表

理论编码	聚焦编码	初始编码	初始编码频率
建设性资源	人才培养项目	长江学者奖励计划	34
		中国工程院院士	33
		中国科学院院士	32
		国家杰出青年科学基金	31
		千人计划	26
		百千万人才工程	16
		国务院学科评议组成员	13
		新世纪优秀人才支持计划	12
		双聘院士	11
		青年千人计划	11
		新世纪百千万人才工程	9
		享受政府特殊津贴专家	8
		高等学校学科创新引智计划(111 计划)	8
		国家有突出贡献中青年专家	7
	科研教学项目	国家重点基础研究发展计划(973 计划)	22
		国家自然科学基金委员会创新研究群体	17
		国家精品课程	17
		国家级教学团队	14
		教育部创新团队	12
		国家级精品视频公开课	9
		国家级精品资源共享课程	7
		国家级双语教学示范课程	7
		国家自然科学基金项目	7
		国家高技术研究发展计划(863 计划)	6
	学科建设项目	国家重点学科(一级学科、二级学科)	35
		国家重点(培育)学科	25
		国家级特色专业	12
		ESI 世界前 1%	11
		省部级重点学科(一级学科、二级学科)	9
		市重点学科(一级学科、二级学科)	7

续表

理论编码	聚焦编码	初始编码	初始编码频率
评价性资源	奖项成果	国家级教学名师奖	
		国家科学技术进步奖	
		国家级教学成果奖	
		省部级科技奖励	
		国家技术发明奖	
		国家自然科学奖	
		挑战杯	
		国家级科技奖励	
	发表成果	SCI论文	
		发明专利	
		全国百篇优秀博士论文	
		EI论文	
限制性资源	办学水平限制	博士学位授权点(一级学科、二级学科)	
		硕士学位授权点(一级学科、二级学科)	
		研究生	
		博士后流动站	
		本科生	
		本科专业	
		留学生	
		教授(正高级)	
		专任教师	
		毕业生	
		副教授(副高级)	
		教职工总数	
		硕士专业学位授权点	
		博士专业学位授权点	
		博士生导师	
	硬件设施限制	占地面积	
		校区建设	
		建筑面积	
		图书馆藏书量	
		数字资源	
		校园网络	

如表 4 - 3 所示，本研究列出了四种社会型资源对应的编码数据统计。研究发现，98 篇“学校简介”“校长致辞”“办学数据统计”等官方文件中位置性资源对应的初始编码项目为 27 项，27 项初始编码在 39 篇文本中共出现 242 次，各项初始编码平均频率为 8.69；建设性资源对应的初始编码项目为 233 项，233 项初始编码在 39 篇文本中共出现 1001 次，各项初始编码平均频率为 4.30 次；评价性资源对应的初始编码项目为 96 项，96 项初始编码在 39 篇文本中共出现 263 次，各项初始编码平均频率为 2.74 次；限制性资源对应的初始编码项目为 69 项，69 项初始编码在 39 篇文本中共出现 566 次，各项初始编码平均频率为 8.20 次。

表 4 - 3　社会型资源的编码统计

		位置性资源	建设性资源	评价性资源	限制性资源	合计
初始编码	项目	27	233	96	69	425
		6.35%	54.82%	22.59%	16.24%	
	数目	242	1001	263	566	2072
		11.68%	48.31%	12.69%	27.32%	
	平均频率	8.69	4.30	2.74	8.20	23.93
		36.31%	17.97%	11.45%	34.27%	
聚焦编码	项目	3	4	2	2	11
		27.27%	36.36%	18.18%	18.18%	

如图 4 - 2 所示，本研究列出了 39 所样本高校对应的社会型资源数量统计。研究发现，四种社会型资源在 39 所样本高校“学校简介”“校长致辞”“办学数据统计”等官方文件中都有所体现，各高校展示的社会型资源平均数目为 53.13 个，四种社会型资源位置性资源、建设性资源、评价性资源、限制性资源对应的平均数目分别为 6.21 个、25.67 个、6.74 个和 14.51 个。

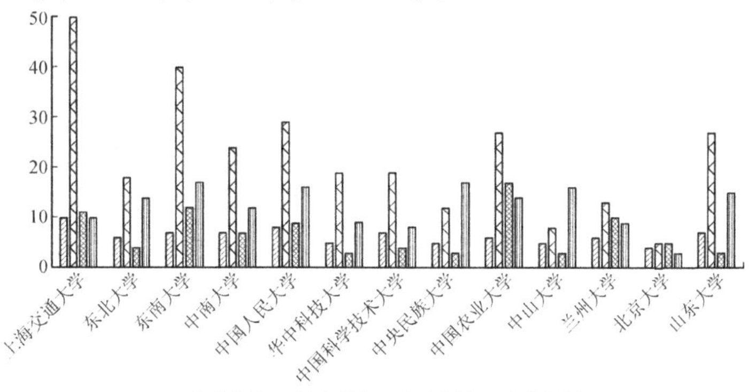

图 4 - 2　39 所“985”高校的社会型资源统计(1)

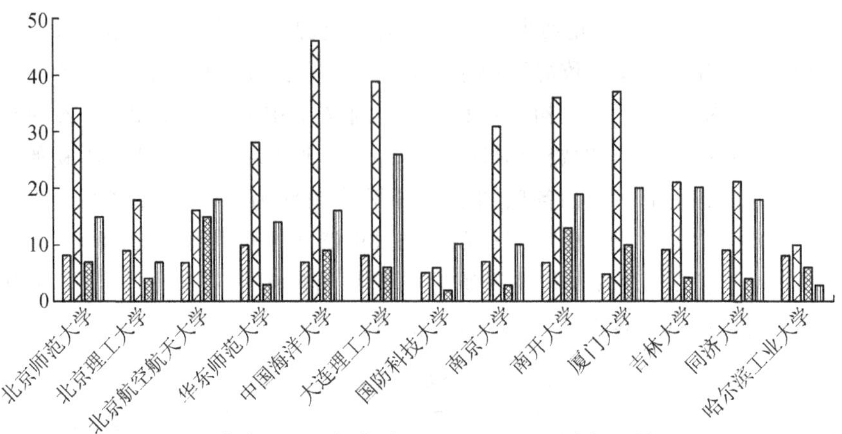

图 4-2　39 所“985”高校的社会型资源统计(2)

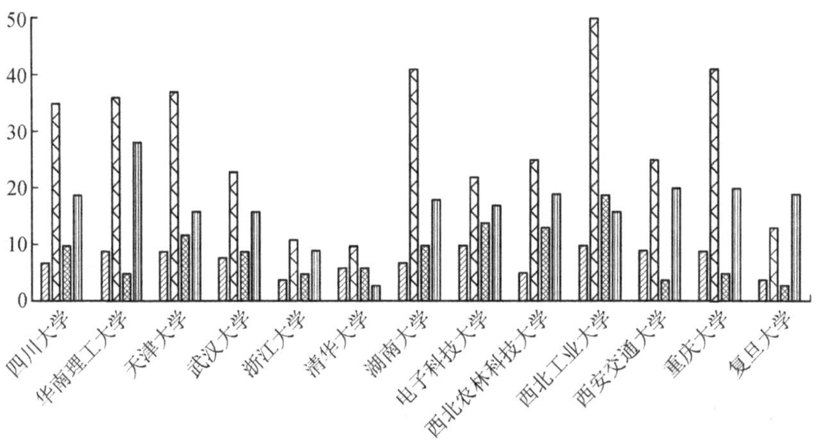

图 4-2　39 所“985”高校的社会型资源统计(3)

如图 4-2 所示，39 所样本高校“学校简介”“校长致辞”“办学数据统计”等官方文件中展示的社会型资源的编码数量普遍较多，其中 32 所高校展示了超过 30 个社会型资源，25 所高校展示了超过 35 个社会型资源。统计结果反映了这些高校对社会型资源的普遍重视程度，支持了社会型资源在中国高校领导者为组织获取资源中的重要性。相比其他高校，西北工业大学(96 个)、上海交通大学(80 个)、大连理工大学(77 个)、中国海洋大学(76 个)、华南理工大学(76 个)等高校更重视在“学校简介”中展示获得的社会型资源，而哈尔滨工业大学(24 个)、兰州大学(24)、国防科技大学(18 个)、清华大学(16 个)、北京大学(12 个)等高校在“学校简介”中展示的社会型资源数目相对较少。

本研究认为各高校展示的社会型资源数目差异取决于两方面原因：首先，各高校“学校简介”“校长致辞”“办学数据统计”等官方文件的篇幅长短会影响其展示的社会型资源数目。例如，39 篇高校“学校简介”文本共计 86341 字，平均 2214 字。其中，西北工业大学(3100 字)、上海交通大学(3344 字)、大连理工大学(2382 字)、中国海洋大学(2550 字)、华南理工大学(2556 字)文本字数大于 39 篇文本平均字数(2214 字)，从而其在“学校简介”中展示的社会型资源数目相对较多；而国防科技大学(546 字)、清华大学(700 字)、北京大学(1118 字)文本字数少于 39 篇文本平均字数(2214 字)，从而其在“学校简介”中展示的社会型资源数目相对较少。其次，各高校“学校简介”“校长致辞”“办学数据统计”等官方文件的篇幅结构会影响其展示的社会型资源数目。例如，虽然哈尔滨工业大学(2357 字)、兰州大学(2303 字)的“学校简介”文本字数高于 39 篇文本的平均字数(2214 字)，但由于这些高校“学校简介”中创办历史、发展背景等内容所占篇幅相对较多，与资源相关内容所占篇幅相对较少，所以其展示的社会型资源数目相对较少。

4.2.1　位置性资源

位置性资源是体现高校在中国高等教育资源分配体系中地位的资源类型，象征着高校在体系内受重视程度的差异和能够获得待遇的差异，增加了高校整体地位的合法性。如表 4－2 所示，位置性资源对应的聚焦编码包括高校建设位置、行政隶属位置、高校发展定位三类。

高校建设位置是国家以工程建设方式赋予高校的地位，例如“985 工程”“211 工程”以及不同时期的重点高校建设项目等；行政隶属位置是高校隶属于国家或地方相关政府部门的地位，例如教育部直属院校、地方重点院校等；高校发展定位是高校对自身发展方向的定位，例如研究型大学、综合性大学、国际化大学等。研究发现，39 所国内一流高校在其官方文件中都非常重视突出学校在资源分配体系中的位置，位置性资源出现频繁。如表 4－3 所示，本研究发现位置性资源对应的初始编码平均频率为 8.96，远超过了建设性资源对应的初始编码平均频率 4.27 以及评价性资源对应的初始编码平均频率 2.74，也高于限制性资源对应的初始编码平均频率 8.20。也就是说，相比于其他三种社会型资源，反映位置性资源的各项初始编码在 39 篇高校“学校简介”中出现得更为频繁。

特别地，高校建设位置中如“985 工程”“211 工程”、研究型大学等资源受到了高校领导者的明显重视。如表 4－2 所示，39 所样本高校中，37 所强调了其参与“985 工程”(初始编码频率为 37)，36 所强调了其参与“211 工程”(初始编码频率为 36)，31 所强调了其研究型大学定位(初始编码频率为 31)。此外，在 39 篇高校“学校简介”文本中，有 33 个文本(占总文本数目的 84.6%)以强调高校位置性资源的方式开篇，例如：“XX 高校是教育部直属的全国重点综合性大学，是新中国成立以来国家历批次重点建设的高校，是国家‘985 工程’和‘211 工程’重点建设高校之一，是教育部与地方政府共建的重点高校…”

作为社会型资源，位置性资源是高校在高等教育体系内的身份和地位的体现。不同于从经济性视角理解资源对组织经济绩效的贡献[19,40-42]，位置性资源影响着高校从政府获取资源的优先性，有利于增加高校的地位合法性[70,98-100]。例如，政府相关部门历次进行的重点大学建设都是高校领导者重视的位置性资源。一方面，通过重点建设，政府为入选“重点”的高校提供各种政策优惠、资金支持等差异化待遇。另一方面，参与重点建设使高校获得了政府认可的“重点”身份，有助于高校区别于其他“非重点”高校，得到了重点建设的合法性以及后续的发展支持。因此，高校领导者注重将学校在资源分配体系中的位置作为重要资源，本研究发现高校领导者对位置性资源的重视表现在宣扬高校参与的重点建设项目，宣扬高校行政隶属位置以及宣扬高校综合性、研究型大学定位等方面。

此外，作为高校领导者所重视的资源，位置性资源所包含的具体项目变化也引起了高校领导者的关注以及在资源获取过程中的竞争。例如，政府对高校的重点建设伴随着国家不同时期的发展而不断更新和推进。回顾新中国成立以来的高校发展进程，发现政府颁布的重点大学建设经历了相应的变迁[253]。如表 4-4 所示，将 1954 年至 2020 年政府历次颁布的部分重点高校建设项目进行列举。

表 4-4　重点高校建设举例

时间	重点高校建设
1954 年	国务院高教部确定了 6 所全国重点高校：中国人民大学、北京大学、清华大学、北京农业大学、北京医学院、哈尔滨工业大学
1959 年	中央印发《关于在高等学校中指定一批重点学校的决定》，指定 20 所高校为全国重点高校，包括北京大学、中国人民大学、清华大学、中国科技大学、北京工业学院、北京航空学院、北京农业大学、北京医学院、北京师范大学、天津大学、哈尔滨工业大学、复旦大学、上海交通大学、华东师范大学、上海第一医学院、西安交通大学、协和医科大学、哈尔滨军事工程学院、第四军医大学、军事通讯工程学院
1960 年	中央在《关于增加全国重点高等学校的决定》中又增加了 44 所重点高校，重点高校增加至 64 所
1978 年	国务院发布《关于恢复和办好全国重点高等学校的报告》，此后，全国重点高校增加为 88 所

续表

时间	重点高校建设
1993 年	1993 年 7 月，国家教委印发《关于重点建设一批高等学校和重点学科点的若干意见》，决定面向 21 世纪重点建设 100 所左右高校和一批重点学科、专业。1995 年 11 月，经国务院批准，国家计委、国家教委和财政部联合印发了《“211 工程”总体建设规划》，“211 工程”正式启动
1998 年	1998 年 5 月 4 日，江泽民同志在庆祝北京大学建校 100 周年大会上宣告“中国要建设若干所世界一流大学”，教育部决定实施“985 工程”
2011 年	2011 年 4 月 24 日，胡锦涛同志在清华大学百年校庆讲话中指出，要积极推动协同创新，通过体制、机制创新和政策项目引导，鼓励高校同科研机构、企业开展深度合作，建立协同创新的战略联盟，促进资源共享，联合开展重大科研项目攻关，在关键领域取得实质性成果。随后，教育部、财政部正式启动“2011 计划”
2015 年	国务院印发了《统筹推进世界一流大学和一流学科建设总体方案》，对新时期高等教育重点建设做出部署，将“211 工程”“985 工程”、优势学科创新平台、特色重点学科建设等重点建设项目统一纳入“双一流”大学建设之中
2017 年	2017 年 1 月，经国务院批准同意，教育部、财政部、国家发展和改革委员会印发《统筹推进世界一流大学和一流学科建设实施办法（暂行）》；9 月 21 日，教育部、财政部、国家发展和改革委员会联合发布《关于公布世界一流大学和一流学科建设高校及建设学科名单的通知》，正式公布世界一流大学和世界一流学科建设高校及建设学科名单，首批“双一流”建设高校共计 137 所，其中：世界一流大学建设高校 42 所（A 类 36 所，B 类 6 所），世界一流学科建设高校 95 所；双一流建设学科共计 465 个（其中自定学科 44 个）

如表 4-4 所示，从 1954 年开始中国高校历次重点建设都是相关教育部门颁布的，而是否能够进入重点建设对于高校来说至关重要。正如有些领导者在填写问卷时表示，重点建设对高校发展是非常重要的，如果从打分来说可能 7 分（代表资源重要性的最高分数）都少了，学校是不是重点差别很大了①。2015 年 11 月国务院印发了《统筹推进世界一流大学和一流学科建设总体方案》，新一轮高校重点建设蓄势待发。“双一流”建设要求以一流为目标、以学科为基础、以绩效为杠杆、以改革为动力，推动一批高水平大学和学科进入世界一流行列或前列[254]。各个高校积极

① $L-N-i$（N=A，B，C，D，E，F，G，H；i=1，2，3，4……）表示对样本领导者 N 的访谈资料，编号为 i；同理，$R-N-i$ 为样本领导者 N 的辅助访谈资料，$Z-N-i$ 为样本领导者 N 的专著资料，$P-N-i$ 为样本领导者 N 的个人文本资料，$O-N-i$ 为样本领导者 N 的组织文本资料，$M-N-i$ 为样本领导者 N 的媒体文本资料，$Y-N-i$ 为样本领导者 N 的会议观察资料，$S-N-i$ 为样本领导者 N 的调研观察资料；下同。

响应“双一流”项目建设，渴望能够进入建设队伍，从而获得在新一轮高校资源分配体系位置变化中的有利地位[253]。也就是说，高校领导者为学校争取资源，一个很重要的问题就是抓住重点建设的机会，在进行重点建设的时候尽量为学校争取到一个好的位置，这种位置的获得对高校以后的发展来说是非常重要的。

作为重点建设项目的参与者，高校注重在“学校简介”中详细展示出其所参与的各项国家重点建设项目。例如高校 XX 在其简介中描述：“学校 1960 年被国务院确定为全国重点大学，‘七五’‘八五’期间均被国务院列为重点建设大学，‘九五’期间首批进入国家‘211 工程’立项建设，‘十五’期间进入国家‘985 工程’重点建设。学校是全国首批设立研究生院和国家大学科技园的高校之一……”再如高校 TT 在其简介中描述：“学校是教育部直属重点大学，为我国最早兴办的高等学府之一。学校是国家‘七五’‘八五’首批重点建设的高校，是首批进入国家‘211 工程’和‘985 工程’建设的高校，是被国家确定为建设世界知名高水平大学的高校……”可见，国家历次进行的重点大学建设都是高校领导者重视的位置性资源，位置性资源成为高校领导者为组织获取的重要资源类型，高校领导者对位置性资源的重视还可能表现在宣扬行政隶属位置以及宣扬高校综合性、研究型大学定位等方面。

4.2.2 建设性资源

建设性资源是针对高校某具体领域，如学科、人才、研究机构等方面进行建设投入的资源类型，象征着高校在某一特定领域内获得的发展机遇和支持，增加了高校建设特定领域的合法性[70,98-100]。建设性资源对应的聚焦编码根据项目内容的差异表现为机构建设项目、人才培养项目、科研教学项目和学科建设项目四种。相比于位置性资源，建设性资源是针对高校更具体层面进行建设投入形成的资源，聚焦于高校的某一特定领域。由于聚焦层面更微观，建设性资源的种类也更为繁多。

如表 4-3 所示，数据分析显示建设性资源对应的初始编码共有 233 项，占所有社会型资源初始编码总数的 54.82%，远多于位置性资源对应的初始编码 27 项、评价性资源对应的初始编码 96 项以及限制性资源对应的初始编码 69 项。如表 4-2 所示，建设性资源出现 6 次以上(包含 6 次)的初始编码共有 47 项，远多于位置性资源对应的 9 项、评价性资源对应的 12 项以及限制性资源对应的 21 项。建设性资源的多样化增加了高校根据自身优势参与不同项目的可能性。如表4-3 所示，39 所样本高校参与的建设性资源种类丰富，各高校获得的建设性资源平均数为 25.67 个，占各高校社会型资源总数的 48.31%，其中，上海交通大学和西北工业大学“学校简介”中反映出的建设性资源最多，分别为 50 个和 51 个。同时，39 所样本高校中有 36 所高校建设性资源对应初始编码数目在四种社会型资源中排名第一，反映出各高校对机构建设、人才培养、科研教学和学科建设等建设性资源的高度重视。

建设性资源的种类繁多也促使此类资源的增减和更替更加频繁，随着国家政策的变化，各类新项目也不断地更新出现。以人才培养项目为例，为了引进海外高层次人才，教育部于 2008 年颁布了针对海外高层次人才引进的“千人计划”，“千人计划”通过为海外高层次人才提供优越的工作环境以及具有竞争力的薪资待遇，吸引海外高层次人才进入国内工作。“千人计划”的实施为海外高层次人才引进提供了重要渠道，然而，近年来政府部门意识到从国内培养高层次人才同样重要，于是 2012 年，政府开始实施针对国内高层次人才培养的“万人计划”。“万人计划”与“千人计划”形成互补，为国内高层次人才培养同样提供了优越的条件支持。作为资源的获取者，高校领导者注重“千人计划”和“万人计划”的相继颁布和实施，积极引进入选“千人计划”和“万人计划”的学者。内容分析显示，26 所样本高校（占样本高校总数的 66.67%）在其“学校简介”中强调了学校拥有的“千人计划”的学者人数。此外，近年来在高校人才招聘中，入选“千人计划”和“万人计划”的学者也成为高校争先引进的人才。众多高校在其发布的招聘计划中明确提出对引进入选“千人计划长期项目”“千人计划短期项目”“青年千人计划”等项目的人才的重视，突出为其提供的丰厚待遇。例如，高校 XX 在其人才招聘通告中突出强调了对“青年千人计划”的需求，将其列为学校人才招聘的第一类，并详细叙述了申请要求和提供待遇。

除高校××外，其他高校在人才招聘中也普遍表现出对参与教育部门颁布的人才培养项目者的青睐，将其作为招聘的重要条件。虽然能够获得人才培养项目主要代表着个人在特定领域具有突出的造诣或成就，但是近年来高校在人才招聘过程中对称号的强调和追求也同时反映出其对多种批建项目作为资源的重视。甚至出现了某些高校高薪聘请的是“长江学者”、“千人计划”、“万人计划”等“人才称号”的现象。这点在访谈中研究者有着深刻的印象和感受。例如，在与多位高校领导者讨论学校人才招聘的时候，研究者会刻意追问学校需要的人才类型以及为什么看重这类人才。有些高校领导者的回答也反思了对“人才称号”而非人才能力的看重。

2018 年，教育部发布了《关于开展清理“唯论文、唯帽子、唯职称、唯学历、唯奖项”专项行动的通知》，指出将在各有关高校开展“唯论文、唯帽子、唯职称、唯学历、唯奖项”清理，教育评价要回归教育的本质、教育的初心、立德树人要成为高校首要任务。教育评价破“五唯”受到了政府、学校、社会等主体的广泛关注。近年来，如何在人才项目中避免“唯帽子”导致的功利主义和短期行为，从宏观层面形成政府教育投入的正向引导也成为建设型资源不断优化的重要方向。

4.2.3 评价性资源

评价性资源是教育部门、学术团体等选取或颁布的评价高校某领域发展水平的一系列奖项、奖励资源，象征着高校在某一特定领域内获得的荣誉和认可，有利于高校社会评价的提升[56, 57]。如表4－2所示，对39所样本高校“学校简介”“校长致辞”“办学数据统计”等官方文件的内容分析显示评价性资源包含奖项成果和发表成果两个方面，分别代表对高校获得奖项以及学术发表等方面的认可。不同于位置性资源和建设性资源的直接“设计”，即直接对高校整体或某一特定领域进行建设，评价性资源更多体现出相关部门对高校研究及教学成果的间接“评估和选择”，即通过奖项设立等选取或制造一些成果作为衡量高校在某一特定领域内成就的指标。

作为相关部门评价高校的指标，评价性资源受到高校领导者的重视，体现出教育部门对高校科研、教学发展方向的客观引导。数据分析过程发现，39所样本高校注重在其官方文件中详细展示社会认可的各项研究和教学成果，其中，论文发表，尤其是英文科学引文索引(science citation index，SCI)论文、社会科学引文索引(social sciences citation index，SSCI)论文的发表更是被各高校领导者所重视，多所高校在其文本资料中注重对发表的论文类型和数目进行详细介绍。例如，“985”高校SS在其“学校简介”中详细描述：“学校合校以来，累积发表SCI、EI、SSCI论文7300多篇，其中2013年第一署名单位SCI、EI、SSCI论文1364篇……2008年以来，学校本科生在各类创新项目支持下，共发表高水平学术论文212篇，其中Science 1篇、SCI 183篇、EI 23篇、ISTP 5篇……据SCI统计，学校是中国在国际学术刊物上发表论文最多、引用率较高的大学之一。近年来，学校被SCI收录的科技论文数居全国高校前24位，科技论文被SCI期刊引用数居全国高校前16位……”

近年来，SCI论文、SSCI论文成为衡量高校科研成果的重要指标，部分高校表现出对SCI论文、SSCI论文的热切追求[253]。虽然SCI论文、SSCI论文对学者来说是能够反映其科研水平的重要发表记录，但研究发现部分学校领导者重视SCI论文、SSCI论文更多在于相关部门将此作为衡量高校科研水平的重要指标。也就是说，成果所带来的体系内认可甚至比成果本身更为重要。近年来，以SCI论文为代表的评价性资源引起了研究者对教师评价的反思。例如，杨玉圣提出高校教师评价应该“去SCI化”，形成以同行专家评审为主体、以学术为本、为学术史负责的评价体系[37]。郝天聪和石伟平指出科研导向的“GDP主义”虽然使高校短期科研业绩迅速提升，但造成了追求科研成果数量、产出速度超过科研质量的长远问题[38]。因此，充分考虑高校教师工作的特殊性和复杂性，构建客观公正的评价性资源，引导教师不断提升教学、科研水平，成为完善教师评价体系的关键。

在访谈过程中，高校领导者普遍表现出对认可成果作为资源的重视，这种重视背后反映出高校领导者对评估方向的跟随。正如，有些领导者表示，学校的成果类型有很多，有显性的、有隐性的，有定量的、有定性的，但是很多学校现在更需要的就是显性的、定量的成果，大的到学校拿了多少个国家的项目，小的到学校发了多少篇 SCI 论文、拿了多少个基金。然而，也有高校领导者提出对评估指标的反思和质疑。例如，教学名师奖虽然很重要，但是如果这些评上奖的人都不去给学生讲课，那有什么用呢？此外，也有领导表示，用 SCI 论文、SSCI 论文数量来衡量高校科研水平的评估方式还可能让高校变得非常浮躁，科研指挥棒短期内促进了高校学术成果的创造，然而为了满足论文发表数目而进行的论文发表很多可能没有太大意义，并没有真正创造重要的学术价值。

4.2.4　限制性资源

限制性资源是对高校各项办学指标进行审核形成的一系列限制、约束资源，象征着高校获得的各项办学条件的批准和许可，增加了高校准入资格的合法性。如表 4－2 所示，通过对 39 所样本高校官方文件的内容分析，显示限制性资源对应的聚焦编码有办学水平限制和硬件设施限制两个方面。办学水平限制是相关部门对高校基本办学情况的限制，包括对高校招生层次、招生规模、专业设置、学位授予权等方面进行审批。硬件设施限制是相关部门对高校基本建设情况的限制，包括对高校占地面积、建筑面积、校区建设等方面的要求。不同于位置性资源和建设性资源对高校的促进性作用，限制性资源对高校具有重要的约束性作用。也就是说，限制性资源体现着教育主管部门对高校的管控，为高校办学设定了基本的要求。

在对文本资料的编码分析中，研究者发现高校注重强调其本科生、硕士生、博士生等各类学生人数，以及校园面积、校区建设情况、图书馆藏书量等内容。起初研究者更多从经济性视角考虑这些资源的重要性，然而通过对高校领导者进行访谈以及与高校其他工作人员开展非正式交谈，研究者发现这些资源并不能完全用经济性视角进行解释。也就是说，领导者并不能够完全自由地依据价格机制从市场中获得这些资源，教育部门会对这些资源的获取进行管理和限制。例如，招生名额是高校领导者普遍重视的资源，然而高校不能完全根据市场需求想招多少学生就招多少学生，高校能够招收的学生人数需要经过批准，从而招生名额成为高校领导者重视的一种限制性资源。同样还有高校的学费定价、学位授予权等。

因此，限制性资源作为社会型资源的重要性在于其为高校提供了一种准入资格，高校对这些资源的获得象征着对高校各项办学指标的批准和许可。多位高校领导者在访谈中指出限制性资源对学校发展来说十分关键，并且这些限制性资源如果缺失也很难通过其他途径替代解决。甚至有些领导者表示很多时候学校可能不需要直接的经济支持，其他很多途径照样可以解决经费的问题，但是这种审批指标对学校来说却一点办法都没有。例如，招生人数对高校来说非常重要，然而学校能招多少学生、每个学生能收多少学费都是有限定的，这些限制使得领导者很多时候都非常无奈。在一些领导者看来，这些办学指标都是学校的命脉，没有这些指标在一定程度上学校是很难获得发展机会的，而是否能够获得这些资源，领导者很多时候没有办法干预。

4.2.5 理论饱和与命题提出

综上所述，通过对 39 所样本高校"学校简介""校长致辞""办学数据统计"等官方文件进行内容分析，本研究提出了领导者个体为组织获取的四种社会型资源类型，包括位置性资源、建设性资源、评价性资源、限制性资源。需要说明的是，虽然定性研究具有产生新理论的潜质[225, 236]，但是定性研究的分析过程经常受到学者们的质疑和挑战[160, 250]。Charmaz[247]、Eisenhardt[225]、Glaser 和 Strauss[236] 等学者指出的理论饱和(theoretical saturation)是保证定性数据分析结论可靠性的关键概念。理论饱和意味着数据分析中同样的事件在不断重复地出现，新数据的增加已经不能再产生新的见解[247]，已经发现了"同一模式"。理论饱和标志着定性数据分析的结束，保障了研究过程的严谨性和研究结论的完备性[160]。因此，本研究对定性数据分析达到理论饱和的过程进行了特别说明。

在对相关文本资料进行内容分析后，本研究增加了对 8 位高校领导者(领导者 A、领导者 B、领导者 C、领导者 D、领导者 E、领导者 F、领导者 G、领导者 H)的访谈(访谈记录如表 3－8 所示，访谈提纲详见附录 B)以及问卷调查(问卷如附录 C 所示)，用不同来源的数据进行"三角验证(triangulation)"[225,237,247]，从而说明本研究通过内容分析发现的领导者为组织获取的四种社会型资源已经达到了定性数据分析的理论饱和[225, 247]。

首先，本研究在识别资源和剔除经济型资源的步骤都增加了访谈的补充验证。访谈过程有益于研究者加深对高校资源的理解，从而保障对文本数据分析的可靠性。访谈问题如表 4－5 所示。研究发现，8 位高校领导者在访谈中都表示出对四种社会型资源的认可，访谈数据支持了内容分析的研究结论。本研究将 8 位高校领导者在访谈中的部分话语进行总结，佐证本研究发现的高校领导者为组织获取的社会型资源，列举在章节 4.2.1 至 4.2.4 的分析中。

表 4－5　关于社会型资源类型的访谈问题

访谈问题
1. 这里是通过内容分析做出来的高校领导者为组织获取的资源类型(问卷如附录 C 所示)，您觉得这些对您所在的高校来说是否是重要的资源？为什么？
2. 这些资源的重要性您如何评价？如果用 1 到 7 分代表这些资源的重要性，分值越大越重要，您如何对这些资源进行打分？
3. 您是否能够分享您对这些资源的看法？比如说"985 工程"是怎样的资源？国家重点实验室是怎样的资源？国家自然科学基金是怎样的资源？本科生人数是怎样的资源？
4. 除了问卷中列出资源，您认为对您所在高校来说，重要的资源还有哪些？

其次，在对 8 位高校领导者的访谈中，本研究还设计了对 8 位高校领导者的问卷调查，用于衡量高校领导者对各项社会型资源重要性的主观感受。考虑到问卷填写的可行性，本研究选取四种社会型资源不同聚焦编码下出现频率最高的 32 项社会型资源[①]邀请高校领导者进行评价，问卷详见附录 C。表 4－6 统计了问卷调查结果。如表 4－6 所示，8 位高校领导者普遍认为内容分析发现的社会型资源是其为学校获取的重要资源类型。各项资源的平均分均超过 4.5 分(包含 4.5 分)。平均分超过 5 分(包含 5 分)的项目有 26 项，占问卷项目总数的 81.25%。领导者 A、领导者 B、领导者 C、领导者 D、领导者 E、领导者 F、领导者 G、领导者 H 各人打分的平均数依次为 5.38 分、6.06 分、5.38 分、5.03 分、5.28 分、5.78 分、5.22 分、5.53 分，均超过 5 分。

表 4－6　社会型资源的问卷调查结果

	领导者								
	A	B	C	D	E	F	G	H	平均
"985 工程"	7	7	7	7	7	7	6	6	6.75
"211 工程"	7	7	5	7	7	7	6	6	6.5
教育部直属	6	7	7	5	6	5	6	7	6.13
地方政府共建	5	5	5	3	5	5	7	7	5.25
研究型大学	6	6	4	6	6	6	4	5	5.38
综合性大学	6	4	4	5	4	5	4	6	4.75
国家重点实验室	6	7	7	7	7	7	7	7	6.88
国家级实验教学示范中心	4	7	6	4	4	7	5	7	5.5

① "机构建设项目""人才培养项目""科研教学项目""奖项成果""办学水平限制"对应的初始编码多于 8 项(仅 6 次以上)，各选取 4 项，共 20 项；"高校建设位置""行政隶属位置""高校发展定位""学科建设项目""发表成果""硬件设施限制"对应的初始编码少于 8 项(仅 6 次以上)，各选取 2 项，共 12 项；合计 32 项。

续表

	领导者								
	A	B	C	D	E	F	G	H	平均
教育部重点实验室	5	7	5	7	7	5	5	5	5.75
国家人才培养基地	4	7	7	4	7	5	7	5	5.75
长江学者奖励计划	4	7	6	5	5	5	3	5	5
中国工程院院士	7	7	6	6	7	5	7	5	6.25
国家杰出青年科学基金	3	7	4	3	4	6	6	4	4.63
中国科学院院士	3	7	5	3	3	7	5	5	4.75
国家重点基础研究发展计划(973)	6	7	6	6	7	4	7	5	6
国家精品课程	4	5	4	3	3	7	5	5	4.5
国家级教学团队	5	5	5	5	4	7	5	5	5.13
国家自然科学基金项目	6	7	6	5	6	6	5	5	5.75
国家重点学科	4	7	4	5	5	6	6	5	5.25
国家级特色专业	3	5	4	3	3	5	4	6	4.63
国家级教学名师奖	6	5	5	5	3	6	6	4	5
国家科学技术进步奖	7	6	5	6	6	6	4	4	5.5
国家技术发明奖	4	7	6	5	5	7	4	6	5.5
省部级科技奖励	6	7	4	5	5	6	5	5	5.38
SCI 论文	7	5	5	6	3	7	6	5	5.5
全国百篇优秀博士论文	4	6	4	6	3	6	3	5	4.63
博士学位授权点	7	6	5	6	5	6	5	6	5.75
硕士学位授权点	7	5	7	5	5	4	4	5	5.25
研究生人数	6	6	6	7	7	5	4	7	6
本科生人数	4	5	5	5	7	5	4	7	5.25
校园占地面积	5	4	6	3	6	5	5	6	5
校区建设情况	6	4	7	3	6	5	6	6	5.38
平均	5.38	6.06	5.38	5.03	5.28	5.78	5.22	5.53	

注释:平均值四舍五入保留小数点后两位。

本研究增加的对8位高校领导者的访谈和问卷调查都支持了通过内容分析方法得出的四种社会型资源类型。通过不同数据来源“三角验证(triangulation)”[225,237,247],发现新数据的收集已经不再能够产生新结论,从而本研究提出的领导者个体为组织获取的四种社会型资源达到了理论饱和[225,247]。

综上所述,本研究通过对 98 篇“学校简介”“校长致辞”“办学数据统计”等官方文件(总计 246566 字)进行内容分析提出了高校领导者为组织获取的四种社会型资源:位置性资源、建设性资源、评价性资源、限制性资源。同时,通过对 8 位高校领导者进行访谈和问卷调查验证了四种资源的理论饱和。不同于资源基础理论研究从经济性视角强调资源对组织经济绩效[19,40-42]、效率与效力[3,26]等经济性目标的作用,本研究发现的领导者为组织获取的四种社会型资源作用于组织社会性目标的达成,如合法性[70,98-100]、社会评价[56,57]等。接受并采纳 Halbesleben 等[39]从目标导向视角对组织资源的界定,本研究根据资源实现目标的差异将高校领导者为组织获取的四种资源类型概括为社会型资源,并提出如下命题 1 和命题 2,描述社会型资源的内涵和类型。

命题 1:高校领导者为组织获取的资源包括位置性资源、建设性资源、评价性资源、限制性资源四类,借鉴目标导向视角将其概括为社会型资源。

命题 2:经济型资源有利于组织经济性目标(如经济绩效、效率与效力)的达成;社会型资源有利于组织社会性目标(如合法性、社会评价)的达成。

4.3　社会型资源的价值来源

Schmidt 和 Keil[40],Zhang、Zhang 和 Xi[47]等指出资源的价值来源构成了理解组织资源内涵的另一个重要方面。不同于多数组织资源研究聚焦于资源对组织结果变量的影响,如持续竞争优势的获得[3],近年来,对资源价值来源的探讨注重从前因变量方面研究组织资源的内涵,引起了学者们的重视。社会型资源的发现促使研究者注意到其价值来源可能不同于经济性视角下的资源价值来源,即资源价值由市场中价格机制决定[23,40,45,225],仅有在资源的成本小于其价值时组织才能够从市场中获得超常收益[23]。因此,本研究以上步分析中出现最为频繁的一种社会型资源——“985 工程”为例,对其实施的 83 篇“985 工程”官方文件(总计 249489 字)进行内容分析,进一步探究社会型资源的价值来源(选择“985 工程”作为特定社会型资源进行继续研究,样本选择原因参考 3.2.2 内容分析样本)。

本研究首先选取中央人民政府官网、教育部官网、财政部官网为信息来源收集“985 工程”实施的相关官方文件。选取中央人民政府官网是考虑到其作为政府部门中的领导机构所具有的权威性,选取教育部官网和财政部官网是考虑到教育部和财政部是负责“985 工程”实施的两个重要主管部门。经过筛选和剔除重复,本研究从 3 个网站中共收集到 64 篇题目包含“985”的文本,其中,中央人民政府官网

9 篇、教育部官网 45 篇、财政部官网 18 篇、重复 8 篇。其次，本研究在数据分析过程中根据已有文本中出现的新线索，不断搜集并增加与“985 工程”相关的其他文本，直到描述“985 工程”从颁布到实施整个过程的重要文本达到饱和，不再有更多新文本出现为止才停止搜索。此过程在已有文本基础上又加入 19 篇文本，共计 83 篇文本。表 3－5 列出最终用于内容分析的 83 篇文本，这些文本的发布时间起始于 1998 年 5 月 4 日“985 工程”初次被提出，终止于 2020 年 12 月 31 日本研究停止对此项研究数据收集，83 篇文本字数总计 249489 字。

基于对 83 篇“985 工程官方文件”的内容分析，本研究发现“985 工程”作为社会型资源的价值来源于意义给赋、物质奖励、身份提升三个方面，具体编码过程如表 4－7 所示。以下分别对社会型资源的三种价值来源方式进行详细介绍。

表 4－7　社会型资源的价值来源编码举例

理论编码	聚焦编码	初始编码	支撑数据举例
意义给赋	设定目标	总体目标	“985 工程”是中国为建设若干所世界一流大学和一批国际知名的高水平研究型大学而实施的建设工程
		阶段目标	1999 年，教育部决定（一期）重点支持北京大学、清华大学等部分高校创建世界一流大学和高水平研究型大学，并以 1998 年 5 月江泽民同志在北京大学 100 周年校庆讲话的时间将此工程命名为“985 工程”
			“985 工程”二期建设目标是：巩固一期建设成果，为创建世界一流大学和一批国际知名的高水平研究型大学进一步奠定坚实基础，使一批学科达到或接近国际一流学科水平，经过更长时间努力，建成若干所世界一流大学
			“985 工程”三期建设目标是：通过持续重点支持，加快推进世界一流大学和高水平大学建设。力争到 2020 年前后，形成一批达到国际先进水平的学科、若干所跻身世界一流大学行列的大学；一批学校整体水平和国际影响力跃上一个新台阶，成为国际知名的高水平研究型大学；一批学校成为特色鲜明的高水平研究型大学

续表

理论编码	聚焦编码	初始编码	支撑数据举例
意义给赋	国家重视	呼吁建设	1998 年 5 月 4 日，江泽民同志在庆祝北京大学建校 100 周年大会上向全社会宣告：为了实现现代化，我国要有若干所具有世界先进水平的一流大学。这样的大学，应该是培养和造就高素质的创造性人才的摇篮，应该是认识未知世界、探求客观真理、为人类解决面临的重大课题提供科学依据的前沿，应该是知识创新、推动科学技术成果向现实生产力转化的重要力量，应该是民族优秀文化与世界先进文明成果交流借鉴的桥梁
		提出新要求	2008 年 5 月，胡锦涛同志在北京大学建校 110 周年时指出，要以更加广阔的视野、更加开放的姿态、更加执着的努力，加快推进创建世界一流大学步伐
		多次指示	中共中央政治局委员、国务委员刘延东对加强“985 工程”建设多次做出指示，并要求进一步拓展“985 工程”省部共建的范围和领域，丰富合作内涵，提升合作水平
	宣扬战略重要性	对国家发展意义	“985 工程”是落实科教兴国和人才强国战略的重要举措，是党和国家高瞻远瞩的战略决策，是促进高等教育整体水平提升、增强核心竞争力的战略举措，对于全面建设小康社会、实现中华民族伟大复兴具有重要战略意义
		对地区发展意义	“985”高校的人才培养、科学研究、社会服务、文化传承与创新的综合实力很强，在为地方经济社会发展提供人才保障和智力支持等方面发挥着难以替代的作用
		对高校发展意义	依托于“985 工程”，高校取得了一系列成就。例如，“985 工程”二期建设中，吉林大学在“工程仿生科学”“考古 DNA”等新兴交叉学科领域取得了理论与技术方面的重大突破，涌现出一批具有较高显示度的标志性成果

续表

理论编码	聚焦编码	初始编码	支撑数据举例
物质奖励	提供经费支持	一期资金	“985 工程”一期投入总计 227.7 亿元，其中中央财政专项资金 131.05 亿元，地方协议配套资金 96.65 亿元
		二期资金	“985 工程”二期投入总计 225.83 亿元，其中中央财政专项资金 158.05 亿元，地方协议配套资金 67.78 亿元
		三期资金	“985 工程”三期投入总计 451.23 亿元，其中中央财政专项资金 264.9 亿元，地方协议配套资金 186.33 亿元
		共建资金	“985 工程”建设资金由多方共同筹集，积极鼓励有条件的部门、地方、企业筹集资金，整合资源、形成合力 将“高等学校学科创新引智计划”项目经费纳入“985 工程”建设规划，项目经费由国家外国专家局与教育部以 1∶1 的比例共同筹措，其中教育部经费在各高校“985 工程”建设经费中列支 将“中国下一代互联网示范工程”项目经费纳入“985 工程”建设规划，承担此任务高校需落实配套经费 500 万元
		专项资金	“985 工程”专项资金来源包括中央财政专项资金、地方政府共建资金、项目学校主管部门共建资金及自筹资金 “985 工程”专项资金实施统一管理、集中核算、专款专用，专项资金支出包括人员经费、业务费、设备购置费等 教育部先后与 16 个省市政府签署了重点共建 32 所直属“985 工程”高校的协议 2008 年以来，伴随新一轮“985 工程”的建设，教育部与有关地方政府积极开展了重点共建签约工作，为加快“985 工程”实施的进程提供了有力支持

续表

理论编码	聚焦编码	初始编码	支撑数据举例
		共建政策支持	开展“985 工程”重点共建是深化教育体制改革的必然要求。共建方针的提出与实施，适应了教育体制改革和建设高水平大学的需要，有利于扩大“985 工程”建设的成效
		中央政策支持	从中国国情出发，调集各方资源，形成合力，是“985 工程”建设的鲜明特色和战略选择。要相对集中国家有限财力，调动多方面积极性，从重点学科建设入手，加大投入力度，对于若干所高等学校和已经接近并有条件达到国际先进水平的学科进行重点建设
		地方政策支持	地方政府把“985”共建高校的改革和发展纳入整体的建设和社会发展总体规划之中，积极为参与高校提供政策支持，例如，在学科建设、校园建设、重点实验室建设、税费减免等方面给予支持和政策倾斜
		发布名单	2006 年，教育部学位管理与研究生教育司发布了经教育部、财政部批准建设的 39 所“985 工程”高校名单
		启动第一阶段	1999 年，国务院批转教育部《面向 21 世纪教育振兴行动计划》，决定重点支持北京大学、清华大学等部分高等学校率先创建世界一流大学和高水平大学，“985 工程”一期建设开始启动
身份提升	项目启动	启动第二阶段	2004 年，国务院批转教育部《2003—2007 年教育振兴行动计划》，教育部、财政部印发《教育部、财政部关于继续实施“985 工程”建设项目的意见》，“985 工程”二期建设开始启动
		启动第三阶段	2010 年，根据国务院《国家中长期教育改革和发展规划纲要（2010－2020 年）》，教育部、财政部印发《教育部、财政部关于加快推进世界一流大学和高水平大学建设的意见》，新一轮（三期）“985 工程”建设开始实施

续表

理论编码	聚焦编码	初始编码	支撑数据举例
身份提升	项目启动	建设任务	“985 工程”建设任务主要包括机制创新、队伍建设、平台和基地建设、条件支撑、国际交流与合作五个部分
		发布管理办法	2004 年，为保证“985 工程”建设的顺利实施，教育部制定了《“985 工程”建设管理办法》，对“985 工程”二期建设的组织实施、管理职责、建设资金、检查验收等都做出了具体规定
		更新管理办法	2013 年，教育部、财政部印发了新修订的《“985 工程”建设管理办法》，要求“985 工程”实行绩效考评制度，并根据检查考核结果对有关学校的建设项目和分年度预算进行动态调整
		专用资金管理	2004 年，教育部、财政部出台《“985 工程”专项资金管理办法》，要求“985 工程”专项资金的使用和管理按此规定执行。进一步加强制度保障，提高“985 工程”的资金使用效益，确保资金规范使用和安全
		管理方式	“985 工程”采取国家、共建部门(有关主管部委或地方政府)和高等学校三级管理的方式，以高校自我管理为主
		国家管理	教育部、财政部成立“985 工程”领导小组和工作小组。领导小组负责决定总体规划和建设中的重大方针、政策问题。工作小组负责具体实施中的组织、领导和协调工作，领导小组和工作小组下设办公室，具体负责日常工作
		共建管理	“985 工程”的共建部门参与对学校“985 工程”建设的指导、管理和监督，负责筹措共建资金，落实相关配套政策
		高校内部管理	学校成立“985 工程”建设领导小组，负责对“985 工程”建设实行全过程管理。领导小组下设专门机构具体负责本校“985 工程”建设的规划、实施与管理等工作

续表

理论编码	聚焦编码	初始编码	支撑数据举例
身份提升	过程管理	停止扩张	2011 年，教育部部长袁贵仁宣布当前“211 工程”和“985 工程”的规模已经稳定，不再新设这两个工程的学校
		评估类型	2004 年，教育部、财政部在《“985 工程”建设管理办法》中提出要求“985 工程”建设按照项目周期实行年度报告、中期检查、总结验收
	结果评估	年度自查	每年度终，项目学校应将“985 工程”年度进展情况、投资完成情况和相关资料汇总形成年度报告，上报给教育部和财政部，教育部和财政部将在学校自查结束后视自查情况适时组织抽查
		中期检查	中期检查由“985 工程”办公室统一部署。重点检查“985 工程”建设的目标实现情况和任务完成情况，资金到位情况和资金使用情况，以及存在的主要问题等
		总结验收	在“985 工程”总体规划和改革方案完成以后，要求学校向教育部和财政部提交总体规划完成情况报告以及改革方案实施情况报告，教育部和财政部会组织相关专家对“985 工程”建设进行验收
		专项资金检查	“985 工程”专项资金实行定期检查制度。财政部、教育部根据有关规定对项目学校“985 工程”专项资金预算执行、资金使用效益和财务管理等情况进行监督检查
		奖惩分配	教育部、财政部组织对“985 工程”建设项目的检查、审计和绩效评估，根据检查、审计、评估的结果，对项目学校进行奖惩。“985 工程”实行责任追究制度，对于建设过程中出现的违规违纪行为，追究相应责任

4.3.1　意义给赋

意义给赋是在社会互动过程中通过赋予资源意义增加资源价值的方式，构成社会型资源价值来源的一个重要方面。意义给赋使社会型资源价值增加的关键在于资源提供者为资源注入意义，资源获取者通过获得资源从而能够得到资源提供者设定的这种意义。以“985 工程”为例，1998 年 5 月，江泽民同志在庆祝北京大学建校 100 周年的庆典上向社会宣告：为了实现现代化，我国要有若干所具有世界先进水平的一流大学。这样的大学，应该是培养和造就高素质的创造性人才的摇篮，应该是认识未知世界、探求客观真理、为人类解决面临的重大课题提供科学依据的前沿，应该是知识创新、推动科学技术成果向现实生产力转化的重要力量，应该是民族优秀文化与世界先进文明成果交流借鉴的桥梁。此后，1999 年，国务院批转教育部《面向 21 世纪教育振兴行动计划》，“985 工程”建设正式启动，此项目也根据江泽民同志发表讲话的时间被命名为“985 工程”。可见，“985 工程”从产生起就代表着国家对高等教育发展的战略性布局，即集中国家有限的财力、物力、人力，调动多方面积极性，建立若干所世界一流、国际知名的高水平研究型大学。

因此，作为社会型资源，“985 工程”首先被赋予了服务国家战略发展需求的重要意义，例如，《江泽民在庆祝北京大学建校一百周年大会上讲话》中记录：为了实现现代化，我国要有若干所具有世界先进水平的一流大学。这样的大学，应该是培养和造就高素质的创造性人才的摇篮，应该是认识未知世界、探求客观真理、为人类解决面临的重大课题提供科学依据的前沿，应该是知识创新、推动科学技术成果向现实生产力转化的重要力量，应该是民族优秀文化与世界先进文明成果交流借鉴的桥梁。又如，《新一轮“985 工程”重点共建签约工作情况介绍》中记录：开展“985 工程”建设是落实科教兴国和人才强国战略的重要举措，是党和国家高瞻远瞩的战略决策，是促进我国高等教育提升整体水平、增强核心竞争力的战略举措，对于全面建设小康社会、实现中华民族伟大复兴具有重要的战略意义。

如表 4-7 所示，通过意义给赋增加社会型资源价值的方式表现在聚焦编码所示的三个具体方面：设定目标、国家重视、宣扬战略重要性。三个聚焦编码共同显示出“985 工程”所具有的国家战略意义。

首先，设定目标是对“985 工程”总目标以及各阶段分目标的制定。在“建设若干所世界一流大学和一批国际知名的高水平研究型大学”的总目标指引下，根据发展阶段不同，“985 工程”建设共进行了三期，每期需要完成的阶段性目标存在差异。1999 年，“985 工程”一期启动，一期是“985 工程”建设的开端，教育部重点支持北京大学、清华大学等部分高校开始探索创建世界一流大学和高水平研究型大学之路。2004 年，“985 工程”二期启动，二期建设要求巩固一期建设成果，为创建世界一流大学和一批国际知名的高水平研究型大学进一步奠定坚实的基础，使一批学科达到或接近国际一流学科水平，经过更长时间努力，建成若干所世界一流大学。2010 年，“985 工程”三期启动，三期建设要求通过持续重点支持，加快推进世界一流大学和高水平大学建设。各阶段具体目标如表 4-7 所示。

其次，国家领导人及其他政府部门领导对“985 工程”建设的重视直接增加了

“985 工程”作为社会型资源的重要意义。“985 工程”相关文件中多次出现国家领导人及其他政府部门领导对“985 工程”的重视。

最后，政府相关部门注重宣扬“985 工程”的战略重要性从而增加其作为社会型资源的价值。例如，“985 工程”相关文件中多次出现的“985 工程”是“落实科教兴国和人才强国战略的重要举措”“党和国家高瞻远瞩的战略决策”“增强核心竞争力的战略举措”“实现中华民族伟大复兴的重要战略意义”等词语都凸显出实施“985 工程”在国家高等教育领域的战略重要性，增加了“985 工程”作为社会型资源的价值。

综上所述，本研究认为社会型资源的价值来源首先体现在资源提供者与资源获取者互动过程中的意义给赋。对 83 篇“985 工程官方文件”的内容分析发现，意义给赋表现为赋予“985 工程”国家认可的重要意义，即为实现国家现代化而建设的具有世界先进水平的一流大学，这种意义构成了社会型资源价值来源的一个重要方面。

4.3.2　物质奖励

社会型资源的第二种价值来源方式是物质奖励，即伴随社会型资源而来的各种经费、场地、政策优惠等物质支持。考虑到大部分中国高校，尤其是公办高校需要依赖教育相关部门的资金投入生存和发展，物质奖励成为一种简单但十分有效的社会型资源的价值来源方式。以社会型资源“985 工程”为例，物质奖励在其价值来源中表现明显，“985 工程”建设过程中始终伴随着直接投入的建设经费支持以及间接提供的政策优惠支持。如表 4－7 所示，作为社会型资源，“985 工程”通过物质奖励增加资源价值表现在聚焦编码所示的两个方面：提供经费支持和提供政策优惠。

首先，“985 工程”从建设开始就得到了多种来源的直接经费支持，如文本《450 亿推 32 所“985”高校服务国家战略融入区域发展》中描述：“985 工程”建设分为三期，每期有相应的配套经费。从 1998 至 2004 年，“985 工程”一期建设政府共投入 227.7 亿元人民币，其中包括 131.05 亿元中央政府拨款的专项经费，以及 96.65 亿元地方政府配套经费；从 2004 到 2007 年，“985 工程”二期建设政府共投入 225.83 亿元人民币，其中包括 158.05 亿元中央政府拨款的专项经费，以及 67.78 亿元地方政府配套经费；从 2010 年起，“985 工程”三期建设政府共投入 451.23 亿元人民币，其中包括 264.9 亿元中央政府拨款的专项经费，以及 186.33 亿元地方政府配套经费。可见，“985 工程”共实施了三期，每期教育部、财政部等政府相关部门都为参与高校提供了相应的建设经费支持。对“985”高校的建设经费支持涉及学科建设、重点实验室建设、校园建设等多个方面，经费支持对“985”高校的发展起到了重要的促进作用。据统计，2009 年至 2013 年，39 所“985 工程”高校总收入经费 5441.99 亿元，各校平均年度经费达 28 亿元，其中政府直接拨款占比 46%[244]。如表 4－8 所示，以“985 工程”二期建设为例，将 39 所高校收到的中央政府专项拨款情况进行列举。

表 4-8 “985 工程”二期的中央专项拨款情况

中央专项拨款额度	“985”高校	高校数目
大于 20 亿/元	北京大学、清华大学	2
6 亿～9 亿/元	浙江大学、复旦大学、南京大学、中国科学技术大学、上海交通大学、西安交通大学、西北工业大学、北京航空航天大学、北京理工大学、哈尔滨工业大学、国防科技大学	11
4 亿～5 亿/元	中国人民大学、中国农业大学、北京师范大学、南开大学、天津大学、吉林大学、东北大学、武汉大学、华中科技大学、厦门大学、中山大学、四川大学	12
2 亿～4 亿/元	同济大学、东南大学、湖南大学、中南大学、华南理工大学、电子科技大学、大连理工大学、山东大学、兰州大学、重庆大学、中国海洋大学	11
小于 2 亿(元)	中央民族大学、华东师范大学、西北农林科技大学	3

注：根据张燕燕和胡光宇[245]整理。

此外，需要强调的是，“985”高校的建设资金不仅来源于中央政府。“985 工程”采取省部共建政策，即中央政府号召和吸引地方政府、企业等共同对“985”高校进行建设[245]。因此，“985”高校的建设经费包括中央政府的专项拨款以及其他共建部门的配套经费两个方面，从而“985”高校能够在与中央政府以及其他共建部门的共同支持下获得比较充足的经费支持。

其次，如表 4-7 所示，政策优惠是政府为“985 工程”参与高校提供物质奖励的另一种方式。虽然不是直接的资金投入，但政策优惠间接给予了“985 工程”参与高校重要的物质支持，例如在教学用地、校园建设、税收补贴、贷款优惠等多方面为“985”高校提供优惠性政策。如文本《新一轮“985 工程”重点共建签约工作情况介绍》中描述：地方政府把“985”共建高校的改革和发展纳入整体的建设和社会发展总体规划之中，积极为参与高校提供政策支持，例如，在学科建设、校园建设、重点实验室建设、税费减免等方面给予支持和政策倾斜。

综上所述，本研究认为物质奖励构成了社会型资源价值来源的另一个重要方面。除了“985 工程”，物质奖励作为资源的价值来源也表现在其他社会型资源中。例如，国家重点实验室、基地、人才中心、自然科学基金等项目、国家科技进步奖等奖项都附带了政府相关部门提供的建设经费或者政策优惠支持。

4.3.3　身份提升

身份提升是社会型资源价值来源的另一种方式，其通过为高校提供教育部门、社会团体等认可的身份而增加资源的价值。也就是说，高校在社会互动过程中通过社会型资源传达一种身份认可，这种身份的注入使社会型资源的价值增加，高校获得这种资源即代表着获得相关部门以及社会大众的认可身份。例如，作为社会型资源，“985 工程”代表着对高校冲刺世界一流大学的期望以及对高校国内一流的认可，高校能够参与“985 工程”则体现出高校得到了这种身份认可。如表 4 - 7 所示，作为社会型资源价值来源的方式，身份提升体现在“985 工程”实施的整个过程，包含三个聚焦编码：项目启动、过程管理、结果评估。例如，教育部、财政部等相关政府部门对“985 工程”实施过程进行具体的管理，使“985 工程”的开展和高校的参与成为可能，从而使高校通过参与“985 工程”建设获得了相应的身份认可。

首先，通过“红头文件”对入选“985 工程”建设的高校名单进行公布，宣布“985 工程”的启动。例如，1999 年国务院批转教育部《面向 21 世纪教育振兴行动计划》，宣布“985 工程”一期建设正式启动；2004 年国务院批转教育部《2003—2007 年教育振兴行动计划》，标志着“985 工程”二期建设启动；2010 年教育部、财政部印发《教育部、财政部关于加快推进世界一流大学和高水平大学建设的意见》，要求加快“985 工程”建设的进度，“985 工程”三期建设启动，此后“985 工程”的建设进入新阶段。不同阶段政府官方文件的发布宣告了入选“985 工程”建设高校的准入身份，象征着高校获得了参与“985 工程”建设的资格。

其次，政府相关部门，尤其是教育部和财政部深入参与到“985 工程”的建设过程，对“985 工程”的实施进行管理和监控。通过发布管理“985 工程”实施过程的官方文件，教育部和财政部详细阐述了对“985 工程”参与高校的管理要求。2004 年教育部和财政部印发《“985 工程”建设管理办法》，详细叙述了对“985 工程”实施过程中的组织、实施、管理责任、资金来源、监督、评估等方面的要求。例如，《“985 工程”建设管理办法》对“985 工程”的管理职责做出了规定：“985 工程”采取国家、共建部门（地方政府、主管部委）和高校自我管理的三级管理方式，以高校自我管理为主。其中，教育部、财政部成立“985 工程”领导小组和工作小组，领导小组负责决定总体规划和建设中的重大方针、政策问题，工作小组负责具体实施中的组织、领导和协调工作，领导小组和工作小组下设办公室，具体负责日常工作……共建部门参与对学校“985 工程”建设的指导、管理和监督，负责筹措共建资金，落实相关配套政策……高校内部成立“985 工程”建设领导小组，负责对“985 工程”建设实行全过程管理。2013 年教育部和财政部进一步更新了对“985 工程”的管理要求，印发《“985 工程”建设管理办法》，提出政府对“985”高校管理方式的转变：由分期建设转变为长期规划、动态管理、分段实施。教育部、财政部加强对“985”高校建设成效和年度资金使用情况的检查和考核，并根据检查考核结果对高校的建设项目和分年度预算进行动态调整：一方面，财政部、教育部预留一部分中央财政专项资金，根据“985”高校资金使用管理情况和建设绩效等情况，进行统筹安排……另一方面，实行责任追究制度，对于建设过程中出现的违规违纪行为，追究相应责任。可见，政府部门对“985 工程”建设的过程管理表明了高校在“985 工程”建设中的参与身份，标志着高校依据政府要求进行了高水平的建设和发展。

最后，对“985 工程”参与高校进行评估，从而赋予“985”高校参与项目的完成身份。评估代表着政府部门对“985”高校建设质量的审查和控制，在“985 工程”建设的长期互动中进行。例如，《“985 工程”建设管理办法》对“985 工程”的评估实施做出了规定：要求“985 工程”建设按照项目周期实行年度报告、中期检查、总结验收。其中，年度报告规定每年度终，项目学校应将“985 工程”年度进展情况、投资完成情况和相关资料汇总形成年度报告，上报给教育部和财政部，教育部和财政部将在学校自查结束后视自查情况适时组织抽查……中期检查是由“985 工程”办公室统一部署。重点检查“985 工程”建设的目标实现情况和任务完成情况，资金到位情况和资金使用情况，以及存在的主要问题等……总结验收是在“985 工程”总体规划和改革方案完成后，教育部和财政部会组织相关专家对“985 工程”建设进行验收。可见，评估贯穿“985 工程”实施的全过程，评估之后，相关部门会根据评估结果的差异对参与高校进行不同的奖惩。

综上所述，高校可以在具体的社会互动过程中通过身份提升增加资源价值，具体表现在聚焦编码所示的项目颁布、过程管理、结果评估三个方面。也就是说，“985 工程”参与高校在项目实施过程中获得的准入身份、参与身份、完成身份增加了“985 工程”作为社会型资源的价值。

4.3.4 理论饱和与命题提出

综上所述，本研究以“985 工程”为例，对 83 篇“985 工程”官方文件（总计 249489 字）进行了内容分析，揭示了社会型资源的三种价值来源方式：意义给赋、物质奖励、身份提升。需要说明的是，虽然定性研究具有产生新理论的潜质[225, 236]，但是定性研究的分析过程经常受到学者们的质疑和挑战[160, 250]。Charmaz[247]、Eisenhardt[225]、Glaser 和 Strauss[236] 等学者指出理论饱和（theoretical saturation）是保证定性数据分析结论可靠性的关键概念。理论饱和意味着数据分析中同样的事件在不断重复地出现，新数据的增加已经不能再产生新的见解[247]，已经发现了“同一模式”。理论饱和标志着定性数据分析的结束，保障了研究过程的严谨性和研究结论的完备性[160]。因此，本研究对定性数据分析达到理论饱和的过程进行了特别说明。

分析过程中，研究者严格遵循 Charmaz[247] 提出的初始编码、聚焦编码、理论编码三个编码步骤，同时，考虑到本文数据对资源解释的有限性，为了防止内容分析过程中出现偏差，本研究在对社会型资源价值来源的分析中同样增加了对 8 位高校领导者（领导者 A、领导者 B、领导者 C、领导者 D、领导者 E、领导者 F、领导者 G、领导者 H）的访谈（访谈记录如表 3－8 所示，访谈提纲详见附录 B）。访谈问题如表 4－9 所示。用不同来源的数据进行“三角验证（triangulation）”[225,237,247]，提高数据分析过程的可靠性，从而说明本研究通过内容分析发现的高校领导者为组织获取资源的价值来源已经达到了定性数据分析的理论饱和[225, 247]。此外，需要说明的是，虽然数据编码主要由研究者本人完成，但为了预防个人偏见，另外两位学者在编码过程中提供了指导和帮助，从而验证和改善了数据编码的结果，提高了数据分析的客观性和有效性。

表 4－9　关于社会型资源价值来源的访谈问题

访谈问题
1. 这里是通过内容分析做出来的领导者为组织获取的资源类型（问卷如附录 C 所示），您觉得这些对您所在高校来说是否是重要的资源
2. 您为什么认为以上这些资源重要？您如何看待这些资源对学校发展的重要性
3. 您认为这些资源的价值体现在哪些方面
4. 以“985 工程”为例，您认为“985 工程”对高校有什么价值
5. 您如何看待领导者将“985 工程”作为学校的重要资源
6. 除了“985 工程”以外，您认为这些资源有什么共同的价值

8 位领导者在访谈中讲述了很多有关组织资源的故事，本研究发现通过内容分析发现的社会型资源的三种价值来源方式，即意义给赋、物质奖励、身份提升，在高校领导者访谈中得到了支持和验证。高校领导者在访谈中也表现出对三种价值来源方式的重视。

首先，在对高校领导者的访谈中发现，领导者注重强调社会型资源的意义。例如，“985 工程”为高校提供经费支持，但对高校来说参与“985 工程”的重要性远不止这些，“985 工程”是国家对高校进行的高水平建设，是国家对高校发展的战略性布局，从高校贡献于国家战略这个意义层面上讲，“985 工程”对高校是非常重要的。再如，“985 工程”既可以为学校提供经费的支持，又不仅仅是钱的问题，因为它还是很重要的高校建设项目，有国家重点建设的意义，在社会上可以说是非常有影响力的。

其次，在对高校领导者的访谈中发现，物质奖励也是社会型资源受到领导者关注的一个重要原因。有些领导者认为，国家和共建部门给这些“985”高校提供了充足的经费支持。相比于从市场中通过社会捐赠、企业合作等方式获得经费支持，高校领导者也很重视参与国家项目获得的经费支持。对学校来说，参与政府项目获得的经费支持与参与企业项目获得的经费支持对学校发展都非常重要。

最后，身份提升作为社会型资源的价值来源也在访谈中得到了印证。高校领导者在访谈中强调了获得这种认可的身份对高校后续发展的重要性，虽然也可能有很多其他因素干扰，但一般来说学校是否属于“双一流”、“985 工程”、“211 工程”等重点建设高校对学校发展甚至对校内学生来说都是非常不一样的，这是学校一种很重要的身份象征。

综上所述，对领导者的访谈支持了本研究通过内容分析方法得出的社会型资源的三种价值来源方式。基于以上分析，本研究发现不同于经济型资源的价值体现于资源成本和价格间的差异[23]，社会型资源的价值来源于资源分配者与资源获取者互动中的意义给赋、物质奖励、身份提升三个方面。本研究提出如下命题 3，描述中国高校领导者为组织获取的社会型资源的价值来源。

命题 3：领导者获取的社会型资源的价值来源于意义给赋、物质奖励、身份提升三个方面。

4.4 与已有研究对比

虽然 Whetten[36] 很早就指出理论产生的情境至少与理论本身一样重要，但是已有资源基础理论对组织资源的研究却很大程度上忽视了讨论资源的情境[37]。起源于西方市场经济环境的资源基础理论以经济性视角作为理解资源内涵的潜在假定，并没有很好地解释中国情境下高校领导者为组织获取的资源内涵，例如“985 工程”“211 工程”、长江学者、千人计划、国家重点实验室等政府颁布的工程、项目被领导者看作是重要资源。

如表 4 - 10 所示，通过对领导者为组织获取的资源内涵、类型以及价值来源进行深入分析，本研究提出了社会型资源的概念，揭示了四种社会型资源的类型以及三种价值来源方式，从社会性视角丰富了资源基础理论对组织资源的研究。

首先，本研究提出了社会型资源的概念，丰富了资源基础理论对资源内涵的研究。本研究接纳并采用了 Halbesleben 等[39] 提出的从“目标导向视角”(goal-directed perspective)定义资源，将组织资源界定为有利于组织目标达成的要素集合[39]，包括组织的资产、能力、组织过程、组织属性、信息和知识集合等[3]。然而，不同于已有研究从经济性视角强调资源对组织经济绩效[19,40-42]、效率与效力[3,26]等经济性目标的作用，本研究发现高校领导者为组织获取的多种工程、项目等资源有利于组织社会性目标的达成，如合法性[70,98-100]、社会评价[56,57]等。因此，本研究在 Halbesleben 等[39] 研究的基础上，通过对高校领导者为组织获取的资源进行分析，提出了社会型资源的概念，将社会型资源定义为有利于组织社会性目标达成的资源。社会型资源的提出为资源基础理论从社会性视角研究组织资源提供了重要启示。

表 4-10　本研究与已有研究的对比

		资源基础理论 经济性视角理解资源	本研究 社会性视角理解资源
资源定义	对比	经济型资源:有利于组织经济性目标(如绩效[19,40-42]、效率与效力[3,26]等)达成的资源	社会型资源:有利于组织社会性目标(如合法性[70,98-100]、社会评价[56,57]等)达成的资源
	例证	组织必须通过获取资源和管理资源达到出众的绩效[22] 企业能够通过获取资源进而实施战略得到超常的经济绩效[23] 资源促使企业能够构思和实施战略从而提高效率和效力[3] 企业拥有的资源禀赋不同会导致企业绩效的差异[40]	为了实现现代化,中国要有若干所具有世界先进水平一流大学 "985 工程"重点共建是深化教育体制改革的必然要求 "985 工程"是落实科教兴国和人才强国战略的重要举措 "985 工程"是党和国家高瞻远瞩的战略决策
资源类型	对比	人力资源、物质资源、组织资源[3];有形资源、无形资源[86]	经济型资源、社会型资源(位置、建设、评价、限制)
	例证	厂房设施、生产设备 原材料、产品 专利、知识产权	"985 工程""211 工程"、千人计划、万人计划 SCI 论文、SSCI 论文
资源价值来源	对比	资源价值来源于资源买入成本与未来价格之间的差异,差异越大则资源的价值越大[23]	资源价值来源于资源分配者与资源获取者互动中的意义给赋、物质奖励、身份提升
	例证	当企业实施战略所需资源的购买成本明显少于这些资源未来价值时,能够获得超常收益[23] 企业将资源的价值看得越重,企业越会为其付出更高的价格[40] 企业需要在市场中购买资源,资源价格与买卖双方的议价能力有关[2]	"985 工程"为高校提供经费支持……是国家对高校发展的战略性布局…… "985 工程"是很重要的高校建设项目,具有国家重点建设的意义

其次，本研究提出了社会型资源与经济型资源的区分，揭示了社会型资源的四种具体类型，丰富了资源基础理论对资源分类的研究。已有研究对资源类型的划分探讨很多，常见分类如从资源存在形态区分的有形资源与无形资源[86]；从资源依托载体区分的人力资源、物质资源、组织资源等[3]，然而已有研究对资源类型的划分大多忽视了讨论资源的情境。起源于西方市场经济情境中的经济性视角并不能很好地解释中国情境中组织获取的资源。因此，通过对中国情境中高校领导者为组织获取的资源进行深入分析，本研究发现了位置性资源、建设性资源、评价性资源、限制性资源四种无法完全用经济性视角进行解释的资源类型，进而从资源实现目标差异提出了社会型资源与经济型资源的区分：经济型资源有利于组织经济性目标（如绩效、效率、效力等）的达成；而社会型资源有利于组织社会性目标（如合法性、社会评价等）的达成。四种社会型资源的提出、社会型资源与经济型资源的区分都拓展了资源基础理论对资源分类的研究。

最后，本研究揭示了社会型资源的三种价值来源方式，丰富了资源基础理论对资源价值来源的研究。Schmidt 和 Keil[40]，Zhang、Zhang 和 Xi 等[47]指出资源的价值来源是资源基础理论研究中的重要问题，构成了理解资源内涵的另一个重要方面。回顾资源基础理论对资源价值来源的研究发现，已有研究对资源价值来源的讨论曾长期受到 Barney[23]、Dierickx 和 Cool[60]、Grant[89]等学者提出的战略要素市场的影响。Barney[23]将战略要素市场定义为组织为了实施战略而买卖资源的场所，并指出资源的价值来源于战略要素市场中组织买入资源的成本与资源未来收益间的差异，成本与收益之间的差异越大则组织资源的价值越大。然而，社会型资源的发现促使本研究注意到其价值来源可能不同于经济性视角下的资源价值来源。因此，本研究进一步探究了社会型资源的价值来源。研究发现，不同于经济型资源的价值来源于成本和价格间的差异[23]，社会型资源的价值来源于资源分配者与资源获取者互动过程中的意义给赋、物质奖励和身份提升三个方面。本研究对社会型资源价值来源的揭示丰富了资源基础理论对资源价值来源的研究。

4.5 本章小结

本章运用内容分析方法对领导者个体为组织获取的资源类型进行了研究。内容分析法具有公开收集数据的可行性以及对话题客观分析的适用性[226]，能够有效回答“领导者个体为组织获取的资源是什么（what）”的研究问题。首先，通过对98 篇样本高校“学校简介”“校长致辞”“基本统计数据”等官方文件（246566 字）进行内容分析，提出了社会型资源的概念，以及领导者个体为组织获取的四种社会型资源类型：位置性资源、建设性资源、评价性资源、限制性资源；其次，通过对 83 篇来源于教育部、财政部等政府网站的“985 工程”相关文件（249489 字）进行内容分析，进一步揭示了社会型资源的三种价值来源方式：意义给赋、物质奖励、身份提升。同时，为了防止内容分析过程出现偏差，本研究增加了对 8 位高校领导者的访谈以及问卷调查，验证了研究结论的理论饱和。总的来说，本章从社会互动视角丰富了资源基础理论对组织资源内涵的研究。

第 5 章　领导者个体获取社会型资源的策略

本章的核心问题是研究领导者个体获取社会型资源的策略。已有研究对组织获取资源的探讨多聚焦于组织层面，研究组织作为整体行动者的资源获取方式[1]，对组织内部个体行动者如何为组织获取资源则鲜有关注[20,32,33,61]。然而，现实中个体行动者，特别是领导者在组织获取资源过程中发挥了重要作用[20,32,33]。因此，本章对领导者获取社会型资源的具体策略进行深入研究：首先，提出研究问题和理论基础；其次，运用案例研究方法，通过收集文本资料、视频资料、访谈、参与式观察等多种数据进行分析，提出了领导者个体获取社会型资源策略是其个人认知、个体行为与制度环境互动的结果；再次，基于领导者认知、行为与制度环境的互动，分析了领导者创造性地为组织获取资源的具体策略过程；最后，与已有研究进行对比，澄清此部分研究的理论贡献。

5.1　问题提出和研究基础

关于组织如何获得资源，已有研究从组织外部获取资源、组织内部积累资源两方面进行了大量探讨，对组织获得资源的认识也不断深入。现实中，无论是从组织外部获取资源，还是从组织内部获取资源，组织成员都要花费大量精力保证资源获取的可持续性和稳定性，即便是组织作为整体行动者的资源获取行为，也离不开组织内个体行动者的作用累积。

近年来，Abell、Felin 和 Foss[32]，Barney、Ketchen 和 Wright[20]，Foss[33]，Raffiee 和 Coff[62]，Barney 等[63]，Meyer-Doyle 等[64]学者指出探寻资源基础理论的微观基础(micro foundation)，即研究领导者个人在组织资源获取中发挥的作用对于理解组织资源获取非常重要，是打开组织资源获取“黑箱”的关键[27, 61]。例如，Abell、Felin 和 Foss[32]提出组织层面的研究无法有效解释资源和能力对组织绩效的影响，组织的规范和能力需要通过影响微观层面的个人行为来发挥其对绩效的影响。Barney、Ketchen 和 Wright[20]提出微观基础研究是资源基础理论未来发展的重要方向。Foss[33]认为微观基础研究可以增强资源基础理论对组织行为的解释能力。Barney[83]认为领导者为组织获取资源的行为与组织外部多方利益相关者紧密相关，环境会影响资源获取过程中领导者的行为和认知。

虽然已有研究并没有从微观层面对领导者为组织获取资源的策略进行详细分

析，但资源基础理论对微观研究维度[15，27]和微观研究框架[15，18]的探索为本研究提供了重要的理论依据[32，33]。首先，如表 5－1 所示，学者们已经注意到领导者认知、领导者行为以及资源获取情境三个微观研究维度对组织获取资源的影响。

表 5－1　组织获取资源的微观研究维度

领导者认知	领导者行为	资源获取情境
领导者在信息有限的情况下进行决策，领导者以往惯用的决策模式会影响其对资源认知[128]	企业家异质性在资源基础理论研究中被忽视，企业家行为会引起他们创造机遇、重复错误的差异[35]	企业家不只要适应商业环境，还要通过创新与其他组织互动，通过制度环境重塑商业活动[112]
企业家认知在组织获取资源的过程中发挥着识别机遇、收集信息、组合知识的作用[27]	领导者通过参与政治行动为组织创造有利的政治环境，从而得以获取必要的资源，有利于组织经济效益的提升[120]	环境不确定性会影响企业资源的潜在价值，企业家通过资源管理进行价值创造，很大程度上随着企业外部环境变化而变化[15]
经理人的三种认识能力（感知能力、捕捉能力、重新配置能力）对组织把握机遇和资源配置具有重要影响[113]	企业家行为在组织获取资源过程中发挥着搜寻机遇、结合资源、组织资源的作用[27]	战略要素市场是组织获取资源的场所，资源价值体现在战略要素市场中组织买入资源的成本与资源未来收益间的差异[23]
领导者的认知能力在组织获取异质性资源中扮演着重要角色[59]	从长期看，管理者行为会影响资源构建、捆绑和利用；从短期看，管理者行为与资源捆绑和利用密切相关[43]	引入制度环境影响，将组织利用资源的环境区分为市场环境中利用资源和制度环境中利用资源[34]
管理者认知会促进企业拥有产生租金的能力[46]	组织资源捆绑和利用中，管理者行为会影响竞争优势的产生[14]	组织能从战略要素市场中获取可交易的资源，而组织需要在内部开发不可交易的资源[1]
组织对资源价值判断是主观的，资源价值判断和领导者认知紧密相连[11]	管理者行为会影响组织有效的构建资源、捆绑资源和利用资源[18]	组织在战略要素市场中对资源价值预估准确是组织能够获取资源达到竞争优势的关键[92]
企业家个人认知能力和创造能力对发掘机遇具有重要作用[112]	企业管理者的管理行为在组织管理资源从而实现创造力的过程中发挥重要作用[17]	非营利性环境和营利性环境会对资源开发产生不同影响[256]
管理者对战略决策问题的认知表征造成了组织的行为差异[130]		
企业家认知能力会影响组织识别机遇、开发机遇[35]		

其次，如图 5－1 所示，Sirmon、Hitt 和 Ireland[15]，Sirmon 等[18]提出的资源管理和资源编排框架为本研究从微观层面探索高校领导者为组织获取资源提供了理论依据。资源管理和资源编排聚焦组织管理和利用资源的过程，成为近年来资源

基础理论研究中新兴的重要研究领域[15,16,18]。不同于已有研究从组织层面探讨资源与竞争优势之间的关系，资源管理和资源编排从微观层面为领导者管理资源与竞争优势之间的关系搭建了研究框架。Sirmon、Hitt 和 Ireland[15]将资源管理划分为资源获取、资源积累、资源剥离、资源稳定、资源丰富、资源开拓、资源调动、资源调整、资源配置等九个步骤，并强调了领导者个体在组织资源管理步骤中发挥的重要作用[18]。本研究即在资源管理和资源编排研究的基础上对领导者为组织获取资源的具体策略进行深入研究。

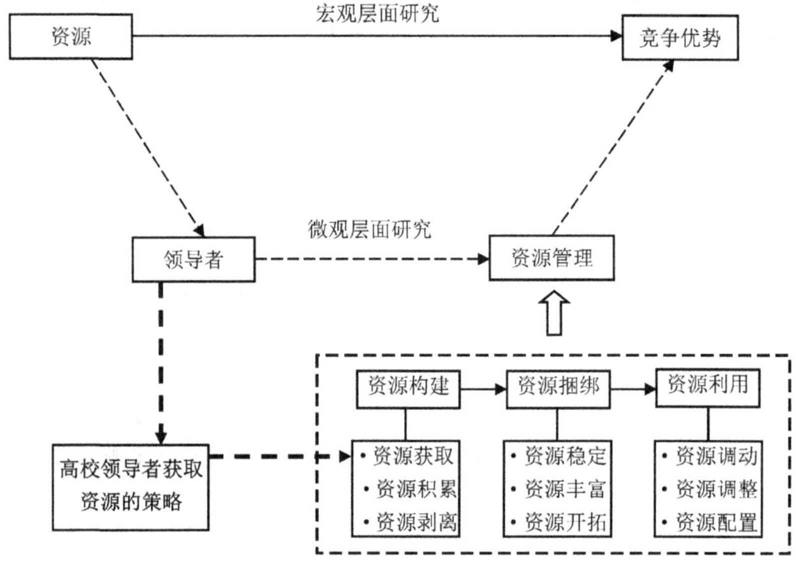

图 5-1　领导者个体获取社会型资源的策略的研究问题的提出

5.2　资源获取策略的形成

案例研究发现，领导者为组织获取资源的过程同时受到制度环境、领导者个人认知和领导者个人行为的影响，资源获取策略是制度环境、领导者个人认知、领导者个人行为互动的结果。其中，制度环境为领导者获取资源提供了基本的情境约束；领导者认知受到特定制度环境的影响，为领导者表现出符合情境的行为提供了约束，同时也为领导者表现出突破情境的行为提供了可能；领导者行为同时受到制度环境和领导者认知的影响，最终会在制度环境的约束下表现出对领导者认知的跟随或偏离。基于制度环境、领导者个人认知、领导者个人行为的互动，本研究提出领导者为组织获取资源的策略形成机制（见图 5-2），并以创新型策略为例进行具体说明。

案例研究发现，创新型策略是高校领导者在与制度环境的互动中，创造性地为组织获取资源的过程。本研究用创新型策略概括领导者在为组织获取资源的过程中个人认知和行为对其所在制度环境进行的创新和创造[259]。本研究发现领导者在为组织获取资源的过程中的创新表现为领导者在既有制度环境下率先把握机遇进行探索和开拓，进而创造性地为组织获取资源的过程，以下对创新型策略的形成进行分析。

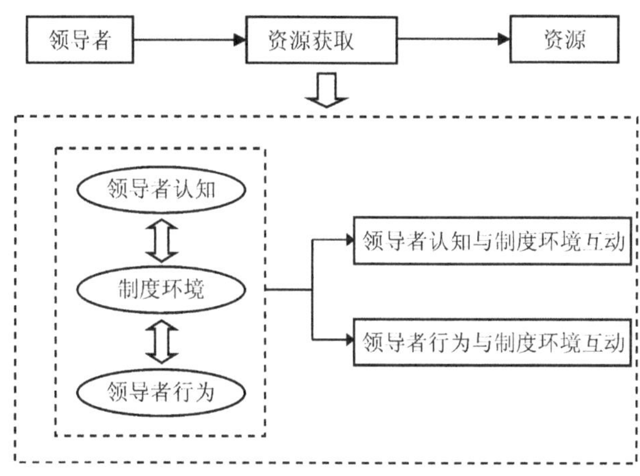

图 5－2　领导者资源获取策略的形成机制

首先，领导者运用创新型策略获取资源表现在对新机遇的及时把握，机遇的存在为高校领导者获取资源提供了新的可能性，因此，领导者是否能够率先发掘机遇，并利用机遇为组织获取资源成为领导者创新型策略的一个重要方面。研究发现，虽然高校领导者把握机遇获取资源的具体内容不同，但领导者认知对机遇的识别以及在面对机遇时的果断行动构成了其及时把握机遇为组织创造性地获取资源的关键。

近年来，国际化为国内众多高校的发展带来了重要机遇，中外合作办学高校和中外合作办学项目的兴起也为高校国际化发展探索了可能的路径。然而面对国际化的机遇，不同高校领导者却有不同的回应。

其中一位领导者分享了其所在高校把握国际化机遇获取资源的事例：国际化为中国高校发展提供了机遇，很多高校从留学生人数、外籍教师人数来看高校国际化是浅层次的国际化，这忽视了国际化影响下国内高校与世界其他高校同台竞争的机会。国际化并不是一味地学习西方，实际上西方的教育模式已经出现了很多问题，甚至有学者预言未来十五年内美国的大学有一半将会破产。在这种情况下，如果国内的高校还是照搬西方的教育模式是会存在很多问题的。当前的时代复杂快变，国际化、知识经济、信息与通信革命等都为高校的发展提供各种各样的机遇，然而领导者未必能够抓住这些机遇。这种模式从建校以来一直注重把握国际化的机遇，很多人来到这所学校之后从很多细节都会感受到学校的国际化氛围。然而，这种模式的国际化并不是完全接受西方文化而抛弃东方文化，而是注重将东西方文化进行融合，在借鉴东西方文化不同优点的基础上，在国际化环境下思考未来大学的发展。这种模式的国际化是全方位的国际化，从东西方文化的融合，到全英文的教学办公环境等等，都为学生和教职工提供了国际化的平台，让学校的学生和老师能够在国际化环境中与全世界任何高校交流、竞争。

在借鉴东西方文化的基础上，该高校领导者提出了基于国际化环境融合东西方文化优势的大学模式，其中，东方模式与最优实践、西方模式与最优实践都同样受到了重视，融合两种文化形成的大学模式体现了此高校把握国际化机遇、创造性地获取资源的过程。

其次，领导者创新型策略获取资源还表现在领导者对资源价值的再创造。资源价值再创造是在获取资源的过程中，领导者颠覆对组织资源的理解，发挥创造性，将原本不是资源的事物变为资源，“变废为宝”，从而为组织获取资源带来了新的可能性。资源价值再创造的关键在于：面对制度环境的约束，领导者拒绝盲目跟从、聚焦于自身对资源的认知，重新定义组织所需要的资源以及资源获取方式，从而能够创造性地为组织获取资源。

访谈中，有领导者讲述了学校将“愿景、使命、育人模式”等这些每个高校都有的办学理念变为学校重要资源的事例。按说愿景、使命、育人模式这些不是资源，每个学校都有这些东西，可能就不是资源。但对于这所学校及其领导者来说，建立清晰的愿景和使命，以及设计对应的育人模式，成为了他们区别于其他高校的重要资源，使学校的发展得到了家长、政府、企业和社会各界的认可。此领导者认为学校的愿景实际上反映出学校的定位，这种定位如果对了，学校才可能拥有未来，如果定位都不对，那即使再努力，学校未来也难以生存。因为愿景、使命、育人模式定位实际是学校向社会展示的形象，这样外部利益相关者就会被这些定位吸引到学校来。

研究者通过参与式观察发现，首先，这位领导者注重将学校的办学理念(愿景、使命、育人模式等)传达给组织内部员工以及组织外部利益相关者，也通过这种理念分享收获了很多利益相关者的认同。其次，学校的办学理念并非纸上谈兵，学校为办学理念的落实做了大量的工作。例如，为了能够使学校的愿景和使命落实到学校人才培养中，这位领导者创造性地提出了学校独特的育人模式。该育人模式既指明了学校对学生知识体系、能力体系、素养体系三方面的培养，又包含了实现人才培养的综合教育策略和支持系统。学校各部门对此育人模式都进行了学习和研究，促使育人模式在其工作中得到落实和拓展。

除了办学理念，这位高校领导者还讲述了通过创建校外导师项目从而创造性获取资源的事例。校外导师项目的建立来源于这位领导者对高校利益相关者的“颠覆”。不同于大多数高校领导者将与高校有直接关系的政府、企业、校友等作为利益相关者，这位领导者关注了更加广泛的社会热心教育人士，将他们作为学校的重要利益相关者。面对社会发展趋势和国内高教改革问题，他提出要通过对未来大学的探索吸引志同道合的社会热心教育人士同行。因此，该校建立了校外导师项目，聚集了众多关心高校发展和学生成长的社会热心教育人士参与到高校的人才培养中，包括学生的家长、企业家、社会各界的成功人士等。这位领导者在访谈中讲述了学校如何创造性地建立校外导师项目、将校外导师变为学校重要资源的过程：学校建立了校外导师项目，将学生家长、校友、企业家、社会成功人士等进行聚集，让他们成为学生职业生涯发展中重要的校外导师。校外导师丰富的人生阅历和社会资源为学生的成长和职业生涯规划提供了帮助。学校对校外导师的选择和聘任进行了规范，同时将校外导师作为一种荣誉，为所聘用的导师颁发证书。校外导师项目的建立对于学生的成长提供了重要的指导和帮助，促进了学校的发展，同时校外导师本人也从帮助学生的过程中收获了很多。很多校外导师在指导学生的过程中都非常热心，即使担任校外导师并不能获得任何经济报酬，但是大多数校外导师仍然有着很高的参与热情。

以下列出该高校校外导师章程节选，这部分内容概括了对校外导师项目的具体介绍。

校外导师项目章程（节选）

第一章　总则

第一条　校外导师项目由领导者 A 倡导发起，是旨在提升在校学生综合素质和职业竞争能力的教学辅助模式，是学校独特育人模式的战略组成部分。

第二条　校外导师团（以下简称“导师团”）由一群具备“爱心、智慧、能力与责任”的社会成功人士组成，他们是自身素养、知识、能力、智慧、拼搏与外部机遇碰撞融合的结晶，其中每个人都是一部精彩的奋斗史；校外导师项目志在为在校学生打开一扇通往社会的智慧和机会之窗，促进学生激发人生斗志、汲取成功经验、学会应对挑战，逐步实现“从漫无目标到兴趣导向到人生规划”的成功转变，以及逐步实现“从孩子到年轻成人到世界公民”的成功转变。

第三条　导师团以“结对辅导＋集中辅导＋导师讲堂＋走进导师单位”等模式，致力于帮助学生：①获取“选己所爱、用己所长、服务社会”的职业规划，明确目标与方向；②促进理论学习与实战需求的有效融合，培养学以致用的治学态度和实战能力；③学会面对逆境和挑战，在实践磨练中完善自己的职业人格特质。

第二章　导师发展

第四条　导师团采取自愿加盟、校方聘任的形式，通过“校方邀请、导师推荐或个人自荐”三种途径，积极吸纳社会各界精英加盟。

第五条　校外导师发展以“保证质量、稳步推进”为原则，以服务全体学生的职业发展、能力突破和人格完善为核心目标，学校致力于选拔综合素质高、热心公益事业、乐于帮助学生，并在其从事的行业领域拥有丰富的管理实践经验者。

第六条　导师在任期内享有以下权利：①参加导师团组织的各种活动，享受导师团提供的各种资源，及时获得相关活动通知及资讯；②获赠校方提供的《校外导师卡》，免费享受图书馆的阅读资源；③参加校方为导师安排的年度《校外导师家庭日》活动；④对校外导师项目发展、校外导师团建设、育人模式提出意见和建议；⑤对导师团理事会成员行使选举和表决权，享有被选举权。

第七条　导师在任期内承担以下义务：①遵守本章程，维护学校、学生和校外导师项目的合法权益和声誉；②尽己所能辅导所对接的学生，促进学生的心智与能力层面的健康成长；③积极探索校外辅导方式方法，乐于向其他导师分享心得体会；④关心校外导师项目建设，积极参加校方和导师团组织的相关活动。

第八条　校外导师对所辅导的学生具有"言传身教"的影响力，在辅导过程中应遵守以下行为准则：①遵纪守法，在辅导过程中不和学生讨论政府严禁的政治话题；②维护导师公益信仰，不接受学生以任何形式提供的物质馈赠；③关爱学生心灵健康，不邀请或接受在校学生参与导师的商业应酬或娱乐活动；④坚守导师道德规范，不以任何形式与学生发展私密情感关系。

第九条　校外导师的激活和退出机制的时间为每学年初，校外导师需要进行年度激活，不启动激活机制的导师，将被视为自动退出校外导师项目。

第三章　导师活动

第十条　该项目以服务全体学生的职业发展、能力突破和人格完善为核心目标，充分利用校方、社会及导师资源，积极举办导师活动，为学校大学生的职业发展提供支持，并持续提升项目质量与品牌影响力。

第十一条　校外导师活动按性质分为两种类型：旨在促进学生成长的活动；旨在促进导师之间互动交流的活动。

…………

在辅助访谈中，此高校的一位副校长总结了校外导师项目的成功经验，他认为学校的校外导师项目现在得到了很多社会人士的认可，虽然学校是一分钱也不给校外导师提供的，但是大部分参与的导师热情都非常高，他们觉得这是一种荣誉，更是一种作为过来人帮助年轻人的乐趣。这个项目带动了一批人员，给学校提供了非常宝贵的资源。如果不是这种号召和这种形式的组织，这些导师是不可能聚集的，因为他们很多都是企业的高管，是非常成功的人士，没有这样一个平台，学校花多少钱可能都没有办法请到他们，正是通过这样一个项目才使他们聚集了起来。

除了对校外导师作为资源进行开发，寻求与家长合作也成为了有些高校领导者创造资源价值为组织获取资源的典型事例。

例如，一位高校领导者将学生家长看作是学校重要的利益相关者，通过增加与家长的沟通，获得家长对学校育人理念的理解和支持成为了学校的重要资源。例如，这所高校每年的新生开学典礼对学校领导者来说都是一场特别的“对话”，学校校长与家长、学生们直接进行现场问答，“充足的对话时间、各种各样的问题”使这个对话环节成为学校每年开学典礼的重头戏。研究者参与了此高校举行的一场新生开学典礼，近8000人坐满了整个体育馆，其间家长们踊跃提问，校长们针对提问一一做出回答。尽管有人提出非常尖锐和具有挑战性的问题，尽管高校领导者的有些回答无法令家长和学生们完全满意，但对话的平台始终是畅通、自由、平等的。现场的热烈氛围更是反映出家长和学生们对这种对话机会的珍惜。后来，通过对此高校领导者访谈发现，与家长的沟通并不仅限于开学典礼现场，学校校长的邮箱对家长们来说都是公开的，作为校长虽然工作繁忙，但是家长们的邮件这位校长还是会尽力亲自回复。

在这位领导者撰写的专著中也记录了与家长沟通的事例：由于学校的教育理念与国内其他高校有所不同，因此家长能否很好地理解学校独特的育人理念，并且与学校配合起来帮助学生健康成长非常重要。为了充分地让家长理解学校的育人理念并积极参与到对学生的培养中，学校通过多个渠道和家长进行沟通，并引导和鼓励家长参与到学校的育人活动中。如每年学校会随着新生录取通知书同时寄给家长一系列文件，包括学校的育人理念、育人模式、学生在学校的学习生活情况等。学校在每年的新生开学典礼上也会邀请新生家长参加，这个盛大的活动中一项最重要的议程就是学校领导团队接受所有家长和学生长达两个小时的随机提问，这是家长第一次集体性参与和监督学校办学的活动，任何问题都会得到答复。在每年的新生开学典礼上，家长都会就学校的育人理念、学生的安全保障、自我管理、宿舍、大学学习和生活等方面的问题与学校管理层进行对话交流。当然，学校与家长之间还有很多非正式的交流渠道和机制，比如很多家长通过微博或者邮件与学校的管理层进行直接互动。

此外，这位领导者在访谈过程中还强调，有时候家长对学生的过度关爱与学校提出的“让学生成为年轻的成人”育人理念是存在矛盾的。因此，学校注重与家长沟通并不意味着学校完全听从于家长，学校与家长沟通的最终目的还在于促进学生健康成长，因此学校从制度上建立了防止家长过度干预的“防御机制”，例如家长无法直接从学校查询学生的考试成绩等。学校与家长沟通的初衷和目的始终围绕着实现学校育人目标进行。正如一位副校长在访谈中表示，其实学校与家长之间的合作一开始可以说是巧合，学校甚至不是说有意识地要怎么利用家长资源，实在是家长太过于关心学生了，于是学校发现可以将家长的这种关心转化为一种很好的资源。家长对学生的关心使得家长对于学校的了解往往是深刻的。刚开始学校很多做法家长们可能都不理解。所以与家长进行沟通是很重要的，其实，从培养学生、让学生健康成长的本质讲，学校和家长的目标是一致的，是能够沟通的。这几年学校的招生越来越好，一定程度上与家长们的宣传也是有很大关系的。当家长们真正理解学校并且认可学校之后，他会主动帮助学校宣传。这些家长们的宣传能够让其他不了解学校的学生和家长更多地了解学校，并且判断学校是否适合自己。

对于愿景、使命、育人模式、校外导师、家长等都是如何成为资源的，研究者将其总结为一个不断创造的过程，实际上是领导者一直在颠覆常规意义上对资源的认知，将以往看来似乎不是资源的东西变为资源、发挥价值，从而创造性地完成了获取资源的过程。正如多位领导者在访谈中所陈述的，获取资源是一个不断创造的过程，开始的时候学校什么资源都没有，但是作为领导者，自己为学校获取资源的逻辑就是让学校本身创造一个视野，让这个视野给社会产生价值，然后进一步地描述清楚这个价值是经过努力后可以实现的。最后利用这个价值去说服和吸引利益相关者，从而让资源形成聚集。

综上所述，通过对 8 位高校领导者（领导者 A、领导者 B、领导者 C、领导者 D、领导者 E、领导者 F、领导者 G、领导者 H）的案例分析，本研究提出了高校领导者为组织获取资源的创新型策略。为了说明定性数据分析的可靠性，本研究对定性数据分析达到理论饱和的过程进行了特别说明。

首先，本研究遵循 Eisenhardt 提出的多案例研究的“复制逻辑（replication logic）”[225]，同时考虑案例内分析和跨案例比较[225]，直到新收集的数据不再能提供新的见解为止便认为达到数据分析的理论饱和[225, 247]。创新型策略所包含的三个聚焦编码（把握新机遇、资源价值再创造、突破资源获取障碍）在 8 位案例领导者为组织获取资源的过程中都有所体现，文本资料、视频、访谈、观察等多渠道来源的数据都支持了高校领导者通过创新型策略获取资源的过程。

其次，除了案例研究选取的 8 位样本高校领导者（领导者 A、领导者 B、领导者 C、领导者 D、领导者 E、领导者 F、领导者 G、领导者 H），本研究也选取了另外 8 位高校领导者（领导者 K、领导者 V、领导者 R、领导者 J、领导者 F、领导者 I、领导者 O、领导者 U）进行辅助访谈（访谈记录如表 3－8 所示，访谈提纲详见附录 B），增加新案例检验数据分析是否已经达到理论饱和[225, 247]。研究发现，高校领导者通过创新型策略获取资源也出现在另外 8 位高校领导者为组织获取资源的过程中。一位领导者在访谈中表示，现在都讲大众创业、万众创新，其实学校获取资源也有很多新的机会，和企业、和政府很多合作都可以创新，关键在于要真正了解它们的需求和方向，提出有潜力的合作计划，这个时候不需要去取悦别人，他们对你认同就会给你提供机会。因此，另外 8 位高校领导者的辅助访谈支持了本研究对创新型策略的分析，新数据的增加已经不能再增加新的发现，本研究对高校领导者通过创新型策略为组织获取资源的分析已经达到了理论饱和。

因此，本研究提出如下命题 4 和命题 5，描述领导者个体为组织获取资源的策略形成机制以及创新型策略的具体内涵。

命题 4:领导者资源获取策略的形成是领导者个人认知、领导者个人行为与制度环境互动的结果。

命题 5:创新型策略是高校领导者在与制度环境互动中,善于把握机遇,创造性地为组织获取资源的资源获取策略。

5.3 与已有研究对比

本章运用案例研究方法对高校领导者获取社会型资源的策略进行了研究。研究发现,高校领导者为组织获取资源的策略是领导者个人认知、领导者个人行为与制度环境互动的结果。制度环境为领导者获取资源提供了基本的情境约束;领导者个人认知受到特定制度环境的影响,为领导者表现出符合情境的行为提供了约束,同时也为领导者表现出突破情境的行为提供了可能;领导者个人行为同时受到制度环境和领导者认知的影响,最终会在制度环境的约束下表现出对领导者认知的跟随或偏离。基于制度环境、领导者个人认知、领导者个人行为的互动,本研究提出了高校领导者获取社会型资源的创新型策略。具体来说,创新型策略是领导者敢于挑战规则约束、善于把握市场机遇,颠覆组织资源以及资源获取方式的资源获取策略。

本章揭示了领导者个人认知、个人行为通过与制度环境互动为组织获取资源的过程,为资源基础理论中组织获取资源研究做出了以下两方面重要贡献。

首先,如图 5－3 所示,本研究以领导者为切入点从微观层面打开了组织获取资源的“黑箱”[27, 61],拓展了资源基础理论的微观基础研究。当前对组织如何获取资源的探讨主要集中于组织层面,研究以组织作为整体行动者的资源获取方式[1],对组织内部个体行动者为组织获取资源的行动则鲜有关注。然而,现实中,无论是从组织外部获取资源,还是从组织内部获取资源,组织成员都要花费大量精力保证资源获取的可持续性和稳定性,即便是组织作为整体行动者的资源获取行为,也离不开组织内个体行动者的作用累积。近年来,Abell、Felin 和 Foss[32],Barney、Ketchen 和 Wright[20],Foss[33],Raffiee 和 Coff[62],Barney 等[63],Meyer-Doyle 等[64]等学者指出探寻资源基础理论的微观基础非常重要。Abell、Felin 和 Foss[32]将微观基础研究定义为组织内个体的行为和策略性互动。

本研究在借鉴已有研究的基础上[15, 27],推动了资源基础理论的微观基础研究的发展。一方面,本研究整合了已有研究提出的领导者认知,领导者行为,以及资源获取情境等组织获取资源的微观研究维度,发现了高校领导者获取资源的策略是个人认知、个人行为与制度环境互动的结果。另一方面,本研究在 Sirmon、Hitt 和 Ireland[15],Sirmon 等[18]对资源管理研究的基础上,从微观层面对领导者在资源获取步骤中的作用进行了深入研究,提出了高校领导者获取社会型资源的创新型策略,启示后续研究关注领导者在其他资源管理步骤(资源积累、资源剥离、资源稳定、资源丰富、资源开拓、资源调动、资源调整、资源配置)中发挥作用的机制。因此,本研究对领导者个体为组织获取资源的策略研究,回应了学者们提出的“探寻资源基础理论微观基础”的重要研究方向的呼吁[32,33],完善了组织获取资源研究中领导者个人的作用,拓展了资源基础理论的微观基础研究。

其次,通过将微观层面的领导者个体引入组织资源获取过程,本研究发现组织能够通过与制度环境互动获取资源,为资源基础理论研究提供了新的重要研究方向。关于组织如何获取资源,资源基础理论已有研究对组织从外部获取资源[23]和组织从内部积累资源[60]两方面做了大量探讨,对组织获得资源的认识也不断深入。Martin 和 Peteraf[1]、Andrevski 和 Ferrier[91]综述了已有研究,将组织获取资源的观点归纳为组织外部购买资源和组织内部构建资源两种。本研究将微观层面的领导者个体引入组织资源获取过程,发现高校领导者为组织获取资源是其个人认知、个人行为与制度环境互动的结果,并提出了领导者通过与制度环境互动为组织获取资源的创新型策略。因此,本研究在已有研究的基础上,进一步区分了组织外部获取资源的情境差异,研究发现,不同于已有研究认为组织外部获取资源仅能够通过在市场中购买完成,组织还能够通过与制度环境互动获取资源。本研究丰富了资源基础理论对组织获取资源方式的理解,启示后续研究关注组织通过与制度环境互动获取资源的过程。

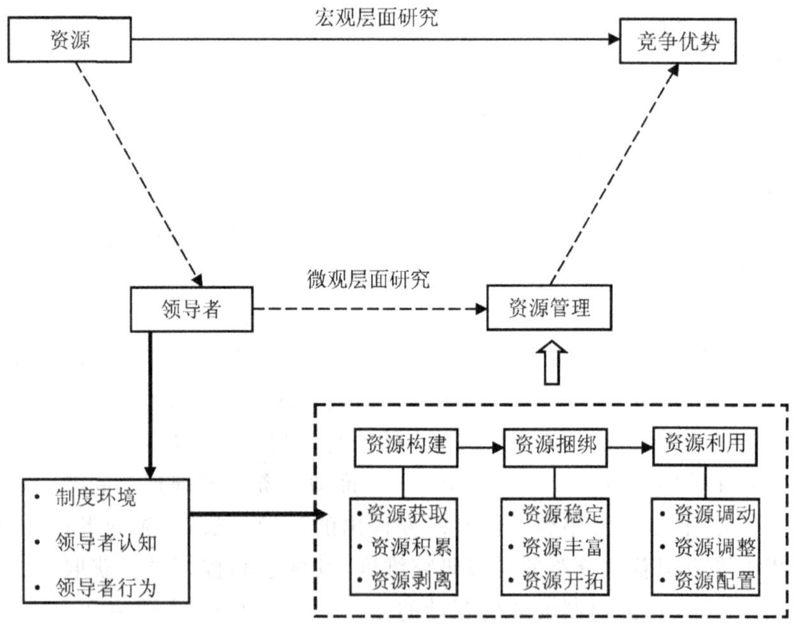

图 5-3　对资源基础理论微观基础的研究贡献

5.4　本章小结

本章运用案例研究方法对高校领导者获取社会型资源的策略进行了研究。案例研究能够深入阐释特定情境下个体行动者为组织获取资源的过程，有效回答“怎么样”(how)和“为什么”(why)的研究问题[225]，适用于本章对“领导者如何(how)为组织获取资源”的研究。本研究选取 8 位高校领导者(领导者 A、领导者 B、领导者 C、领导者 D、领导者 E、领导者 F、领导者 G、领导者 H)作为研究对象，通过收集文本资料、视频资料、访谈、参与式观察等多种数据进行案例研究，揭示了领导者资源获取策略的形成维度，提出了高校领导者获取社会型资源的创新型策略。同时，为了防止定性分析过程中出现偏差，本研究遵循案例研究的“复制逻辑”[225]，增加了对另外 8 位高校领导者(领导者 K、领导者 V、领导者 R、领导者 J、领导者 F、领导者 I、领导者 O、领导者 U)的辅助访谈，直到新增加的数据不能够再增加新的发现为止，才确认数据收集和数据分析达到了理论饱和[225,247]。本研究以领导者为切入点打开了个体行动者为组织获取资源的“黑箱”[27,61]，弥补了组织获取资源研究中领导者作用的缺失，拓展了资源基础理论的微观基础研究。

第6章 领导者获取社会型资源的影响机制

本章的核心问题是研究领导者个体获取社会型资源的影响机制。虽然不同制度环境和领导者个人差异会影响组织获取资源的观点已经受到了学者们的关注，但已有研究对“哪些制度因素会影响领导者为组织获取资源”“哪些个人因素会影响领导者为组织获取资源”“这些因素如何影响领导者为组织获取资源”等研究问题并没有进行充分解答[65,66]。因此，本章对领导者获取社会型资源的影响机制进行研究：首先，提出研究问题和理论基础；其次，运用案例研究方法，提出了影响高校领导者获取社会型资源的制度影响因素和个人影响因素；再次，借鉴制度逻辑理论，澄清了制度影响因素和个人影响因素作用于领导者资源获取策略的影响机制；最后，与已有研究进行对比，澄清本研究的理论贡献。

6.1 问题提出和研究基础

基于第5章对领导者获取资源策略的案例研究，本研究发现领导者获取社会型资源是同时涉及制度环境和领导者个人的复杂问题[65,66]。已有资源基础理论研究已经注意到制度环境和领导者个人两方面对组织获取资源的影响。同时，制度逻辑理论作为连接宏观制度环境与微观行动者的桥梁[188,189]，为本研究澄清领导者获取资源的影响机制提供了理论依据。

首先，制度理论强调制度环境为组织带来的压力和约束[131]，是多个社会科学学科（如经济学、社会学、政治科学等）研究关注的重点[132]。理解组织需要理解组织所处的制度环境[69]，制度环境为组织提供了最基本的规则约束。特别地，学者们注意到新兴经济体的制度环境与西方发达国家差异很大[74]。尤其从计划经济向市场经济转型的国家引起了学者们的广泛关注[75]。例如，Hoskisson 和 Wright[74]指出在解释新兴经济体中组织行为时，制度理论和资源基础理论的结合可以为解释制度环境中组织需要的资源差异提供启示。Peng 和 Heath[67]指出，对转型经济体的研究，需要把曾经看作背景的制度环境作为前因来解释企业的成长。Meyer 和 Peng[68]聚焦于中东欧地区，指出组织经济理论、资源基础理论、制度理论构成了解释新兴经济体中企业行为的三种重要理论基础。

其次，作为组织中重要的个体，领导者常常成为管理研究关注的焦点[149]。领导研究的出现几乎与人类文明是同步的[150]。领导者作为特定制度环境中的个人，其长期社会化过程所形成的个人价值观、个性、经历、行为模式等因素不可避免的对其为组织获取资源的过程造成影响[66]。Baker 和 Nelson(2005)[11]指出组织对资源未来收益的判断是主观的，其中领导者个人是影响组织对资源价值判断的关键。Maritan 和 Peteraf[1]指出在组织内部积累资源的过程中，领导者个人的知识、技能、认知、经验等发挥着重要作用，某种程度上甚至决定了资源整合后所产生的新资源价值。Alvarez 和 Busenitz[27]更是指出经过领导者整合而形成的新资源往往由于具备长时间消耗、因果模糊、内部关联性和聚合效率等特征而难以被竞争对手模仿。

最后，需要说明的是，制度逻辑理论通过多元制度逻辑搭建了宏观制度环境与微观行动者沟通的桥梁[188, 189]，为本研究分析制度环境和领导者个人对组织获取资源的影响机制提供了理论依据。制度逻辑理论起源于社会学研究中的新制度理论[192, 193]，用来描述现代西方社会制度中相互矛盾的实践和信念对行为主体认知和行为的塑造[188]。过去 20 年，制度逻辑研究成为制度理论中极为重要的前沿问题，也成为组织理论中成长最快的研究领域[190, 191]。特别地，改革开放以来，中国经历了从计划经济向市场经济的转型，转型时期的特殊性造就了计划经济和市场经济共存的现状[192, 217]。学者们指出这种从计划经济向市场经济转型的制度环境为研究多种制度逻辑共存、建构制度复杂理论提供了最佳试验场所，有着鲜明优势[199]。然而，目前制度逻辑研究还处于起步阶段[188]，相关研究大多以探讨不同制度逻辑对行为主体的影响为主，缺乏对行为主体回应制度逻辑的深入探讨[199]，例如，领导者在面对多元制度逻辑时会如何选择？陈扬[189]，李晓丹和刘洋[199]等学者指出，行为主体如何在不同制度逻辑之间进行选择是制度逻辑理论研究的重要发展方向。

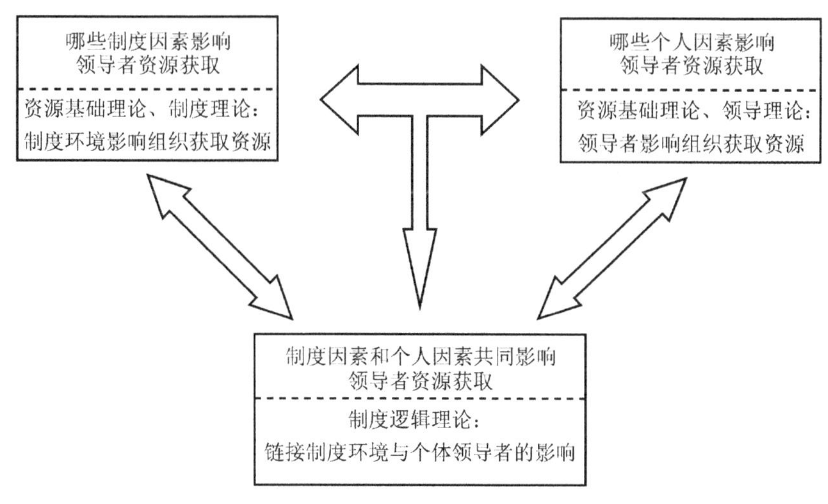

图 6-1　本章的研究问题提出

综上，如图6-1所示，虽然不同制度环境和不同领导者个人差异会影响组织获取资源的观点已经受到了学者们的关注，但已有研究对“哪些制度因素会影响领导者为组织获取资源”“哪些个人因素会影响领导者为组织获取资源”“这些因素如何影响领导者为组织获取资源”等研究问题并没有进行充分解答[65, 66]。本研究正是在此背景下对高校领导者获取社会型资源的影响机制进行研究。

6.2 制度影响因素

本节运用案例研究方法对高校领导者获取社会型资源的制度影响因素进行了分析。案例研究发现，影响高校领导者获取资源的制度影响因素包括高校组织类型、资源分配规则、区域发展水平三个方面。以下分别对三种制度影响因素进行介绍。

6.2.1 高校组织类型

研究发现高校组织类型是影响领导者个体获取社会型资源的制度影响因素之一。在问及高校领导者为什么要如此获取资源时，组织类型是领导者经常提及的影响因素，几乎所有接受访谈的高校领导者都强调了高校组织类型对其获取资源的影响。高校组织类型有多种划分标准，例如，根据高校投资主体的差异将其划分为公办高校和民办高校等[246]；根据高校隶属单位的差异将其划分为国立高校、地方高校等[246]；根据高校行政级别的差异将其划分为副部级高校、正厅级高校、副厅级高校等[246]；根据高校学位授予权的差异划分为博士学位授权高校、硕士学位授权高校、学士学位授权高校等[246]。其中，公办高校和民办高校的划分反映出高校面临的两种基本的资源配置模式差异[244]，对高校领导者为组织获取资源产生了直接影响[244]，也成为案例研究中发现的最常被高校领导者提到的两种高校组织类型。多位高校领导者认为，公办和民办的差异构成了影响领导者获取资源的最根本的不同，民办高校是典型的处于国家资源分配体系边缘的高校类型，属于剩余资源分配体系，也就是说有资源先考虑给公办高校，之后如果还有剩余的话才可能会给民办高校，也可能不给。有领导者指出像经费拨款的话，公办高校和民办高校现在可能还完全不在同一个架构上去设计。

公办高校的办学经费主要来源于教育部门拨款，一般公办大学的拨款占比超过60%，而国家重点建设大学的拨款占比超过70%[254]。从资源分配看，教育部门对公办高校领导者获取资源的影响主要表现在两个方面：一方面为公办高校的发展提供了经费和政策支持[242, 254, 261]，另一方面对公办高校的办学资格及多项办学指标进行了基本管控[257, 258]。从支持层面看，首先，公办高校能够获得以固定比例分配的定额拨款，主要包括按照学生和教师人数进行的办学补贴[254]；其次，教育主管部门以项目分配的方式对高校提供专项建设投入，公办高校根据自身发展需求进行项目申请，如果可以入选项目，就能够从教育部、财政部等国家教育主管部门得到相应的资金或政策支持[254]。从管控层面看，公办高校的办学资格以及多项办学指标都受到审批和控制，例如高校的招生名额、专业设置、学费定价等。此外，虽然部分公办高校领导者也注意到通过市场运作获取资源的可能性，但实际操作则遇到了困难和限制。

不同于公办高校，民办高校领导者获取资源的过程更多依赖于市场运作，市场中学生学费、资本投入、资本运作成为其办学经费的主要来源[244]。正如几位民办高校领导者所说，民办高校更多是面向市场的，所以真正的核心还是要关注市场和学生。因为真正在市场评价中，实际上一个学生选择上不上一个大学，并不完全取决于学校的这些重点学科、特色专业、教学示范中心之类的指标。但现有体制又要求这个东西，所以在现有体制内，民办高校需要做好这个平衡。

一系列法律法规的出台为民办高校的发展提供了基本的规范。例如，2002 年 12 月，国家出台《中华人民共和国民办教育促进法》，对民办教育范畴、设立条件、申办手续、程序、校长聘任、资产管理、董事会组成等方面做出具体规定[262]。2004 年 3 月，国务院又出台《民办教育促进法实施条例》，对《中华人民共和国民办教育促进法》做出进一步的补充和说明[262]。

6.2.2　资源分配规则

研究发现资源分配规则是影响领导者获取社会型资源的另一个制度影响因素。案例研究发现，高校领导者在为组织获取资源过程中会受到资源分配规则的影响，资源分配规则存在缺陷是案例领导者普遍提到的影响其为组织获取资源的因素。资源分配规则缺陷表现在资源分配规则不稳定、资源分配规则不清晰、资源分配规则不合理等方面，这些资源分配规则缺陷的存在会直接影响高校领导者为组织获取资源的过程。

例如，资源分配规则不稳定是高校领导者为组织获取资源过程中普遍提及的规则缺陷。资源分配规则不稳定突出地表现为资源分配的动态性，也就是说相关部门以固定形式对高校进行的资源分配比例太小，大多数资源以动态的、变化的方式进行分配。为了获取资源，领导者需要对不同项目进行申请，同时每年能够获取资源的多少可能存在较大差异。案例研究中多位高校领导者提到了资源分配规则不稳定对其获取资源的影响。除资源分配规则不稳定外，资源分配规则不清晰、资源分配规则不合理等也是高校领导者为组织获取资源过程中遇到的资源分配规则缺陷。例如，多位高校领导者指出为组织资源获取过程中遇到的资源分配规则不清晰让其获取资源的过程变得异常艰难。

6.2.3　区域发展水平

研究发现区域发展水平也是影响高校领导者获取社会型资源的制度影响因素

之一。不同于高校组织类型和资源分配规则对整体制度环境的影响，区域发展水平影响高校领导者为组织获取资源的局部制度环境。也就是说，高校所在地区不同会引起领导者为组织获取资源的局部制度环境差异。1978 年，改革开放政策实施后，中国经济得到了快速的发展，然而不同地区的发展水平仍存在较大差距[263, 264]。

案例研究发现，区域发展水平会影响高校领导者为组织获取资源的过程。例如，一位高校领导者结合自己的经历，提出区域对高校的影响，这位领导者从省会城市的某高校调动到另一个小城市的某高校任职后，明显感受到了地区发展差异对高校的影响。虽然两个城市之间的距离（车程）也就 1 个多小时，但两个城市的差别很大，现在这个学校因为地方发展水平有限，能利用的市场机会就很有限，学校慢慢地也就习惯了安于现状，很少再会去想要如何进行创新了。

研究发现，区域发展水平对领导者为组织获取资源的影响主要表现在两个方面。首先，区域发展水平会影响高校领导者从市场中获取资源的机会。例如，多位高校领导者认为，地方经济发达会为高校的发展带来很多经济效应，比如形成企业的聚集、人才的聚集。因此，对于经济发达地区，高校领导者获取资源会有很多和企业合作的机会。然而对于经济水平不发达或者说较落后的地区，高校和企业合作的机会就会很有限。可见，当区域发展水平高时，市场中存在更多获取资源的机遇，高校领导者能够对不同的资源获取渠道进行权衡。然而，当区域发展水平低时，领导者从市场中获取资源相对受限。正如一位领导者指出，如果高校所在地区经济发达，尤其是对在当地比较有名的高校来说，和企业的合作很多都是学校选择看要不要做这个项目，而不是学校去求着企业进行合作。另外一位领导者则表示，自己学校所在地区不属于发达地区，学校能够利用的市场机会就不多，只能获得有限的资源。

其次，区域发展水平会影响地方政府对高校发展的政策支持程度。也就是说，区域发展水平对高校领导者为组织获取资源的影响还体现在不同地区会对同样的国家政策产生差异化的解读，同一项国家政策到不同地区后可能会引起具体政策理解和政策执行的差异。案例研究发现，当区域发展水平高时，地方政府为高校领导者获取资源营造了一种更为宽松的政策环境，从而领导者从市场中获取资源的可能性增加；相反，当区域发展水平低时，高校领导者为组织获取资源的政策环境更为严格，领导者为组织获取资源的过程可能会受到更多地方政府管控的影响。例如，多位领导者在访谈中指出了地方政策环境对高校领导者为组织获取资源的重要影响：高校领导为组织获取资源过程中有一个影响因素是非常重要的，就是地方政府提供的政策环境，有时候这个政策环境迸发出来的力量非常大。比如说，如果 7 分是重要性的满分，这个可能至少要打 6 分，甚至可能要打到 8 分。就是说国家同一项教育政策出台后，到了地方执行会产生差异，地方从紧或者从松的解释是非常不一样的。这也就说明了为什么有些事情在一个地方做不成，但是在另外一个地方是能够做成的。

6.3　个人影响因素

本节运用案例研究方法对高校领导者为组织获取资源的个人影响因素进行了分析。案例研究发现，高校领导者为组织获取资源的过程不只是被动地接受制度环境的影响，领导者个人也会对资源获取策略进行主观选择，从而构成了领导者在相同或相似的制度环境中不同的资源获取策略。基于对 8 位样本高校领导者（领导者 A、领导者 B、领导者 C、领导者 D、领导者 E、领导者 F、领导者 G、领导者 H）的案例研究，本研究发现，领导者为组织获取资源的个人影响因素包括领导者个人定位、领导者个人经历两种。

6.3.1　领导者个人定位

研究发现，领导者个人定位是影响高校领导者获取社会型资源的个人影响因素之一。高校领导者在为组织获取资源的过程中存在多方利益相关者，这些利益相关者构成了高校领导者为组织获取资源的提供方或分配者，例如政府相关部门、董事会、企业、学生、家长、校友、其他社会相关人士或组织等[265]。领导者个人定位反映出领导者在为组织获取资源的过程中最为关注的利益相关者类型，会影响领导者个人为组织获取资源的选择。案例研究发现，高校领导者在为组织获取资源过程中的个人定位可划分为政府主导型定位和市场主导型定位两种基本类型。其中，政府主导型定位是高校领导者在为组织获取资源的过程中将政府相关部门作为重要利益相关者的个人定位类型[265]；市场主导型定位是高校领导者为组织获取资源过程中将市场中学生、家长、企业等作为重要利益相关者的个人定位类型[265]。

6.3.2　领导者个人经历

研究发现领导者个人经历是影响高校领导者获取社会型资源的个人影响因素之一。领导者个人经历涉及其社会化过程的多个方面，这些经历形成路径依赖，对领导者为组织获取资源的过程产生影响[266]。案例研究发现，影响高校领导者为组织获取资源的个人经历主要包括领导者的体制内经历以及国际化经历两个方面，两种不同经历会对高校领导者在为组织获取资源的过程中个人对资源获取策略的选择产生影响。

体制内经历主要指高校领导者在政府部门或其他高校的任职、调动、罢免等经历[267]。中国的高校领导者，尤其是公办高校领导者在任期内的调动、罢免，以及在任期结束后的新任命等主要取决于政府相关部门的安排[268]。因此，高校领导者的任职经历与政府部门官员的任职经历具有相似之处，从政府部门或其他高校调任成为某高校领导者是任命的常见形式。例如，饶芬[267]研究了中国“985”高校领导者的任职经历，发现所研究的220位“985”高校领导者中有95位有在政府部门工作的经历，其中也有一些高校领导者直接从政府部门空降而来，有些高校领导者则在高校任职结束后直接转入政府部门工作，还有些高校领导者在任期内同时在政府相关部门兼任要职。

国际化经历是指高校领导者出国进行留学、交流、进修、访问等的经历。近年来，国际化成为高校关注的一个热点[269]。国际化对高校领导者为组织获取资源的影响表现在两个方面：首先，高校领导者中拥有海外留学背景的越来越多，领导者任职期间外出进行访问和交流的机会也不断增多，这在一定程度上增加了高校领导者对国外高校资源获取模式的了解。其次，中国的高等教育市场也不断受到国际化浪潮的冲击，新兴的中外合作办学高校、中外合作办学项目大量出现，留学生、海归、外籍工作人员等进入中国高校学习、工作的机会越来越多，这在一定程度上增加了高校领导者对从市场中获取资源的关注。总的来说，国际化经历为中国高校领导者提供了与国外高校进行深入互动、交流的机会，国外高校从市场中获取资源的方式也影响了中国高校领导者对组织资源获取的认知，增加了高校领导者对市场中通过捐赠、资本运作等方式获取资源的机会。

6.4 制度逻辑影响领导者获取资源的机制

以上章节分别分析了影响高校领导者获取社会型资源的制度影响因素和个人影响因素。其中，制度影响因素包括高校组织类型、资源分配规则、区域发展水平三个方面，个人影响因素包括领导者个人定位、领导者个人经历两个方面。本节借鉴制度逻辑理论，揭示这些制度影响因素和个人影响因素共同作用于高校领导者资源获取策略的影响机制。

制度逻辑理论通过多元制度逻辑搭建了宏观制度环境与微观行动者沟通的桥梁[188, 189]，为本研究澄清高校领导者获取资源的影响机制提供了理论依据。制度逻辑理论起源于社会学研究中的新制度理论[192, 193]，用来描述现代西方社会制度中相互矛盾的实践和信念对行为主体认知和行为的塑造[188]。过去20年，制度逻辑理论成为制度理论中极为重要的前沿问题[188]，也成为组织理论中成长最快的研究领域[190, 191]。Friedland和Alford[194]将制度逻辑定义为社会层面的规则、信仰、文化对行为主体的认知和行为的塑造，并将制度逻辑看作指导行为主体活动的组织法则[199]。不同于制度理论对制度单一性的理解，制度逻辑理论认为行为主体会同时受到其所处制度环境中多种制度逻辑的共同影响，不同制度逻辑是相互竞争且多元共存的。

目前中国情境下的大多数制度逻辑研究通过将层级逻辑[271]、行政逻辑[95]、合法性逻辑[207]、政府主导逻辑[188]等非市场化逻辑和市场逻辑对比分析来解释不同问题背景下行为主体的多样化表现,突出了中国转型时期的双元制度环境[148, 218]。借鉴制度逻辑研究,本研究指出层级逻辑和市场逻辑是中国高校领导者获取社会型资源过程中同时面临的两种制度逻辑类型· 在高校领导者为组织获取资源的过程中,层级逻辑表现为“政府主导的权力机制对领导者认知和行为的塑造”[271];市场逻辑表现为“市场主导的价格机制对领导者认知和行为的塑造”[271]。层级逻辑和市场逻辑在秩序来源、规范基础、权力基础、行为逻辑、追求目标等方面存在差异。

层级逻辑和市场逻辑的共存为本研究解释高校领导者获取社会型资源的影响机制提供了理论依据。然而,目前制度逻辑研究还处于起步阶段[188],相关研究大多以探讨不同制度逻辑对行为主体的影响为主,缺乏对行为主体回应制度逻辑的深入探讨[199],例如,领导者在面对多元制度逻辑时会如何选择? 陈扬[189],李晓丹和刘洋[199]等学者指出,行为主体如何在不同制度逻辑之间进行选择是制度逻辑理论重要的研究方向。本研究即在此基础上展开,借鉴制度逻辑理论,揭示高校领导者获取社会型资源的影响机制。

以下将从制度影响因素对制度逻辑的影响、个人影响因素对制度逻辑的影响、制度逻辑对资源获取策略的影响三个方面澄清高校领导者获取社会型资源的影响机制。

6.4.1　制度影响因素对制度逻辑的影响

研究发现,制度影响因素会影响高校领导者获取社会型资源过程中对层级逻辑和市场逻辑的选择。制度环境为领导者获取资源提供了基本约束,对中国高校领导者来说,转型时期,通过权力机制进行资源配置的层级逻辑和通过价格机制进行资源配置的市场逻辑共存[66]。其中,层级逻辑表现为资源配置遵循以行政分配为基础的权力机制,相关教育部门作为资源拥有者对资源进行提供和分配[271];市场逻辑表现为资源配置遵循市场中以自由竞争为基础的价格机制,资源配置根据市场中价格规律进行[271]。虽然转型时期层级逻辑和市场逻辑两种制度逻辑会同时存在,但对高校领导者来说,层级逻辑与市场逻辑并非完全平等地存在于其为组织获取资源的制度环境中,制度影响因素差异会引起高校领导者对两种制度逻辑进行不同选择[189]。例如公办高校领导者与民办高校领导者的差异、发达地区高校领导者与欠发达地区高校领导者的差异,会促使高校领导者在获取资源的过程中表现出对层级逻辑和市场逻辑的不同偏好。以下分别描述高校组织类型、资源分配规则、区域发展水平三种制度影响因素对高校领导者获取资源过程中选择层级逻辑和市场逻辑的影响。

(1)高校组织类型会影响领导者获取资源过程中对层级逻辑和市场逻辑的选择。研究发现,影响高校领导者获取资源的高校组织类型主要包括公办高校类型和民办高校类型两类。其中,公办高校的办学经费主要来源于教育拨款,一般公办大学的拨款占比超过60%,而国家重点建设大学的拨款占比超过70%[254]。对公办高校来说,相关教育部门提供的资源相对充足,其从市场中获取资源的动力不足。因此,公办高校类型会促进高校领导者在获取资源的过程中表现出对层级逻辑的选择。不同于公办高校,民办高校领导者获取资源的过程更多依赖于市场运作,市场中学生学费、资本投入、资本运作成为其办学经费的主要来源[244]。对民办高校来说,相关教育部门较少提供资源支持,市场中获取资源的机会相对更多。因此,民办高校类型会促进高校领导者在获取资源的过程中表现出对市场逻辑的选择。

(2)资源分配规则会影响高校领导者在获取资源的过程中对层级逻辑和市场逻辑的选择。研究发现,资源分配规则不稳定、资源分配规则不清晰、资源分配规则不合理等是高校领导者在获取资源的过程中普遍提到的资源分配规则缺陷。本研究将资源分配规则分为规则缺陷多和规则缺陷少两个维度。当资源分配规则缺陷多时,高校领导者在获取资源的过程中面临较多的规则不稳定、规则不清晰、规则不合理等缺陷,此时规则限制对高校领导者获取资源更加重要。因此,规则缺陷多会促进高校领导者获取资源过程中表现出对层级逻辑的选择。相反,当资源分配规则缺陷少时,高校领导者在获取资源的过程中面临较少的规则不稳定、规则不清晰、规则不合理等缺陷,规则的清晰、透明增加了高校领导者从市场中获取资源的机会和可能。因此,规则缺陷少会促进高校领导者在获取资源的过程中表现出对市场逻辑的选择。

(3)区域发展水平会影响高校领导者在获取资源的过程中对层级逻辑和市场逻辑的选择。本研究将区域发展水平分为发展水平高和发展水平低两个维度,研究发现,当区域发展水平高时,地方市场经济更为发达,政策环境也更为宽松,高校领导者获取资源面临的市场机遇更多。因此,区域发展水平高会促进高校领导者在获取资源的过程中表现出对市场逻辑的选择。相反,当区域发展水平低时,地方市场经济发展相对落后,政策环境也更为闭塞,高校领导者从市场中获取资源的机会少,依赖层级机制获取资源更为明显。因此,区域发展水平低会促进高校领导者在获取资源的过程中表现出对层级逻辑的选择。

如图6-2所示,高校组织类型、资源分配规则、区域发展水平三种制度影响因素造成了高校领导者为组织获取资源的客观制度环境差异。在不同制度影响因素的影响下,高校领导者会对层级逻辑和市场逻辑做出不同选择。

本研究提出命题6,描述高校组织类型、资源分配规则、区域发展水平三种制

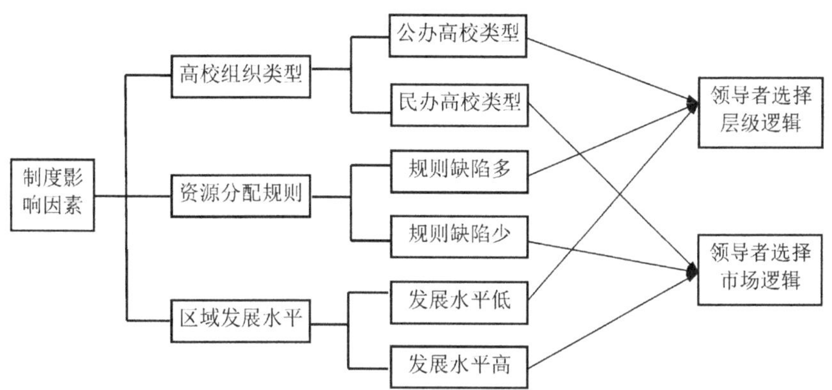

图 6－2　制度影响因素影响领导者对层级逻辑和市场逻辑的选择

度影响因素对高校领导者获取社会型资源的影响。

命题 6:高校组织类型、资源分配规则、区域发展水平会影响高校领导者获取资源过程中对层级逻辑和市场逻辑选择。

命题 6a:公办高校类型、规则缺陷多、区域发展水平低会促进高校领导者选择层级逻辑。

命题 6b:民办高校类型、规则缺陷少、区域发展水平高会促进高校领导者选择市场逻辑。

6.4.2　个人影响因素对制度逻辑的影响

研究发现,个人影响因素也会影响高校领导者在获取资源的过程中对层级逻辑和市场逻辑的选择。从领导者个人层面看,高校领导者在为组织获取资源的过程并非只是被动地接受制度环境的影响,高校领导者个人影响因素也会影响其对层级逻辑和市场逻辑的选择。也就是说,即使面对相同的制度环境影响,不同领导者由于个人差异,也会在层级逻辑和市场逻辑之间进行不同的选择。

(1)领导者个人定位会影响高校领导者在获取资源的过程中对层级逻辑和市场逻辑的选择。本研究将高校领导者个人定位分为政府主导型定位和市场主导型定位两种类型。政府主导型定位是高校领导者在获取资源的过程中将相关教育主管部门作为重要利益相关者的个人定位类型[265],政府主导型定位会促进高校领导者在为组织获取资源的过程中形成对教育部门主导资源分配的认同和跟随。因此,政府主导型定位会促进高校领导者选择层级逻辑。市场主导型定位是高校领导者在获取资源的过程中将市场中学生、家长、企业等作为重要利益相关者的个人定位类型[265],市场主导型定位会促进高校领导者在为组织获取资源的过程中关注从市场中获取资源的机遇。因此,市场主导型定位会促进高校领导者选择市场逻辑。

(2)领导者个人经历会影响高校领导者在获取资源的过程中对层级逻辑和市场逻辑的选择。本研究发现,影响高校领导者获取资源的个人经历主要包括体制内经历和国际化经历两种类型。体制内经历主要指领导者在相关政府部门或其他公办高校的任职、调动、罢免等经历[267]。国际化经历是高校领导者出国进行留学、交流、进修、访问等的经历[269]。体制内经历会促使高校领导者更加重视体制内评价对个人发展的影响,进而增加其在获取资源的过程中对相关政府部门主导资源分配的认同。因此,体制内经历会促进高校领导者选择层级逻辑。国际化经历为国内高校领导者提供了与国外高校进行深入互动、交流的机会,国外高校从市场中获取资源的方式也影响了中国高校领导者对组织资源获取的认知,增加了高校领导者对市场中通过捐赠、资本运作等方式获取资源的认同。因此,国际化经历会促进高校领导者选择市场逻辑。

如图 6-3 所示,领导者个人定位、领导者个人经历两种个人影响因素造成了高校领导者为组织获取资源的主观个人差异。在不同个人影响因素的影响下,高校领导者会对层级逻辑和市场逻辑做出不同选择。

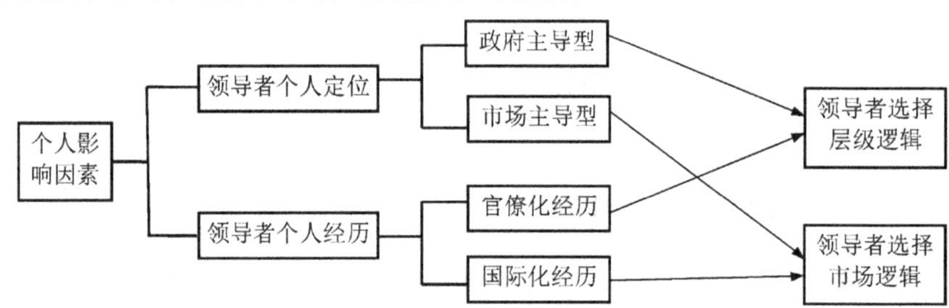

图 6-3　个人影响因素影响领导者对层级逻辑和市场逻辑的选择

本研究提出命题 7,描述领导者个人定位、领导者个人经历两种个人影响因素对高校领导者获取社会型资源的影响。

命题 7:领导者个人定位、领导者个人经历会影响高校领导者在获取资源的过程中对层级逻辑和市场逻辑的选择。

命题 7a:政府主导型定位、体制内经历会促进高校领导者选择层级逻辑。

命题 7b:市场主导型定位、国际化经历会促进高校领导者选择市场逻辑。

6.4.3　制度逻辑对资源获取策略的影响

研究发现,在制度影响因素和个人影响因素的共同影响下,高校领导者对层级逻辑和市场逻辑的选择组合,会影响高校领导者资源获取策略的形成。具体来说,制度影响因素和个人影响因素都会对高校领导者获取资源的过程产生影响,然而,制度影响因素和个人影响因素的影响可能会出现差异。也就是说，当制度影响因素促使高校领导者选择层级逻辑时，个人影响因素可能会促使高校领导者选择市场逻辑。

综上所述，高校领导者对层级逻辑和市场逻辑的选择中介了两种影响因素（制度影响因素、个人影响因素）对资源获取策略的影响。如图 6－4 所示，在不同制度影响因素的影响下，高校领导者表现出对层级逻辑和市场逻辑的不同选择；在不同个人影响因素的影响下，高校领导者也会表现出对层级逻辑和市场逻辑的不同选择；高校领导者对层级逻辑和市场逻辑的选择组合，会影响其为组织获取资源策略的形成。

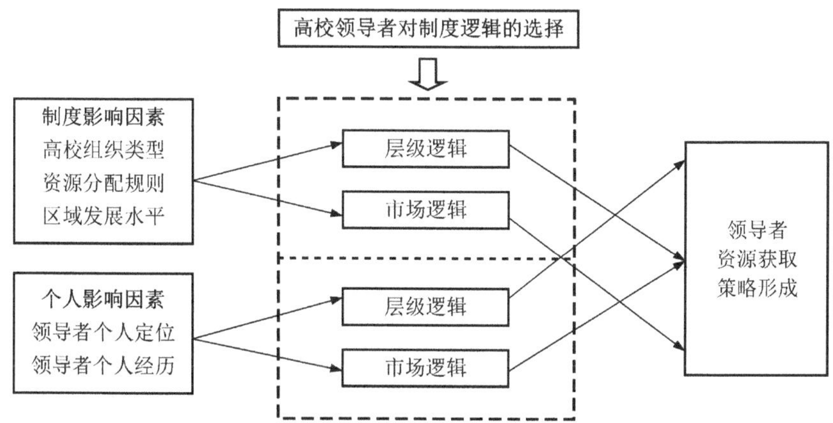

图 6－4　制度影响因素和个人影响因素的共同影响机制

本研究提出如下命题 8，描述高校领导者获取社会型资源的影响机制。

命题 8：制度影响因素和个人影响因素会影响高校领导者对层级逻辑和市场逻辑的选择，进而影响高校领导者资源获取策略的形成。

6.5　与已有研究对比

通过对高校领导者获取社会型资源的影响机制进行研究，本研究提出了影响高校领导者获取社会型资源的三种制度影响因素（高校组织类型、资源分配规则、区域发展水平）、两种个人影响因素（领导者个人定位、领导者个人经历），以及这些影响因素作用于高校领导者资源获取策略的影响机制。本研究推动了资源基础理论、制度逻辑理论等研究的发展。如表 6－7 所示，将本研究与已有研究的对比进行了总结。

表 6-1 本研究与已有研究对比

	已有研究		本研究
	相关理论	研究启示	
影响因素研究	资源基础理论、制度理论：制度环境影响组织获取资源	·不同制度环境中，构成组织竞争优势的资源不同[68] ·当制度不完善时，外国企业会更加依赖本地资源[69] ·识别组织资源需要建立在对制度环境分析的基础上[66]	高校领导者获取社会型资源受两种制度影响因素影响： ·高校组织类型 ·资源分配规则
	资源基础理论、领导理论：领导者影响组织获取资源	·组织对资源未来价值的判断与领导者认知紧密相关[11] ·领导者行为会影响组织有效的获取和利用资源[18] ·领导者从社交网络中的位置会影响组织获取资源[187]	高校领导者获取社会型资源受两种个人影响因素影响： ·领导者个人定位 ·领导者个人经历
影响机制研究	制度逻辑理论：制度环境与行为主体（组织、组织内个体）的互动	·制度逻辑将制度与组织内个体联系起来，个体必须服从制度要求从而获得自身活动的合理性以及资源[199] ·组织不仅仅是外部制度环境要求的接受者，还能够通过组织身份应对制度环境要求，对制度环境中不同制度逻辑做出回应[211]	高校领导者在获取资源的过程中会对不同制度逻辑进行主观选择： 首先，制度影响因素和个人影响因素会影响领导者对层级逻辑和市场逻辑的选择； 其次，领导者对制度逻辑和市场逻辑的选择会影响其资源获取策略形成

1）与资源基础理论对比

不同制度环境和不同领导者个人差异会影响组织获取资源的观点已经受到了研究者的关注。制度理论、领导理论与资源基础理论的结合在已有研究对组织资源的分析中受到重视。例如，Meyer 等[69]将制度理论和资源基础理论结合解释外国企业进入新兴经济体的模式，研究发现：当制度体系不完善时，市场效率无法保证，外国企业会更加依赖本地资源，进而会影响其进入新市场的模式选择。Alvarez 和 Busenitz[27]将领导理论与资源基础理论进行整合，提出异质性是领导理论和资源基础理论能够结合的基础，资源基础理论所依赖的资源异质性来源于企业家对机遇认知的异质性，企业家认知使组织能够发现某些被其他组织所忽视的资源价值。张琳、张晓军和席酉民[66]联接制度理论、资源基础理论、领导理论构建了研究领导者获取资源的分析框架，提出领导者在为组织获取资源的过程中会同时受到制度环境和领导者个人的影响。

然而，虽然不同制度环境和不同领导者个人差异会影响组织获取资源的观点已经受到了学者们的关注[1,27,67,68]，但已有研究并没有澄清“哪些制度因素会影响领导者为组织获取资源”“哪些个人因素会影响领导者为组织获取资源”。本研究通过对高校领导者获取社会型资源的影响因素进行深入研究，提出了高校领导者获取社会型资源的三种制度影响因素和两种个人影响因素（制度影响因素包括高校组织类型、资源分配规则、区域发展水平；个人影响因素包括领导者个人定位、领导者个人经历），揭示了制度影响因素和个人影响因素对高校领导者选择层级逻辑和市场逻辑的影响，丰富了资源基础理论对组织获取资源的影响因素和影响机制研究。

2）与制度逻辑理论对比

制度逻辑理论通过多元制度逻辑搭建了宏观制度环境与微观行动者沟通的桥梁[188,189]，为本研究澄清高校领导者获取社会型资源的影响机制提供了理论依据。制度逻辑理论起源于社会学研究中的制度理论[192,193]，用来描述现代西方社会制度中相互矛盾的实践和信念对行为主体认知和行为的塑造[188]。过去 20 年，制度逻辑理论成为制度理论中极为重要的前沿问题[188]，也成为组织理论中成长最快的研究领域[190,191]。不同于制度理论对制度单一性的理解，制度逻辑理论注意到了制度环境的复杂性，将制度环境划分为不同的制度逻辑类型，强调制度多元性的观点[194,200]。然而，目前制度逻辑研究还处于起步阶段[188]，相关研究大多以探讨不同制度逻辑对行为主体的影响为主，缺乏对行为主体回应制度逻辑的深入探讨[199]，例如，领导者在面对多元制度逻辑时会如何选择？陈扬[189]，李晓丹和刘洋[199]等学者指出，行为主体如何在不同制度逻辑之间进行选择是制度逻辑理论重要的研究方向。

通过研究制度逻辑影响高校领导者获取社会型资源的影响机制，本研究发现制度影响因素和个人影响因素会影响高校领导者对层级逻辑和市场逻辑的选择，进而影响高校领导者资源获取策略的形成。也就是说，高校领导者对层级逻辑和市场逻辑的选择中介了两种影响因素（制度影响因素、个人影响因素）对资源获取策略的影响。具体来说，公办高校类型、规则缺陷多、区域发展水平低会促进高校领导者选择层级逻辑；民办高校类型、规则缺陷少、区域发展水平高会促进高校领导者选择市场逻辑；政府主导型定位、体制内经历会促进高校领导者选择层级逻辑；市场主导型定位、国际化经历会促进高校领导者选择市场逻辑。

因此，本研究在已有制度逻辑理论研究的基础上，关注了组织内个体对多元制度逻辑的选择。研究发现，高校领导者受不同制度影响因素和个人影响因素的影响，表现出对层级逻辑和市场逻辑的不同选择，进而形成不同的资源获取策略。本研究揭示了领导者对制度逻辑的主观选择，丰富了制度逻辑理论中组织内个体回应制度逻辑的研究[189，199]。

6.6 本章小结

本章研究了高校领导者获取社会型资源的影响机制。首先，基于对8位高校领导者的案例研究，提出了影响高校领导者获取资源的制度影响因素和个人影响因素。其中，制度影响因素包括高校组织类型、资源分配规则、区域发展水平三种；个人影响因素包括领导者个人定位、领导者个人经历两种。同时，通过多案例的“复制逻辑”以及对其他高校领导者的辅助访谈，验证了制度影响因素和个人影响因素的理论饱和[225，247]. 其次，借鉴制度逻辑理论，澄清了制度影响因素和个人影响因素作用于高校领导者资源获取策略的影响机制。

研究发现，首先，制度影响因素和个人影响因素会影响高校领导者在获取资源的过程中对层级逻辑和市场逻辑的选择；其次，高校领导者对制度逻辑和市场逻辑的选择会影响其资源获取策略的形成。本研究提出了影响高校领导者获取社会型资源的制度影响因素和个人影响因素，揭示了领导者对制度逻辑的主观选择，丰富了制度逻辑理论中组织内个体回应制度逻辑的研究[189，199]。

第7章　总结与讨论

本研究扎根于国内高校领导者为组织获取资源的实践，对“领导者获取的资源内涵”“领导者获取资源的策略”“领导者获取资源的影响机制”进行了研究。本章首先对研究结论进行总结和讨论，其次提出研究的创新点，最后对未来研究进行展望。

7.1　主要研究结论

世界一流大学和一流学科项目的颁布引起了众多高校领导者的高度重视，然而争取“双一流”仅仅是高校领导者为组织获取资源的一个缩影。从“211工程”到“985工程”，从千人计划到万人计划，再到“双一流”，各种各样的工程、项目成为中国高校领导者重视的资源，如何获取这些资源也成为高校领导者工作中的重要内容。虽然Whetten[36]提出理论产生的情境至少与理论本身一样重要，但是已有研究对组织资源的理解却在很大程度上忽视了讨论资源的情境[37]。起源于西方市场经济环境的资源基础理论将组织资源研究置于战略要素市场中[23]，从而使经济性视角成为理解组织资源的潜在假定[19,47]，并没有充分解释“为什么国内高校领导者将这些工程、项目看作组织所需的重要资源”，更没有对“这些重要的资源是如何获取的”进行深入探究。本研究正是由此展开，聚焦于高校领导者为组织获取资源的过程，提出三个拟解决的子研究问题，即领导者个体为组织获取的资源有哪些(what)？领导者个体通过怎样的策略获取资源(how)？领导者个体为什么要如此获取资源(why)？三个子研究问题层层深入，全面解答了“领导者个体如何为组织获取资源”的研究问题。

本研究分别运用内容分析方法和案例研究方法两种定性研究方法展开研究。首先，运用内容分析方法对高校领导者获取的资源内涵进行了研究：通过对39所国内一流高校的“学校简介”“校长致辞”“办学数据统计”等官方文件以及中央人民政府官网、教育部官网、财政部官网与“985工程”相关的官方文件进行内容分析，提出了社会型资源的概念，揭示了社会型资源的类型和价值来源。其次，运用案例研究方法对领导者个体获取社会型资源的策略进行了研究：选取8位高校领导者作为研究对象，通过收集文本资料、视频资料、访谈、参与式观察等多种数据进行案例研究，提出了领导者获取社会型资源的策略。最后，对领导者个体获取社会型资源的影响机制进行了研究：通过对8位高校领导者进行案例研究，提出了影响领导者获取社会型资源的制度影响因素和个人影响因素；借鉴制度逻辑理论，澄清了制度影响因素和个人影响因素作用于领导者资源获取过程的影响机制。

本研究的结论全景如图 7－1 所示。本研究的主要结论包括以下三个方面。

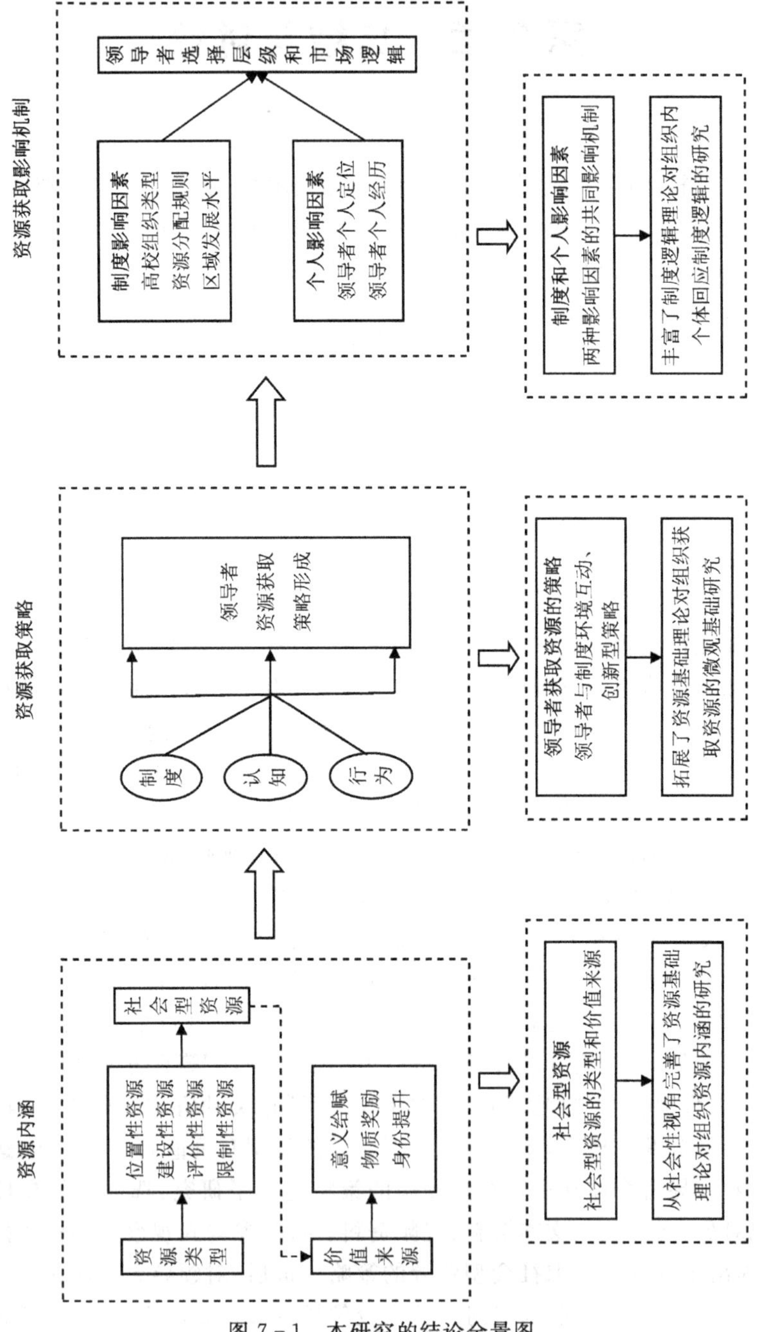

图 7－1　本研究的结论全景图

第一，本研究提出了社会型资源的概念，揭示了领导者个体为组织获取的四种社会型资源类型，以及社会型资源的三种价值来源方式。首先，基于对 39 所“985”高校的“学校简介”“校长致辞”“办学数据统计”等官方文件（共 98 篇，总计 246566 字）进行内容分析，本研究发现了高校领导者为组织获取的四种资源：位置性资源、建设性资源、评价性资源、限制性资源。同时，本研究通过对高校领导者进行访谈和问卷调查，验证了四种资源的理论饱和。依据 Halbesleben 等[39]提出的从目标导向视角理解资源，本研究将高校领导者为组织获取的四种资源概括为社会型资源；提出了社会型资源与经济型资源的区分：经济型资源有利于组织经济性目标（如经济绩效[19,40-42]、效率与效力[3,26]）的达成；社会型资源有利于组织社会性目标（如合法性[70,98-100]、社会评价[56,57]）的达成。其次，本研究以“985 工程”为例，选取中央人民政府官网、教育部官网、财政部官网的“985 工程”相关的官方文件（共 83 篇，总计 249489 字），对社会型资源的价值来源展开了进一步内容分析。研究发现不同于经济型资源的价值来源于市场中买入成本与未来价格之间的差异[23]，社会型资源的价值来源于资源拥有者与资源获取者互动过程中的意义给赋、物质奖励和身份提升。同样，本研究通过对高校领导者进行访谈验证了社会型资源价值来源的理论饱和。

第二，本研究提出了领导者个体获取社会型资源的创新型策略，揭示了领导者与制度环境互动获取资源的过程。本研究运用案例研究方法，选取 8 位高校领导者作为研究对象，通过收集文本资料、视频资料、访谈、参与式观察等多种数据进行研究，提出了高校领导者获取社会型资源的策略。同时，本研究通过多案例的“复制逻辑”以及对其他高校领导者的辅助访谈验证了资源获取策略的理论饱和。研究发现，高校领导者为组织获取资源是制度环境、领导者个人认知、领导者个人行为三方面共同作用的结果，其中，制度环境为领导者获取资源提供了基本的情境约束；领导者认知受到特定制度环境的影响，为领导者表现出符合情境的行为提供了约束，同时也为领导者表现出突破情境的行为提供了可能；领导者行为同时受到制度环境和领导者认知的影响，并最终会在制度环境约束下表现出对领导者认知的跟随或偏离。基于制度环境、领导者个人认知、领导者个人行为的互动，本研究提出了高校领导者获取社会型资源的策略。

第三，提出了高校领导者获取社会型资源的制度影响因素和个人影响因素，澄清了两种影响因素作用于资源获取策略的影响机制。首先，基于对 8 位高校领导者的案例研究，本研究发现高校领导者在获取社会型资源的过程中同时受到制度影响因素和个人影响因素的影响。具体来说，制度影响因素包括高校组织类型、资源分配规则、区域发展水平三个方面；个人影响因素包括领导者个人定位、领导者个人经历两个方面。同时，通过多案例的“复制逻辑”以及对其他高校领导者的辅助访谈，验证了制度影响因素和个人影响因素的理论饱和。其次，本研究借鉴制度逻辑理论澄清了制度影响因素和个人影响因素作用于资源获取策略的影响机制。研究发现:①制度影响因素会影响高校领导者在获取资源过程中对层级逻辑和市场逻辑的选择。具体来说,公办高校类型、规则缺陷多、区域发展水平低会促进高校领导者选择层级逻辑;民办高校类型、规则缺陷少、区域发展水平高会促进高校领导者选择市场逻辑。②个人影响因素会影响高校领导者获取资源过程中对层级逻辑和市场逻辑选择。具体来说,政府主导型定位、体制内经历会促进高校领导者选择层级逻辑;市场主导型定位、国际化经历会促进高校领导者选择市场逻辑。③高校领导者对制度逻辑和市场逻辑的选择组合会影响其资源获取策略的形成。

7.2 研究创新点

本研究的创新点主要体现在以下三个方面:

第一,提出了社会型资源的概念,揭示了社会型资源的类型和价值来源,突破了资源基础理论对组织资源的经济性理解,从社会性视角完善了资源基础理论对组织资源内涵的研究。资源作为组织研究中的重要话题长期吸引着众多学者的关注[1, 3],回顾已有研究发现,经济性视角成为资源基础理论研究资源内涵的潜在假定。然而,从经济性视角理解资源并不能很好地解释中国高校领导者为组织获取的资源,例如“985 工程”、“211 工程”、长江学者、千人计划、国家重点实验室等政府颁布的工程、项目被高校领导者看作重要资源。

首先,本研究在 Halbesleben 等[39]研究的基础上,通过对 39 所“985”高校的“学校简介”“校长致辞”“办学数据统计”等官方文件进行内容分析,发现了中国高校领导者为组织获取的位置性资源、建设性资源、评价性资源、限制性资源四种资源类型,提出了社会型资源的概念,同时提出了社会型资源与经济型资源的区分:经济型资源有利于组织经济性目标(如绩效[19,40-42]、效率[3, 26]、效力[3, 26]等)的达成;社会型资源有利于组织社会性目标(如合法性[70,98-100]、社会评价[56, 57]等)的达成。

其次,本研究选取 83 篇“985 工程”官方文件对社会型资源的价值来源展开了进一步内容分析,研究发现不同于经济型资源价值体现于买入与卖出之间的价格差异,社会型资源的价值来源于资源分配者和资源获取者在互动过程中的意义给赋、物质奖励、身份提升三个方面。与已有研究相比,虽然经济行为嵌入在社会结构中的观点很早就受到了学者们的重视,但资源基础理论研究者将组织资源研究置于战略要素市场中,使经济性视角成为理解组织资源的潜在假定,忽视了从社会性视角去理解资源。本研究对社会型资源的分析突破了资源基础理论对组织资源的经济性理解,从社会性视角完善了资源基础理论对组织资源内涵的研究。

第二,提出了高校领导者获取社会型资源的策略,弥补了组织获取资源研究对领导者作用的忽视，拓展了资源基础理论的微观基础研究。关于组织如何获得资源，已有研究从组织外部获取资源、组织内部积累资源两方面进行了大量探讨，对组织获得资源的认识也不断深入。然而，已有研究对组织获取资源的探讨主要集中于组织层面，研究组织作为整体行动者的资源获取方式[1]，对组织内部个体行动者如何为组织获取资源则鲜有关注[20,32,33,61]。近年来，Abell、Felin 和 Foss[32]，Barney、Ketchen 和 Wright[20]，Foss[33]，Raffiee 和 Coff[62]，Barney、Foss、Lyngsie[63]，Meyer-Doyle、Lee 和 Helfat 等[64]学者指出探寻资源基础理论的微观基础[20,32,33]，即研究领导者个人在组织获取资源的过程中发挥的作用对于理解组织资源获取非常重要，是打开组织资源获取“黑箱”的关键[27,61]。本研究通过对 8 位高校领导者的案例研究，提出了高校领导者获取社会型资源的策略，揭示了领导者与制度环境互动获取资源的过程。与已有研究相比，本研究以领导者为切入点揭示了组织获取资源的机制，在 Martin 和 Peteraf[1]归纳的组织外部购买资源和组织内部构建资源的基础上，提出了领导者能够通过与制度环境互动为组织获取资源，回应了学者们提出的“探寻资源基础理论微观基础”的研究呼吁，弥补了组织获取资源研究中领导者作用的缺失，拓展了资源基础理论的微观基础研究。

第三，提出了高校领导者获取社会型资源的制度影响因素和个人影响因素，运用制度逻辑理论澄清了两种影响因素作用于资源获取策略的影响机制，丰富了组织获取资源的影响因素及影响机制研究。虽然不同制度环境和不同领导者个人差异会影响组织获取资源的观点已经受到了学者们的关注[65,66]，但已有研究对“哪些制度因素会影响领导者为组织获取资源”“哪些个人因素会影响领导者为组织获取资源”“这些因素如何影响领导者为组织获取资源”等研究问题并没有进行充分解答[66]。首先，本研究通过对 8 位高校领导者进行案例研究，提出了高校领导者获取资源的制度影响因素和个人影响因素，其中，制度影响因素包括高校组织类型、资源分配规则、区域发展水平；个人影响因素包括领导者个人定位、领导者个人经历。其次，本研究借鉴制度逻辑理论，澄清了制度影响因素和个人影响因素影响高校领导者为组织获取资源的机制：制度影响因素和个人影响因素会影响高校领导者对层级逻辑和市场逻辑的选择，进而影响高校领导者资源获取策略的形成。与已有研究相比，本研究揭示了高校领导者获取资源的制度影响因素和个人影响因素，澄清了制度逻辑影响高校领导者获取资源的机制，突出了领导者对制度逻辑的主观选择[189,199]，丰富了组织获取资源的影响因素及影响机制研究，同时为组织内个体回应多元制度逻辑研究提供了重要的理论借鉴。

7.3　未来研究展望

本研究聚焦于中国高校领导者为组织获取资源的实践，借鉴资源基础理论、制度逻辑理论、领导理论等已有研究，运用内容分析方法、案例研究方法等定性研究方法对“微观层面领导者个体如何为组织获取资源”的研究问题进行了探索。研究发现涉及高校领导者为组织获取的社会型资源类型、高校领导者获取社会型资源的策略以及高校领导者获取社会型资源的影响机制三个方面。本研究深化了当前资源基础理论、制度逻辑理论、领导理论等研究，同时也为领导者获取资源的实践提供了理论借鉴，在理论研究和管理实践两方面都具有重要意义。然而，研究领导者对组织获取资源的影响，本研究还仅仅只是一个开始，后续研究还需要在以下四个方面进行更多探索。

第一，开展实证研究。定性研究采取理论抽样，关注数据的生成和意义分析，有利于清晰地观察到有趣现象[252]以及构建新颖理论[225]。然而，定性研究往往适用于理论开发的前期探索阶段，对于定性研究结论，后续仍需要运用定量研究进行进一步地完善。不同于定性研究，定量研究专注于变量间关系的验证，能够科学严谨地验证普适的论点[222]，与定性研究形成有效的互补。因此，本研究发现的高校领导者为组织获取资源的内涵、策略及影响机制等研究结论仍需要通过定量研究不断地发展和修订。

第二，拓展研究样本。本研究以高校领导者为研究样本揭示了个体行动者为组织获取资源的过程。选取高校领导者作为研究对象，讨论组织资源获取问题主要是考虑到其典型性和可行性。一方面，高校领导者为本研究关注的中国从计划经济向市场经济转型期间出现的无法用经济性视角解释的“985 工程”“211 工程”“千人计划”“万人计划”等社会型资源提供了更多的信息和合适的证据，符合定性研究方法通过归纳逻辑探讨管理实践中涌现的复杂现象的理论抽样原则[272]。另一方面，研究者接触、观察、访谈多位高校领导者的可能性为本研究的开展提供了可行性与难得的研究机会。本研究基于对高校领导者获取资源的分析提出了社会型资源的类型、社会型资源的获取策略、社会型资源获取的影响机制等研究结论，并且指出从社会性视角理解资源、获取资源同样是企业领导者需要面对的重要问题。后续研究可以考虑选取企业领导者作为研究样本，深入探索企业领导者为组织获取资源的过程，验证和拓展本研究结论。

第三，研究社会型资源。不同于已有研究从经济性视角强调资源对组织绩效[40-42]、效率与效力[3, 26]的作用，本研究聚焦于高校领导者为组织获取资源的实践，提出了有利于组织合法性[70,98-100]、社会评价[56, 57]等社会性目标实现的社会型资源概念，以及社会型资源的四种类型（位置性资源、建设性资源、评价性资源、限制性资源）和三种价值来源方式（意义给赋、物质奖励、身份提升）。本研究提出的从社会性视角理解资源丰富和拓展了已有研究对组织资源的经济性理解。考虑到已有研究多从经济性视角理解组织资源，本研究提出从社会性视角理解资源是未来资源基础理论研究的一个重要发展方向。未来研究需要对社会型资源以及资源的社会性与经济性互补等方面进行更加深入的探讨,同时重视将社会型资源应用于对组织资源与其他构念之间关系的研究中。

第四,研究领导有效性。领导研究的出现几乎与人类文明是同步的[150]。近一个世纪以来,领导研究先后经历了特质理论[152,153]、行为理论[154,155]、权变理论[156,157]、新型领导理论[158,159]的流派发展,迅速积累起庞大的知识仓库[151]。围绕"领导是如何发挥作用"的研究问题,学者们试图打开领导有效性"黑箱"的努力从未停滞[151]。然而,不同于已有研究,本研究聚焦于高校领导者为组织获取资源的过程,发现为组织获取资源是领导者发挥有效性的重要方式,为领导有效性研究提供了新的视角。启发后续研究对领导者通过获取资源发挥有效性的方式展开进一步探索,提出新的领导类型,例如,关注领导者在获取资源过程中认知和行为的冲突,对领导者的创新等现象进行深入研究。

附录 A　资料来源与编码方法

<table>
<tr><th>高校领导</th><th colspan="2">资料类型</th><th>资料具体描述</th><th>编码方法</th></tr>
<tr><td rowspan="21">A</td><td rowspan="10">文本</td><td rowspan="7">专著</td><td>CNSS:讲述领导者 A 管理研究与实践感悟</td><td rowspan="10">意义编码为主;逐句编码为辅</td></tr>
<tr><td>XTSO:讲述高校 AA 十年发展故事</td></tr>
<tr><td>ZWDDXWZ:讲述高校 AA 的故事</td></tr>
<tr><td>YLXK:讲述领导者 A 对高等教育的思考</td></tr>
<tr><td>DGLZ:讲述领导者 A 管理研究与实践感悟</td></tr>
<tr><td>XTLXD:讲述高校 AA 的故事</td></tr>
<tr><td>HZGGGJ:讲述中国大学国际化研究</td></tr>
<tr><td>个人文本</td><td>58 篇</td></tr>
<tr><td>组织文本</td><td>99 篇</td></tr>
<tr><td>媒体文本</td><td>44 篇</td></tr>
<tr><td rowspan="9">访谈</td><td rowspan="4">本人访谈</td><td>第一次访谈</td><td rowspan="9">逐句编码</td></tr>
<tr><td>第二次访谈</td></tr>
<tr><td>第三次访谈</td></tr>
<tr><td>第四次访谈</td></tr>
<tr><td rowspan="5">相关人员访谈</td><td>副校长 M 第一次访谈</td></tr>
<tr><td>副校长 M 第二次访谈</td></tr>
<tr><td>副校长 Y 第一次访谈</td></tr>
<tr><td>副校长 Y 第二次访谈</td></tr>
<tr><td>校长学术助理 Z 第一次访谈</td></tr>
<tr><td colspan="2">视频</td><td>37 个</td><td rowspan="2">意义编码</td></tr>
<tr><td colspan="2">观察</td><td>四年内多次</td></tr>
</table>

续表

<table>
<tr><th>高校领导</th><th colspan="2">资料类型</th><th>资料具体描述</th><th>编码方法</th></tr>
<tr><td rowspan="14">B</td><td rowspan="9">文本</td><td rowspan="6">专著</td><td>JDXDGNYS:讲述高校的观念与和实践</td><td rowspan="9">意义编码为主;逐句编码为辅</td></tr>
<tr><td>YDXDS:讲述高校校长访谈录</td></tr>
<tr><td>CGZDQ:讲述职业院校的发展</td></tr>
<tr><td>LDXDZ:讲述高校的治理</td></tr>
<tr><td>BDXDG:讲述高校的使命、人才培养模式等</td></tr>
<tr><td>XDXDZ:讲述高校的转型</td></tr>
<tr><td>个人文本</td><td>52 篇</td></tr>
<tr><td>组织文本</td><td>74 篇</td></tr>
<tr><td>媒体文本</td><td>51 篇</td></tr>
<tr><td rowspan="2">访谈</td><td rowspan="2">本人访谈</td><td>第一次访谈</td><td rowspan="2">逐句编码</td></tr>
<tr><td>第二次访谈</td></tr>
<tr><td colspan="2">视频</td><td>14 个</td><td rowspan="2">意义编码</td></tr>
<tr><td colspan="2">观察</td><td>2 天会议期间观察</td></tr>
<tr><td rowspan="11">C</td><td rowspan="3">文本</td><td>个人文本</td><td>26 篇</td><td rowspan="3">意义为主;逐句为辅</td></tr>
<tr><td>组织文本</td><td>131 篇</td></tr>
<tr><td>媒体文本</td><td>58 篇</td></tr>
<tr><td rowspan="4">访谈</td><td>本人访谈</td><td>第一次访谈</td><td rowspan="4">逐句编码</td></tr>
<tr><td rowspan="3">相关人员访谈</td><td>教务处处长 G 第一次访谈</td></tr>
<tr><td>计划与财务处处长 W 第一次访谈</td></tr>
<tr><td>信息化部门主任 X 第一次访谈</td></tr>
<tr><td colspan="2">视频</td><td>14 个</td><td rowspan="3">意义编码</td></tr>
<tr><td colspan="2" rowspan="2">观察</td><td>3 天会议期间观察</td></tr>
<tr><td>3 天会议期间观察</td></tr>
</table>

续表

<table>
<tr><th>高校领导</th><th colspan="2">资料类型</th><th>资料具体描述</th><th>编码方法</th></tr>
<tr><td rowspan="13">D</td><td rowspan="4">文本</td><td>专著</td><td>ZDXSHXS:讲述大学生核心素质的构建</td><td rowspan="4">意义为主;逐句为辅</td></tr>
<tr><td>个人文本</td><td>40 篇</td></tr>
<tr><td>组织文本</td><td>190 篇</td></tr>
<tr><td>媒体文本</td><td>37 篇</td></tr>
<tr><td rowspan="4">访谈</td><td rowspan="2">本人访谈</td><td>第一次访谈</td><td rowspan="4">逐句编码</td></tr>
<tr><td>第二次访谈</td></tr>
<tr><td rowspan="2">相关人员访谈</td><td>副校长 T 访谈</td></tr>
<tr><td>教务处长 N 访谈</td></tr>
<tr><td colspan="2">视频</td><td>15 个</td><td rowspan="4">意义编码</td></tr>
<tr><td colspan="2" rowspan="3">观察</td><td>1 天调研期间观察</td></tr>
<tr><td>1 天接待期间观察</td></tr>
<tr><td>3 天会议期间观察</td></tr>
<tr><td rowspan="6">E</td><td rowspan="3">文本</td><td>个人文本</td><td>87 篇</td><td rowspan="3">意义为主;逐句为辅</td></tr>
<tr><td>组织文本</td><td>170 篇</td></tr>
<tr><td>媒体文本</td><td>58 篇</td></tr>
<tr><td>访谈</td><td>本人访谈</td><td>第一次访谈</td><td>逐句编码</td></tr>
<tr><td colspan="2">视频</td><td>11 个</td><td rowspan="2">意义编码</td></tr>
<tr><td colspan="2">观察</td><td>3 天会议期间观察</td></tr>
<tr><td rowspan="6">F</td><td rowspan="3">文本</td><td>个人文本</td><td>18 篇</td><td rowspan="3">意义为主;逐句为辅</td></tr>
<tr><td>组织文本</td><td>116 篇</td></tr>
<tr><td>媒体文本</td><td>18 篇</td></tr>
<tr><td>访谈</td><td>本人访谈</td><td>第一次访谈</td><td>逐句编码</td></tr>
<tr><td colspan="2">视频</td><td>7 个</td><td rowspan="2">意义编码</td></tr>
<tr><td colspan="2">观察</td><td>3 天会议期间观察</td></tr>
</table>

续表

<table>
<tr><th>高校领导</th><th colspan="2">资料类型</th><th>资料具体描述</th><th>编码方法</th></tr>
<tr><td rowspan="14">G</td><td rowspan="4">文本</td><td>专著</td><td>ZSHF:讲述领导者G个人对社会的思考</td><td rowspan="4">意义为主;逐句为辅</td></tr>
<tr><td>个人文本</td><td>59篇</td></tr>
<tr><td>组织文本</td><td>123篇</td></tr>
<tr><td>媒体文本</td><td>16篇</td></tr>
<tr><td rowspan="7">访谈</td><td rowspan="2">本人访谈</td><td>第一次访谈</td><td rowspan="7">逐句编码</td></tr>
<tr><td>第二次访谈</td></tr>
<tr><td rowspan="5">相关人员访谈</td><td>副校长L第一次访谈</td></tr>
<tr><td>副校长L第二次访谈</td></tr>
<tr><td>副校长P第一次访谈</td></tr>
<tr><td>副校长P第二次访谈</td></tr>
<tr><td>副校长P第三次访谈</td></tr>
<tr><td colspan="2">视频</td><td>9个</td><td rowspan="3">意义编码</td></tr>
<tr><td colspan="2" rowspan="2">观察</td><td>3天培训期间观察</td></tr>
<tr><td>3天会议期间观察</td></tr>
<tr><td rowspan="9">H</td><td rowspan="6">文本</td><td rowspan="3">专著</td><td>BHD:讲述民办高校HH校长传记</td><td rowspan="6">意义编码为主;逐句编码为辅</td></tr>
<tr><td>YFXHKYJ:讲述民办高校HH发展过程</td></tr>
<tr><td>XDBDD:讲述民办高校HH发展过程</td></tr>
<tr><td>个人文本</td><td>20篇</td></tr>
<tr><td>组织文本</td><td>168篇</td></tr>
<tr><td>媒体文本</td><td>47篇</td></tr>
<tr><td>访谈</td><td>本人访谈</td><td>第一次访谈</td><td>逐句编码</td></tr>
<tr><td colspan="2">视频</td><td>21个</td><td rowspan="2">意义编码</td></tr>
<tr><td colspan="2">观察</td><td>3天会议期间观察</td></tr>
</table>

附录 B　访谈提纲

访谈类型	访谈对象	访谈问题
样本领导者访谈	领导者 A 领导者 C 领导者 E 领导者 F 领导者 H	您觉得获取资源在您的工作中处于什么样的地位？ 您如何看待中国高校的资源分配体系？ 您觉得您所在高校在中国高校资源分配体系中位置如何？ 您觉得公办和民办高校在资源分配体系中有哪些差异？ 您认为公办高校之间、民办高校之间在资源分配体系中有哪些差异？ 您认为对学校重要的资源都有哪些？ 您能否对以上资源进行分析，说明这些资源为什么重要？ 这里是通过内容分析做出来的高校领导者为组织获取的资源类型(问卷如附录 C 所示)，您觉得这些对您所在的高校来说是否是重要的资源？为什么？ 您如何评价这些资源的重要性？如果用 1 到 7 分代表这些资源的重要性，分值越大越重要，您如何对这些资源打分？ 您是否能够分享您对这些资源的看法？比如说“985 工程”是怎样的资源？国家重点实验室是怎样的资源？国家自然科学基金是怎样的资源？本科生人数是怎样的资源？ 除了问卷中列出资源，您认为对您所在高校来说，重要的资源还有哪些？ 您为什么认为以上这些资源重要？您如何看待这些资源对学校发展的重要性？ 您认为这些资源的价值体现在哪些方面？ 以“985 工程”为例，您认为“985 工程”对高校有什么价值？

续表

访谈类型	访谈对象	访谈问题
样本领导者访谈	领导者 A 领导者 C 领导者 E 领导者 F 领导者 H	您如何看待高校领导者将“985 工程”作为学校的重要资源？ 除了“985 工程”以外，您认为这些资源有什么共同的价值？ 您如何分配个人精力获取资源？ 您是如何为高校获取资源的？是否有让您印象深刻的事例？ 您是否遇到过某种资源可通过多种方式获取的情况，此时您如何在不同获取方式之间选择？ 您是否在获取某种资源的过程中遇到了困难和挫折？ 您认为在资源获取过程中出现困难和挫折的原因是什么？如何解决这种困难？ 您在为高校获取资源的过程中是否会遇到一些限制？您如何看待、解决这些限制？ 您在为高校获取资源的过程中是否产生了一些创造性的想法或做法？ 您是否遇到过资源无法获取的情况？无法获取的原因是什么？ 您在获取资源的时候是否受到来自于政府和市场两种机制的同时影响？您认为这两种机制对您为组织获取资源会有哪些不同的影响？ 您认为哪些外部组织或个人是影响您获取资源的主要相关者？您是否能按照他们对学校的重要程度依次进行介绍？ 您如何看待不同利益相关者和学校之间的关系？ 您认为领导者在为组织获取资源过程中发挥怎样的作用？ 您如何评价您个人对高校获取资源的作用？ 您认为您个人的哪些因素会影响您为高校获取资源？ 结合您任高校 V 副校长的经历，您认为对高校 V 重要的资源和您现在任职的高校 AA 有什么区别？获取方式有什么差异？(仅对领导者 A) 您的讲座中谈到了高校制度与人员之间的关系，在您为高校获取资源的过程中您是否遇到过制度与个人冲突的问题？此时您是如何解决这种冲突从而获取资源的？(仅对领导者 C)

续表

访谈类型	访谈对象	访谈问题
样本领导者访谈	领导者 A 领导者 C 领导者 E 领导者 F 领导者 H	您认为同为民办高校,在资源分配体系中的差异还体现在哪些方面?(仅对领导者 C) 作为民办高校领导者,在您看来公办高校领导者获取资源过程中是否存在比民办高校困难的地方?(仅对领导者 H)
样本领导者访谈	领导者 A 领导者 B 领导者 D 领导者 G	为高校获取资源是否是您工作中的重要内容? 您认为对您所在的高校重要的资源都有哪些? 这里是通过内容分析做出来的高校领导者为组织获取的资源类型(问卷如附录 C 所示),您觉得这些对您所在的高校来说是否是重要的资源? 为什么? 您如何评价这些资源的重要性? 如果用 1 到 7 分代表这些资源的重要性,分值越大越重要,您如何对这些资源打分? 您是否能够分享您对这些资源的看法? 比如说"985 工程"是怎样的资源? 国家重点实验室是怎样的资源? 国家自然科学基金是怎样的资源? 本科生人数是怎样的资源? 除了问卷中列出资源,您认为对您所在高校来说,重要的资源还有哪些? 您为什么认为以上这些资源重要? 您如何看待这些资源对学校发展的重要性? 您认为这些资源的价值体现在哪些方面? 以"985 工程"为例,您认为"985 工程"对高校有什么价值? 您如何看待高校领导者将"985 工程"作为学校的重要资源? 除了"985 工程"以外,您认为这些资源有什么共同的价值? 中国高校领导者从政府和市场获取资源有什么不同? 综合定额您觉得对民办高校和公办高校来说是什么样的资源? 是否由于所占比例小,公办高校并不重视,而民办高校却总是强调综合定额缺失是教育不公平? 招生规模对民办和公办高校来说分别是重要的资源吗?

续表

访谈类型	访谈对象	访谈问题
样本领导者访谈	领导者 A 领导者 B 领导者 D 领导者 G	您如何看待高校与企业、与其他高校建立合作，尤其是现在的中外合作办学对高校获取资源的影响？市场合作对中国高校来说成熟吗？ 您认为高校领导者是通过什么途径或方式获取这些资源的？有没有让您印象深刻的事例？ 在您为高校获取资源的过程中是否遇到过类似的情境，就是面对政府颁布的各种项目，您是怎样一种获取态度和获取方式？您是否有一些创造性的途径去获取资源？ 我们在前期研究中发现有的领导者在获取资源时表现出“集中力量办大事”，或者对政府颁布项目的跟随，例如调动全部的资源来进行某种项目的争取。您怎么看待领导者的这种资源获取方式？ 您在为高校获取资源的过程中是否遇到过一些困难和限制？能不能分享一下让您印象深刻的事例？ 面对获取资源过程中的困难和限制，您是否有一些创造性的途径解决，例如从市场中寻找可能的替代。 您怎么看待民办高校领导者获取资源与公办高校越来越像？ 中国高等教育的改革是否已经为公办高校从市场获取资源提供了一定空间？您如何看待公办高校面对创新空间但却很多事情不能做的现状？ 您如何看待领导者通过捐赠（个人或组织）获取资源？这种西方高校成熟的资源获取方式是否在中国还不够成熟？ 您在为高校获取资源的过程中是否遇到过一些困难和限制，甚至一些让您很无奈的资源获取过程？ 面对获取资源过程中的困难和限制，您是否有一些创造性途径解决？ 您认为从市场中获取资源的途径有哪些？与获取政府资源有什么差异？能否举例说明获取市场资源的途径有哪些？ 您认为高校领导者在为组织获取资源的时候，会受到哪些因素影响？

续表

访谈类型	访谈对象	访谈问题
样本领导者访谈	领导者 A 领导者 B 领导者 D 领导者 G	您如何看待获取资源过程中规则不清晰、不稳定对领导者获取资源的影响？ 您如何看待国家政策机遇对领导者获取资源的影响？例如“一路一带”等新的政策的颁布、“双一流”大学建设等？ 您如何看待市场机遇对领导者获取资源的影响？教育的国际化趋势，国外培训机构对市场的占领等是否会促使高校更加关注于市场？ 您如何看待地区经济发达程度对领导者获取资源的影响？ 您如何看待地区政策开放程度对领导者获取资源的影响？ 您认为领导者个人哪些因素会对其获取资源造成影响？ 您如何看待领导者关注的利益相关者不同对组织获取资源的影响？ 您认为领导者个人经历会对其获取资源造成怎样的影响？ 您认为领导者个人特征会对其获取资源造成怎样的影响？ 在目前市场机制尚不成熟的情况下，选择从市场获取资源从一定程度上对领导者来说可能面临怎样的风险？ 对于高校 DD 网站主页的本科教学工作审核评估，您认为这是一种怎样的资源？如何获取此项资源？此资源的获取对组织有何作用？（仅对领导者 D） 您是如何获取国家所颁布的一些项目和奖项的？例如在高校 DD 网站主页所看到的国际级实验教学示范中心、全国示范性工程专业学位研究生联合培养基地、国家技术发明奖和科学技术进步奖。（仅对领导者 D） 结合您曾经任职高校 W 校领导的经历（党委副书记），您认为对高校 DD 重要的资源和对高校 W 重要的资源有什么区别？获取方式有什么差异？（仅对领导者 D） 您自己也做高校领导者的研究，在您访谈其他高校领导者的过程中，您是否听到一些让您印象深刻的获取资源的事例？（仅对领导者 B）

续表

访谈类型	访谈对象	访谈问题
样本领导者访谈	领导者 A	您认为领导者为组织获取资源在哪些方面已经出现了新的机遇？在哪些方面确实没办法突破？ 您认为当领导者获取资源受到限制时，应该如何应对？ 您认为领导者个人定位会对获取资源产生怎样的影响？ 您在获取资源的过程中有哪些创新性做法？如创造性地将家长、校外导师作为资源？ 在您为高校获取办学资质、专业审批、学费等资源的过程中，有没有让您印象深刻的事例？这些资源获取中有没有遇到困难和限制？是如何创造性地解决的？ 您如何看待公办高校和民办高校前来参观者所说的"成不了高校 AA"，他们获取资源分别面临的真实困难有哪些？想象的困难又有哪些？ 您在获取资源的过程中是否遇到过规则缺陷的情况？规则缺陷会对您获取资源产生了怎样的影响？您在获取资源的过程中是否有相关事例可以分享？ 从地区差异看，您认为高校 AA 在城市 Z 和在城市 L 可能会受到哪些不同因素的影响？ 区政府、市政府、省政府分别会对您获取资源产生怎样的影响？您认为地方政府对高校的重视程度会对高校领导者获取资源产生怎样的影响？怎么能够在与不同地方政府的互动中得到地方政府对高校的重视？ 您认为领导者个人特征会对其获取资源产生怎样的影响？ 您认为领导者个人经历会对其获取资源产生怎样的影响？

续表

访谈类型	访谈对象	访谈问题
样本领导者的相关人员访谈	领导者 W 领导者 X 领导者 G	您是否了解学校在学生培养方面的理念和定位？ 您是否定期与学校领导沟通想法？沟通的方式都有哪些？ 您在部门发展思路上是否有考虑如何与学校育人理念衔接起来？具体是怎么做的？ 您对本部门在学校育人体系中发挥的功能是如何定位的？ 您是否考虑过，在学校未来的发展中，您的部门在哪些方面还可以更好地发挥作用？ 您部门的各个科室平时有没有组织一些惯例性的活动？这些活动的目标是什么？ 您的部门有没有提供一些机会让学生参与到部门工作中？
样本领导者的相关人员访谈	领导者 M 领导者 N 领导者 T 领导者 L 领导者 P	您如何看待中国高校的资源分配体系，您觉得公办和民办高校在其中的位置有何差异？ 您认为对高校重要的资源都有哪些，您为什么认为这些资源重要？ 您在为高校获取资源过程中，有没有让您印象深刻的事例？ 您在为高校获取资源过程中是否遇到过一些困难和限制，甚至一些让您很无奈的资源获取过程？ 在为高校获取资源的过程中，您是否有一些创造性的方式？ 政府的定额拨款民办高校是没有的，您如何看待这种资源对于民办高校的影响？ 您认为招生规模的限制对学校会产生怎样的影响？这种困难主要在于哪些方面？ 您认为民办高校在一种理想状态下的资源来源是怎样的？ 您如何看待有些民办高校在获取资源的过程中与公办高校越来越像的趋同现象？ 您如何看待有些公办高校面对创新空间但很多事情都不能做的现状？ 您认为哪些国家因素会对您为高校获取资源产生影响？

续表

访谈类型	访谈对象	访谈问题
样本领导者的相关人员访谈	领导者 M 领导者 N 领导者 T 领导者 L 领导者 P	您认为哪些地区因素会对您为高校获取资源产生影响？ 您认为哪些个人因素会对您为高校获取资源产生影响？ 您认为高校领导者 A 是通过什么途径或方式获取资源的？有没有让您印象深刻的事例？（仅对领导者 A） 您认为哪些因素会影响领导者 A 为高校获取资源？外部和个人的作用分别如何？（仅对领导者 A） 领导者 A 有什么突出的特征？校领导团队有什么突出的个人特征？（仅对领导者 A） 您认为高校领导者 D 是通过什么途径或方式获取资源的？有没有让您印象深刻的事例？（仅对领导者 D） 领导者 D 是如何获取国家颁布的一些项目和奖项的？例如在学校网站主页所看到的国际级实验教学示范中心、全国示范性工程专业学位研究生联合培养基地、国家技术发明奖和科学技术进步奖。（仅对领导者 D） 您认为哪些因素会影响领导者 D 为高校获取资源？外部和个人的作用分别如何？（仅对领导者 D） 领导者 D 有什么突出的特征？校领导团队有什么突出的个人特征？（仅对领导者 D） 您认为高校领导者 G 是通过什么途径或方式获取资源的？有没有让您印象深刻的事例？（仅对领导者 G） 您觉得领导者 G 在为高校获取资源的过程中有哪些不得已？或者遇到的困难和限制有哪些？（仅对领导者 G） 您觉得领导者 G 在为高校获取资源的过程中有哪些创造性举措？（仅对领导者 G） 您认为哪些因素会影响领导者 G 为高校获取资源？外部和个人的作用分别如何？（仅对领导者 G） 领导者 G 有什么突出的特征？校领导团队有什么突出的个人特征？（仅对领导者 G）

续表

访谈类型	访谈对象	访谈问题
样本领导者的相关人员访谈	领导者 M 领导者 Y 领导者 Z	您认为对高校 AA 来说,重要的资源都有哪些? 在领导者 A 为高校获取资源的过程中,有没有让您印象深刻的事例? 您认为从政府获取资源和从市场获取资源主要差异在于哪些方面? 您认为领导者能够通过哪些方式为高校获取资源?从政府和市场获取各有哪些方式? 您认为领导者 A 在任"985"高校 V 副校长时获取资源的途径和现在任中外合作办学高校 AA 校长有什么差异? 您觉得公办高校领导者在获取资源的时候跟领导者 A 的差异是什么?您觉得其他民办高校领导者在获取资源过程中跟领导者 A 的差异是什么? 您觉得领导者 A 在为学校获取资源的过程中会遇到哪些困难和限制? 在面对困难和限制的时候,您觉得领导者 A 有什么创造性的方式进行解决? 面对获取资源过程中困难和限制,您是否有创造性的方式进行解决? 您认为领导者为组织获取资源哪些方面已经出现了新的机遇?哪些方面确实没办法突破? 您如何看待有些民办高校在获取资源的过程中与公办高校越来越像的趋同现象? 您如何看待高校领导者在获取资源的过程中面对创新的空间,但又很多事情都不能做的现状? 您认为办学类型的差异(公办、民办)会对高校领导者获取资源产生怎样的影响? 从地区差异看,您认为高校 AA 在城市 Z 和在城市 L 可能会受到哪些不同因素的影响? 您如何看待高校 AA 的愿景、使命、育人模式等理念对领导者 A 获取资源的影响? 您觉得领导者 A 哪些个人特征会对其获取资源产生影响? 您觉得领导者 A 哪些个人经历会对其获取资源产生影响? 您认为还有些其他因素会对领导者获取资源产生影响?

续表

<table>
<tr><th>访谈类型</th><th>访谈对象</th><th>访谈问题</th></tr>
<tr><td>其他高校领导者辅助访谈</td><td>领导者 F
领导者 I
领导者 O
领导者 K
领导者 V
领导者 R
领导者 J
领导者 U</td><td>为高校获取资源是否是您工作中的重要内容？
您如何看待中国高校的资源分配体系？
您觉得您所在高校在中国高校资源分配体系中的位置如何？
您认为对您所在高校来说，重要的资源都有哪些？为什么您觉得这些资源重要？
您认为高校领导者是通过什么途径或方式获取资源的？有没有让您印象深刻的事例？
面对政府颁布的各种项目，您是怎样一种获取态度和获取方式？
您在为高校获取资源的过程中是否会遇到一些限制？您如何看待、解决这些限制？
您在为高校获取资源的过程中是否产生了一些创造性的想法或做法？
您是否遇到过资源无法获取的情况？无法获取的原因是什么？
您认为高校领导者在为组织获取资源的时候，会受到哪些因素的影响？
您认为哪些制度因素会对高校领导者获取资源产生影响？
您怎么看待民办高校在获取资源的过程中与公办高校越来越像？
您如何看待在获取资源的过程中规则不清晰、不稳定对领导者获取资源的影响？
您如何看待地区差异对高校获取资源的影响？
您认为哪些个人因素会对高校领导者获取资源产生影响？
您如何看待领导者关注的利益相关者不同对组织获取资源的影响？
您认为领导者个人经历会对获取资源造成什么样的影响？
您认为领导者风险偏好会对获取资源造成什么样的影响？</td></tr>
</table>

附录C 访谈辅助问卷

尊敬的领导,您好:本问卷是为了探究领导者对高校资源重要性的主观感受。研究将严格遵循自愿和保密原则,所有信息仅用于研究分析,请您放心作答。衷心感谢您的参与和支持!

资源名称	非常不重要					非常重要	
“985 工程”	1	2	3	4	5	6	7
“211 工程”	1	2	3	4	5	6	7
教育部直属	1	2	3	4	5	6	7
地方政府共建	1	2	3	4	5	6	7
研究型大学	1	2	3	4	5	6	7
综合性大学	1	2	3	4	5	6	7
国家重点实验室	1	2	3	4	5	6	7
国家级实验教学示范中心	1	2	3	4	5	6	7
教育部重点实验室	1	2	3	4	5	6	7
国家人才培养基地	1	2	3	4	5	6	7
长江学者奖励计划	1	2	3	4	5	6	7
中国工程院院士	1	2	3	4	5	6	7
中国科学院院士	1	2	3	4	5	6	7
国家杰出青年科学基金	1	2	3	4	5	6	7
国家重点基础研究发展计划(973 计划)	1	2	3	4	5	6	7
国家精品课程	1	2	3	4	5	6	7
国家级教学团队	1	2	3	4	5	6	7
国家自然科学基金项目	1	2	3	4	5	6	7
国家重点学科	1	2	3	4	5	6	7
国家级特色专业	1	2	3	4	5	6	7

续表

资源名称	非常不重要						非常重要
国家级教学名师奖	1	2	3	4	5	6	7
国家科学技术进步奖	1	2	3	4	5	6	7
国家技术发明奖	1	2	3	4	5	6	7
省部级科技奖励	1	2	3	4	5	6	7
SCI论文	1	2	3	4	5	6	7
全国百篇优秀博士论文	1	2	3	4	5	6	7
博士学位授权点	1	2	3	4	5	6	7
硕士学位授权点	1	2	3	4	5	6	7
研究生人数	1	2	3	4	5	6	7
本科生人数	1	2	3	4	5	6	7
校园占地面积	1	2	3	4	5	6	7
校区建设情况	1	2	3	4	5	6	7

注释：考虑到问卷填写的可行性，本研究选取各类聚焦编码下出现频率最高的32项社会型资源邀请高校领导者进行评价。

参考文献

[1] MARITAN C A, PETERAF M A. Building a bridge between resource acquisition and resource accumulation[J]. Journal of management, 2011, 37(5): 1374 - 1389.

[2] WERNERFELT B. A resource-based view of the firm[J]. Strategic management journal, 1984, 5(2): 171 - 180.

[3] BARNEY J B. Firm resources and sustained competitive advantage[J]. Journal of management, 1991, 17(1): 99 - 120.

[4] HELFAT C E, PETERAF M A. The dynamic resource-based view: capability lifecycles[J]. Strategic management journal, 2003, 24(10): 997 - 1010.

[5] COEN C A, MARITAN C A. Investing in capabilities: the dynamics of resource allocation[J]. Organization science, 2011, 22(1): 99 - 117.

[6] WINTER S G. Understanding dynamic capabilities[J]. Strategic management journal, 2003, 24(10): 991 - 995.

[7] EISENHARDT K M, MARTIN J A. Dynamic capabilities: what are they?[J]. Strategic management journal, 2000, 21(10 - 11): 1105 - 1121.

[8] CONNER K R, PRAHALAD C K. A resource - based theory of the firm: knowledge versus opportunism[J]. Organization science, 1996, 7(5): 477 - 501.

[9] GRANT R M. Toward a knowledge-based theory of the firm[J]. Strategic management journal, 1996, 17(S2): 109 - 122.

[10] BOGNER W C, BANSAL P. Knowledge management as the basis of sustained high performance[J]. Journal of management studies, 2007, 44(1): 165 - 188.

[11] BAKER T, NELSON R E. Creating something from nothing: resource construction through entrepreneurial bricolage[J]. Administrative science quarterly, 2005, 50(3): 329 - 366.

[12] BAKER T. Resources in play: bricolage in the toy store(y)[J]. Journal of business venturing, 2007, 22(5): 694 - 711.

[13] 祝振铎，李新春. 新创企业成长战略:资源拼凑的研究综述与展望[J]. 外国

经济与管理，2016，38(11)：71－82.

[14] SIRMON D G，GOVE S，HITT M A. Resource management in dyadic competitive rivalry：the effects of resource bundling and deployment[J]. Academy of management journal，2008，51(5)：919－935.

[15] SIRMON D G，HITT M A，IRELAND R D. Managing firm resources in dynamic environments to create value：looking inside the black box[J]. Academy of management review，2007，32(1)：273－292.

[16] 赵文红，李秀梅. 资源获取、资源管理对创业绩效的影响研究[J]. 管理学报，2014，11(10)：1477－1483.

[17] 刘新梅，赵旭，张新星. 企业高层长期导向对新产品创造力的影响研究[J]. 科学学与科学技术管理，2017，38(3)：44－55.

[18] SIRMON D G，HITT M A，IRELAND R D，et al. Resource or chestration to create competitive advantage：breadth，depth，and life cycle effects[J]. Journal of management，2011，37(5)：1390－1412.

[19] CHADWICK C，SUPER J F，KWON K. Resource orchestration in practice：CEO emphasis on SHRM，commitment-based HR systems，and firm performance[J]. Strategic management journal，2015，36(3)：360－376.

[20] BARNEY J B，KETCHEN D J，WRIGHT M. The future of resource-based theory：revitalization or decline？[J]. Journal of management，2011，37(5)：1299－1315.

[21] KRAAIJENBRINK J，SPENDER J C，GROEN A J. The resource-based view：a review and assessment of its critiques[J]. Journal of management，2010，36(1)：349－372.

[22] PENROSE E T. The theory of the growth of the firm[M]. New York：Wiley，1959.

[23] BARNEY J B. Strategic factor markets：expectations，luck，and business strategy[J]. Management science，1986，32(10)：1231－1241.

[24] BARNEY J B. Looking inside for competitive advantage[J]. Academy of management executive，1995，9(4)：49－61.

[25] AMIT R，SCHOEMAKER P J H. Strategic asset and organizational rent [J]. Strategic management Journal，1993，14(1)：33－46.

[26] LEIBLEIN M J. What do resource and capability-based theories propose? [J]. Journal of management，2011，37(4)：909－932.

[27] ALVAREZ S A，BUSENITZ L W. The entrepreneurship of resource-based theory[J]. Journal of management，2001，27(6)：755－775.

[28] 董保宝，葛宝山. 新创企业资源整合过程与动态能力关系研究[J]. 科研管理，2012，33(2)：107-114.

[29] 罗辉道，项保华. 资源概念与分类研究[J]. 科研管理，2005，26(4)：99-104.

[30] BINGHAM C B, EISENHARDT K M, FURR N R. What makes a process a capability? heuristics, strategy, and effective capture of opportunities[J]. Strategic entrepreneurship journal, 2007, 1(1-2): 27-47.

[31] NARAYANAN V K, COLWELL K, DOUGLAS F L. Building organizational and scientific platforms in the pharmaceutical industry: a process perspective on the development of dynamic capabilities[J]. British journal of management, 2009, 20(Supplement s1): S25-S40.

[32] ABELL P, FELIN T, FOSS N. Building micro-foundations for the routines, capabilities, and performance links[J]. Managerial & decision economics, 2008, 29(6): 489-502.

[33] FOSS N J. Invited editorial: Why micro-foundations for resource-based theory are needed and what they may look like[J]. Journal of management, 2011, 37(5): 1413-1428.

[34] BRIDOUX F, SMITH K G, GRIMM C M. The management of resources: temporal effects of different types of actions on performance[J]. Journal of management, 2013, 39(4): 928-957.

[35] BARNEY J, WRIGHT M, KETCHEN D J. The resource-based view of the firm: ten years after 1991[J]. Journal of management, 2001, 27(6): 625-641.

[36] WHETTEN D A. What constitutes a theoretical contribution[J]. Academy of management review, 1989, 14(4): 490-495.

[37] PRIEM R L, BUTLER J E. Is the resource-based view a useful perspective for strategic management research? [J]. Academy of management review, 2001, 26(1): 22-40.

[38] MAHONEY J T, PANDIAN J R. The resource-based view within the conversation of strategic management [J]. Strategic management journal, 1992, 13(5): 363-380.

[39] HALBESLEBEN J R B, NEVEU J P, PAUSTIAN-UNDERDAHL S C, et al. Getting to the "COR": understanding the role of resources in conservation of resources theory [J]. Journal of management, 2014, 40 (5): 1334-1364.

[40] SCHMIDT J, KEIL T. What makes a resource valuable? identifying the drivers of firm-idiosyncratic resource value[J]. Academy of management review, 2013, 38(2): 206 - 228.

[41] VANACKER T, COLLEWAERT V, PAELEMAN I. The relationship between slack resources and the performance of entrepreneurial firms: the role of venture capital and angel investors[J]. Journal of management studies, 2013, 50(6): 1070 - 1096.

[42] YAN Y, CHILD J. Investors' resources and management participation in international joint ventures: a control perspective[J]. Asia pacific journal of management, 2004, 21(3): 287 - 304.

[43] MAKADOK R. The four theories of profit and their joint effects[J]. Journal of management, 2011, 37(5): 1316 - 1334.

[44] KIM H, HOSKISSON R E, LEE S H. Why strategic factor markets matter: "new" multinationals' geographic diversification and firm profitability [J]. Strategic management journal, 2015, 36(4): 518 - 536.

[45] BRETON - MILLER I L, MILLER D. The paradox of resource vulnerability: considerations for organizational curatorship[J]. Strategic management journal, 2015, 36(3): 397 - 415.

[46] CASTANIAS R P, HELFAT C E. Managerial resources and rents[J]. Journal of management, 1991, 17(1): 155 - 171.

[47] ZHANG L, ZHANG X, XI Y. The sociality of resources: Understanding organizational competitive advantage from a social perspective[J]. Asia pacific journal of management, 2017: 34(3):619 - 648.

[48] WANG H, TONG L, TAKEUCHI R, et al. Corporate social responsibility: an overview and new research directions[J]. Academy of management journal, 2016, 59(2): 534 - 544.

[49] 刘玉焕，井润田. 企业社会责任能提高财务绩效吗？文献综述与理论框架[J]. 外国经济与管理，2014，36(12)：72 - 80.

[50] 吕力. 基于道德契约的企业社会绩效、责任实施与评价[J]. 管理学报，2016，13(11)：1702 - 1709.

[51] 王新新，杨德锋. 企业社会责任研究:CSR,CSR2,CSP[J]. 工业技术经济，2007，26(4)：16 - 20.

[52] 徐本华. 企业社会绩效研究的新进展[J]. 领导科学，2010，2010(14)：38 - 41.

[53] 郭云南，张晋华，黄夏岚. 社会网络的概念、测度及其影响:一个文献综述

[J]. 浙江社会科学，2015，2015(2)：122－132.
[54] LIN N. Building a network theory of social capital[J]. Connections，1999，22(1)：28－51.
[55] 陆迁，王昕. 社会资本综述及分析框架[J]. 商业研究，2012，2012(2)：141－145.
[56] 王利平，李颖. 组织的社会评价：整合框架、动态分析和未来展望[J]. 外国经济与管理，2017，39(4)：52－67.
[57] GEORGE G，DAHLANDER L，GRAFFIN S D，et al. Reputation and status：expanding the role of social evaluations in management research[J]. Academy of management journal，2016，59(1)：1－13.
[58] MANSKI C F. Economic analysis of social interactions[J]. The journal of economic perspectives，2000，14(3)：115－136.
[59] ADNER R，HELFAT C E. Corporate effects and dynamic managerial capabilities[J]. Strategic management journal，2003，24(10)：1011－1025.
[60] DIERICKX I，COOL K. Asset stock accumulation and the sustainability of competitive advantage：reply[J]. Management science，1989，35(12)：1504－1511.
[61] 张琳，张晓军，席酉民. 资源基础观的微观基础探寻：领导者对组织资源获取的影响[J]. 科技进步与对策，2016，33(8)：128－132.
[62] RAFFIEE J，COFF R. Micro-foundations of firm-specific human capital：when do employees perceive their skills to be firm-specific? [J]. Academy of management journal，2016，59(3)：766－790.
[63] BARNEY J B，FOSS N J，LYNGSIE J. The role of senior management in opportunity formation：direct involvement or reactive selection[J]. Strategic management journal，2018，39(5)：1325－1349.
[64] MEYER-DOYLE P，LEE S，HELFAT C E. Disentangling the microfoundations of acquisition behavior and performance[J]. Strategic management journal，2019，40(11)：1733－1756.
[65] ZHANG L，ZHANG X. Contorted leadership in Chinese hierarchically oriented context[J]. Chinese management studies，2014，8(3)：502－526.
[66] 张琳，张晓军，席酉民. 领导者如何获取资源：基于制度理论、资源基础观和领导理论的分析框架[J]. 科技进步与对策，2015，32(4)：144－149.
[67] PENG M W，HEATH P S. The growth of the firm in planned economies in transition：institutions，organizations，and strategic choice[J]. Academy of management review，1996，21(21)：492－528.

[68] MEYER K E, PENG M W. Probing theoretically into Central and Eastern Europe: transactions, resources, and institutions[J]. Journal of international business studies, 2005, 36(6): 600 - 621.

[69] MEYER K E, ESTRIN S, BHAUMIK S K, et al. Institutions, resources, and entry strategies in emerging economies[J]. Strategic management journal, 2009, 30(1): 61 - 80.

[70] SCOTT W R. Institutions and organizations: ideas and interests[M]. London:Sage,2008.

[71] GIDDENS A. The constitution of society: introduction of the theory of structuration[J]. Tetrahedron letters, 1984, 7(11): 1211 - 1218.

[72] PENG M W. Towards an institution-based view of business strategy[J]. Asia pacific journal of management, 2002, 19(2 - 3): 251 - 267.

[73] CROSSLAND C, HAMBRICK D C. How national systems differ in their constraints on corporate executives: a study of CEO effects in three countries[J]. Strategic management journal, 2007, 28(8): 767 - 789.

[74] HOSKISSON R E, WRIGHT M. Strategy in emerging economies[J]. Academy of management journal, 2000, 43(3): 249 - 267.

[75] BOYACIGILLER N A, ADLER N J. The parochial dinosaur: organizational science in a global context[J]. Academy of management review, 1991, 16(2): 262 - 290.

[76] HILLMAN A J, DALZIEL T. Boards of directors and firm performance: integrating agency and resource dependence perspectives[J]. Academy of management review, 2003, 28(3): 383 - 396.

[77] COLEMAN J S. Social capital in the creation of human capital[J]. American journal of sociology, 1988, 94(Suppl 1): 95 - 120.

[78] WHITE H. Management conflict and sociometric structure[J]. American journal of sociology, 1961, 67(2): 185 - 199.

[79] PENG M W. Outside directors and firm performance during institutional transitions[J]. Strategic management journal, 2004, 25(5): 453 - 471.

[80] LADO A A, KROLL M. Paradox and theorizing within the resource-based view[J]. Academy of management review, 2006, 31(1): 115 - 131.

[81] HILLMAN A J, WITHERS M C, COLLINS B J. Resource dependence theory: a review[J]. Journal of management, 2009, 35(6): 1404 - 1427.

[82] PFEFFER J, SALANCIK G R. The external control of organizations: a resource dependence perspective[M]. New York: Harper and Row, 1978.

[83] BARNEY J B. Why resource-based theory's model of profit appropriation must incorporate a stakeholder perspective[J]. Strategic management journal, 2018, 39(13): 3305 - 3325.

[84] 罗友花，李明生. 资源概念与分类研究：兼与罗辉道、项保华先生商榷[J]. 科研管理，2010，31(1)：26 - 32.

[85] 董保宝，葛宝山，王侃. 资源整合过程、动态能力与竞争优势：机理与路径[J]. 管理世界，2011，(3)：92 - 101.

[86] CAVES R E. Industrial organization, corporate strategy and structure[J]. Journal of economic literature, 1980, 18(1): 64 - 92.

[87] RAY G, BARNEY J B, MUHANNA W A. Capabilities, business processes, and competitive advantage: choosing the dependent variable in empirical tests of the resource-based view[J]. Strategic management journal, 2004, 25(1): 23 - 37.

[88] BRUSH C G, GREENE P G, HART M M, et al. From initial idea to unique advantage: the entrepreneurial challenge of constructing a resource base[J]. Academy of management executive, 2001, 15(1): 64 - 80.

[89] GRANT R M. The resource-based theory of competitive advantage: implications for strategy formulation[J]. California management review, 1991, 33(3): 114 - 135.

[90] HALL R. A framework linking intangible resources and capabiliites to sustainable competitive advantage[J]. Strategic management journal, 1993, 14(8): 607 - 618.

[91] ANDREVSKI G, FERRIER W J. Does it pay to compete aggressively? contingent roles of internal and external resources[J]. Journal of management, 2019, 45(2): 620 - 644.

[92] MAKADOK R, BARNEY J B. Strategic factor market intelligence: an application of information economics to strategy formulation and competitor intelligence[J]. Management science, 2001, 47(12): 1621 - 1638.

[93] NDOFOR H A, SIRMON D G, HE X. Firm resources, competitive actions and performance: investigating a mediated model with evidence from the in-vitro diagnostics industry[J]. Strategic management journal, 2011, 32(6): 640 - 657.

[94] FAINSHMIDT S, WENGER L, PEZESHKAN A, et al. When do dynamic capabilities lead to competitive advantage? the importance of strategic fit[J]. Journal of management studies 2019, 56(4): 758 - 787.

[95] 薛坤坤，王凯. 制度逻辑、金字塔结构与冗余雇员[J]. 现代管理科学，2015，(12)：106－108.

[96] GRANOVETTER M. Economic action and social structure：the problem of embeddedness[J]. American journal of sociology，1985，91(3)：481－510.

[97] UZZI B. Social structure and competition in interfirm networks：the paradox of embeddedness[J]. Administrative science quarterly，1997，42(1)：35－67.

[98] 李玉刚，童超. 企业合法性与竞争优势的关系:分析框架及研究进展[J]. 外国经济与管理，2015，37(3)：65－75.

[99] SUCHMAN M C. Managing legitimacy：strategic and institutional approaches[J]. Academy of management review，1995，20(3)：571－610.

[100] PHILIPPE D，DURAND R. The impact of norm-conforming behaviors on firm reputation[J]. Strategic management journal，2011，32(9)：969－993.

[101] 李茜，熊杰，黄晗. 企业社会责任缺失对财务绩效的影响研究[J]. 管理学报，2018，15(2)：255－261.

[102] 肖红军，李平. 平台型企业社会责任的生态化治理[J]. 管理世界，2019，(4)：120－144.

[103] 黄灿，李善民. 股东关系网络、信息优势与企业绩效[J]. 南开管理评论，2019，22(2)：75－88.

[104] 沈奇泰松，葛笑春，宋程成. 合法性视角下制度压力对 CSR 的影响机制研究[J]. 科研管理，2014，35(1)：123－130.

[105] BECKERT J. How do fields change? The interrelations of institutions，networks，and cognition in the dynamics of markets[J]. Organization studies，2010，31(5)：605－627.

[106] MAHONEY J T. The management of resources and the resource of management[J]. Journal of business research，1995，33(2)：91－101.

[107] DENRELL J，FANG C，WINTER S G. The economics of strategic opportunity[J]. Strategic management journal，2003，24(10)：977－990.

[108] DENCKER J C，GRUBER M，SHAH S K. Pre-entry knowledge，learning，and the survival of new firms[J]. Organization science，2009，20(3)：516－537.

[109] ADEGBESAN J A. On the origins of competitive advantage：strategic factor markets and heterogeneous resource complementarity[J]. Academy of management review，2009，34(3)：463－475.

[110] STOYANOV S W R，STOYANOVA. Simple word of mouth or complex

resource orchestration for overcoming liabilities of outsidership[J]. Journal of management, 2018, 44(8): 3151 - 3175.

[111] TEECE D J, PISANO G, SHUEN A. Dynamic capabilities and strategic management[J]. Strategic management journal, 1997, 18(7): 509 - 533.

[112] TEECE D J. Explicating dynamic capabilities: the nature and microfoundations of (sustainable) enterprise performance[J]. Strategic management journal, 2007, 28(13): 1319 - 1350.

[113] HELFAT C E, PETERAF M A. Managerial cognitive capabilities and the microfoundations of dynamic capabilities[J]. Strategic management journal, 2015, 36(6): 831 - 850.

[114] NASON R S, WIKLUND J. An assessment of resource-based theorizing on firm growth and suggestions for the future[J]. Journal of management, 2018, 44(1): 32 - 60.

[115] PACHECO-DE-ALMEIDA G, ZEMSKY P. The timing of resource development and sustainable competitive advantage[J]. Management science, 2007, 53(4): 651 - 666.

[116] PACHECO-DE-ALMEIDA G, HENDERSON J E, COOL K O. Resolving the commitment versus flexibility tradeoff: the role of resource accumulation lags[J]. Academy of management journal, 2008, 51(3): 517 - 536.

[117] AGARWAL R, HELFAT C E. Strategic renewal of organizations[J]. Organization science, 2009, 20(2): 281 - 293.

[118] GARY M S, WOOD R E. Mental models, decision rules, and performance heterogeneity[J]. Strategic management journal, 2011, 32(6): 569 - 594.

[119] LANZA A, SIMONE G, BRUNO R. Resource orchestration in the context of knowledge resources acquisition and divestment. the empirical evidence from the Italian "serie a" football[J]. European management journal, 2016, 34(2): 145 - 157.

[120] HILLMAN A J, ZARDKOOHI A, BIERMAN L. Corporate political strategies and firm performance: indications of firm-specific benefits from personal service in the U. S. government[J]. Strategic management journal, 1999, 20(1): 67 - 81.

[121] ZAHRA S A, SAPIENZA H J, DAVIDSSON P. Entrepreneurship and dynamic capabilities: a review, model and research agenda[J]. Journal of management studies, 2006, 43(4): 917 - 955.

[122] GARBUIO M, KING A, LOVALLO D. Looking inside: psychological influences on structuring a firm's portfolio of resources[J]. Journal of management, 2011, 40(37): 1444-1463.

[123] 张璐，周琪，苏敬勤，等. 新创企业如何实现商业模式创新？基于资源行动视角的纵向案例研究[J]. 管理评论，2019，31(9)：219-230.

[124] BARON R A. Cognitive mechanisms in entrepreneurship : why and when enterpreneurs think differently than other people[J]. Journal of business venturing, 1998, 13(4): 275-294.

[125] OCASIO W. Towards an attention-based view of the firm[J]. Strategic management journal, 1997, 18(S1): 187-206.

[126] FOSS K, FOSS N J, KLEIN P G. Original and derived judgement: an entrepreneurial theory of economic organization[J]. Organization studies, 2007, 28(12): 1893-1912.

[127] 黄晓芬，彭正银. 管理者认知视角下网络组织演化的动因与模式研究:综述与展望[J]. 外国经济与管理，2018，40(6)：99-115.

[128] BUSENITZ L W, BARNEY J B. Differences between entrepreneurs and managers in large organizations: biases and heuristics in strategic decision-making[J]. Journal of business venturing, 1997, 12(1): 9-30.

[129] GUTHRIE J P, OLIAN J D. Does context affect staffing decisions? The case of general managers[J]. Personnel psychology, 1991, 44(2): 263-292.

[130] GAVETTI G. Cognition and hierarchy: rethinking the microfoundations of capabilities' development[J]. Organization science, 2005, 16(6): 599-617.

[131] SHERER P D, LEE K. Institutional change in large law firms: a resource dependency and institutional perspective[J]. Academy of management journal, 2002, 45(1): 102-119.

[132] 赵康，陈加丰. 制度理论:多样性、对话和未来的挑战:制度理论国际最新研究动态介绍[J]. 经济研究，2001，(7)：28-34.

[133] BILL J A, HARDGRAVE R L. Comparative politics: the quest for theory [M]. Washington, D.C.: Bell & Howell, 1981.

[134] BARNARD C I. The functions of the executive[M]. Cambridge, MA: Harvard University Press, 1938.

[135] MARCH J G. Handbook of organizations[M]. Chicago: Rand McNally, 1965.

[136] SIMON H A. Administrative behavior: a study of decision-making proces-

ses in administrative organization[M]. New York: Macmillan, 1945.

[137] MERTON R K, GRAY A P, HOCKEY B, et al. Reader in bureaucracy [M]. Glencoe, IL: Free Press, 1952.

[138] SELZNICK P. TVA and the grass roots[M]. Berkeley: University of California Press, 1949.

[139] COASE R H. The nature of the firm[J]. Economica, 1937, 4(16): 386-405.

[140] WILLIAMSON O E. Markets and hierarchies: analysis and antitrust implications[M]. New York: The Free Press, 1975.

[141] NELSON R R, WINTER S G. An evolutionary theory of economic change [M]. Cambridge, MA: Belknap Press of Harvard University Press, 1982.

[142] MEYER J W, ROWAN B. Institutionalized organizations: formal structure as myth and ceremony[J]. American journal of sociology, 1977, 83 (2): 340-363.

[143] ZUCKER L G. The role of institutionalization in cultural persistence[J]. American sociological review, 1977, 42(5): 726-743.

[144] CROSSLAND C, HAMBRICK D C. Differences in managerial discretion across countries: how nation-level institutions affect the degree to which CEOs matter[J]. Strategic management journal, 2011, 32(8): 797-819.

[145] PENG M W. How entrepreneurs create wealth in transition economies[J]. Academy of management executive, 2001, 15(1): 95-108.

[146] HOSKISSON R E, WRIGHT M, FILATOTCHEV I, et al. Emerging multinationals from mid-range economies: the influence of institutions and factor markets[J]. Journal of management studies, 2013, 50(7): 1295-1321.

[147] MEYER K E, PENG M W. Theoretical foundations of emerging economy business research[J]. Journal of international business studies, 2016, 47 (1): 3-22.

[148] ZHANG X, FU P, XI Y, et al. Understanding indigenous leadership research: explication and chinese examples[J]. Leadership quarterly, 2012, 23(6): 1063-1079.

[149] YUKL G A. Leadership in organizations[M]. London: Prentice Hall, 2010.

[150] BASS B M. Handbook of leadership: a survey of theory and research[M]. New York: Free Press, 1990.

[151] ANTONAKIS J, CIANCIOLO A T, STERNBERG R J. The nature of

leadership[M]. London:Sage, 2004.

[152] GIBB C A. The principles and traits of leadership[J]. Journal of abnormal psychology, 1947, 42(3): 267 - 284.

[153] Galton F. Hereditary genius[M]. New York: Appleton, 1869.

[154] Likert R. New patterns of management [M]. New York: McGraw-Hill, 1961.

[155] BLAKE R R, MOUTON J S, BIDWELL A C. Managerial grid[J]. Advanced management office executive, 1962, 1(9): 12 - 15.

[156] HOUSE R J. A path goal theory of leader effectiveness[J]. Administrative science quarterly, 1971, 16(3): 321 - 339.

[157] FIEDLER F E. A theory of leadership effectiveness[M]. New York: McGraw - Hill, 1967.

[158] BASS B M. Leadership and performance beyond expectations[M]. New York: Free Press, 1985.

[159] BURNS J M. Leadership[M]. New York: Harper & Row, 1978.

[160] 徐立国. 领导特质的演化及其过程中的类型关系与呈现研究[D]. 西安:西安交通大学,2015.

[161] XU L, FU P, XI Y, et al. Adding dynamics to a static theory: how leader traits evolve and how they are expressed[J]. Leadership quarterly, 2014, 25(6): 1095 - 1119.

[162] STOGDILL R M. Personal factors associated with leadership; a survey of the literature[J]. The journal of psychology, 1948, 25(1): 35 - 71.

[163] MANN R D. A review of the relationships between personality and performance in small groups [J]. Psychological bulletin, 1959, 56(4): 241 - 270.

[164] 张军成, 凌文辁. 国外精神型领导研究述评[J]. 外国经济与管理, 2011, 33(8): 33 - 40.

[165] 莫申江, 王重鸣. 国外伦理型领导研究前沿探析[J]. 外国经济与管理, 2010, 32(2): 32 - 37.

[166] 冯镜铭, 刘善仕, 吴坤津, 等. 谦卑型领导研究探析[J]. 外国经济与管理, 2014, 36(3): 38 - 48.

[167] 刘江芹, 叶茂林, 彭坚. 知识型领导研究述评与展望[J]. 外国经济与管理, 2016, 38(1): 54 - 64.

[168] BASS B M, AVOLIO B J. Developing transformational leadership: 1992 and beyond[J]. Journal of european industrial training, 1990, 14(5):

21 - 27.
[169] BASS B M, AVOLIO B J. Multifactor leadership questionnaire[M]. Palo Alto, CA: Consulting Psychologists Press, 1996.
[170] 叶笛. 变革型领导国内研究综述[J]. 技术经济与管理研究, 2010, (4): 97 - 100.
[171] 李超平, 时勘. 变革型领导的结构与测量[J]. 心理学报, 2005, 37(6): 803 - 811.
[172] PODSAKOFF P M, MACKENZIE S B, MOORMAN R H, et al. Transformational leader behaviors and their effects on followers' trust in leader, satisfaction, organizational citizenship behaviors[J]. The leadership quarterly, 1990, 1(2): 107 - 142.
[173] KARK R, SHAMIR B. The dual effect of transformational leadership: priming relational and collective selves and further effects on followers [M]. 2002.
[174] 李永占. 变革型领导对员工创新行为的影响:心理授权与情感承诺的作用[J]. 科研管理, 2018, 39(7): 123 - 130.
[175] 李卫宁, 占靖宇, 吕源. 变革型领导行为、战略柔性与企业绩效[J]. 2019, 40(3): 94 - 103.
[176] 罗珉. 魅力型领导理论述评[J]. 当代经济管理, 2008, 30(11): 1 - 6.
[177] TREVIÑO L K, BROWN M, HARTMAN L P. Moral person and moral manager: how executives develop a reputation for ethical leadership[J]. California management review, 2000, 42(4): 128 - 142.
[178] 张笑峰, 席酉民. 伦理型领导:起源、维度、作用与启示[J]. 管理学报, 2014, 11(1): 142 - 148.
[179] 韩翼, 杨百寅. 真实型领导:理论、测量与最新研究进展[J]. 科学学与科学技术管理, 2009, 30(2): 170 - 175.
[180] HOUSE R J, HOWELL J M. Personality and charismatic leadership[J]. Leadership quarterly, 1992, 3(2): 81 - 108.
[181] 马玉凤, 孙健敏. 破坏型领导研究述评[J]. 外国经济与管理, 2009, 31(11): 45 - 51.
[182] KELLERMAN B. Bad leadership : what it is, how it happens, why it matters[M]. Boston: Harvard Business School Press, 2004.
[183] PADILLA A, HOGAN R, KAISER R B. The toxic triangle: destructive leaders, susceptible followers, and conducive environments[J]. Leadership quarterly, 2007, 18(3): 176 - 194.

[184] 陈志霞，涂红．领导排斥的概念及其影响因素毒性三角模型[J]．管理评论，2017，29(8)：156－166.

[185] CHO T S，HAMBRICK D C．Attention as the mediator between top management team characteristics and strategic change：the case of airline deregulation[J]．Organization science，2006，17(4)：453－469.

[186] 吴建祖，毕玉胜．高管团队注意力配置与企业国际化战略选择[J]．管理学报，2013，10(9)：1268－1274.

[187] 姚小涛，张田，席酉民．强关系与弱关系:企业成长的社会关系依赖研究[J]．管理科学学报，2008，11(1)：143－152.

[188] 杜运周，尤树洋．制度逻辑与制度多元性研究前沿探析与未来研究展望[J]．外国经济与管理，2013，35(12)：2－10.

[189] 陈扬．组织多元应对策略前沿研究评述:从"制度逻辑"到"组织身份"[J]．华东经济管理，2015，29(10)：146－151.

[190] THORNTON P H，OCASIO W．Institutional logics[M] //GREENWOOD R，OLIVER C，SUDDABY R，et al．The SAGE handbook of organizational institutionalism．2008.

[191] THORNTON P H，OCASIO W，LOUNSBURY M．The institutional logics perspective：a new approach to culture，structure，and process[M]．Oxford：Oxford University Press，2012.

[192] 郑莹，陈传明，张庆垒．企业政策敏感性研究:制度逻辑和企业所有权的作用[J]．经济管理，2015，(9)：42－50.

[193] ALFORD R R，FRIEDLAND R．Powers of theory：capitalism，the state and democracy[M]．Cambridge：Cambridge University Press，1985.

[194] FRIEDLAND R，ALFORD R R．Bringing society back in：symbols，practices，and institutional contradictions[M] //POWELL W W，DIMAGGIO P J．The New Institutionalism in Organizational Analysis．Chicago：University of Chicago Press，1991.

[195] THORNTON P H．The rise of the corporation in a craft industry：conflict and conformity in institutional logics[J]．Academy of management journal，2002，45(1)：81－101.

[196] THORNTON P H．Markets from culture：institutional logics and organizational decisions in higher education publishing[M]．Stanford：Stanford University Press，2004.

[197] LOUNSBURY M．The tale of two cities：competing logics and practice variations in the professionalising of mutual funds[J]．Academy of man-

agement journal, 2007, 50(2): 289 - 307.

[198] DUNN M B, JONES C. Institutional logics and institutional pluralism: the contestation of care and science logics in medical education, 1967 - 2005[J]. Administrative science quarterly, 2010, 55(1): 114 - 149.

[199] 李晓丹，刘洋. 制度复杂理论研究进展及对中国管理研究的启示[J]. 管理学报，2015，12(12)：1741 - 1753.

[200] THORNTON P H, OCASIO W. Institutional logics and the historical contingency of power in organizations: executive succession in the higher education publishing industry, 1958-1990[J]. American journal of sociology, 1999, 105(3): 801 - 843.

[201] 毛益民. 制度逻辑冲突：场域约束与管理实践[J]. 广东社会科学，2014，(6)：211 - 220.

[202] MEYER J W, ROWAN B. Institutionalized organizations: formal structure as myth and ceremony[J]. Social science electronic publishing, 1977, 83(2): 340 - 363.

[203] DIMAGGIO P J, POWELL W W. The iron cage revisited: institutional isomorphism and collective rationality in organizational fields[J]. American sociological review, 1983, 48(2): 147 - 160.

[204] 刘振，崔连广，杨俊，等. 制度逻辑、合法性机制与社会企业成长[J]. 管理学报，2015，12(4)：565 - 575.

[205] 葛明磊，张丽华，黄秋风. 产业互联网背景下多重制度 逻辑与组织双元性研究：以苏宁 O2O 变革过程为例[J]. 管理评论，2018，30(2)：242 - 255.

[206] FLIGSTEIN N. The intraorganizational power struggle: rise of finance personnel to top leadership in large corporations, 1919—1979[J]. American sociological review, 1987, 52(1): 44 - 58.

[207] 王凯，王丽丽. 国有企业集团如何兼顾稳定与发展：制度逻辑的分析视角[J]. 经济与管理评论，2016，(2)：29 - 40.

[208] OLIVER C. Strategic responses to institutional processes[J]. Academy of management review, 1991, 16(1): 145 - 179.

[209] PACHE A C, SANTOS F. When worlds collide: the internal dynamics of organizational responses to conflicting institutional demands[J]. Academy of management review, 2010, 35(3): 455 - 476.

[210] RAYNARD M, GREENWOOD R. Deconstructing complexity: how organizations cope with multiple institutional logics[J]. Academy of management annual meeting proceedings, 2014, 2014: 735 - 740.

[211] KRAATZ M S, BLOCK E S. Organizational implications of institutional pluralism[M] //GREENWOOD R, OLIVER C, SUDDABY R, et al. The SAGE Handbook of Organizational Institutionalism. London: Sage, 2008.

[212] 邓锁. 双重制度逻辑与非营利组织的运行:一个新制度主义视角的解释[J]. 华东理工大学学报(社会科学版), 2005, 20(4): 28-31.

[213] LUO Y. From "West Leads East" to "West Meets East": philosophical insights from asia[J]. Research in global strategic management, 2014, 16: 3-28.

[214] 王利平. 制度逻辑与"中魂西制"管理模式:国有企业管理模式的制度分析[J]. 管理学报, 2017, 14(11): 1579-1586.

[215] ZHOU K Z, GAO G Y, ZHAO H X. State ownership and firm innovation in China: an integrated view of institutional and efficiency logics[J]. Administrative science quarterly, 2017, 62(2): 375-404.

[216] 苏敬勤, 刘畅. 政府驱动逻辑与市场逻辑的关系[J]. 科学学研究, 2019, 37(11): 1979-1989.

[217] GUTHRIE D. Between markets and politics: organizational responses to reform in China[J]. American journal of sociology, 1997, 102(5): 1258-1304.

[218] 张晓军. 双重理性领导:基于互动与社会化视角的中国本土领导研究[D]. 西安:西安交通大学,2013.

[219] NEE V. Organizational dynamics of market transition: hybrid forms, property rights, and mixed economy in China[J]. Administrative science quarterly, 1992, 37(1): 1-27.

[220] 郭毅, 殷家山, 周裕华. 制度理论如何适宜于管理学研究? 制度创业者研究中的迷思及适宜性[J]. 管理学报, 2009, 6(12): 1614-1621.

[221] 李磊. 基于调节焦点理论的领导及相关情境对员工创造力的影响研究[D]. 西安:西安交通大学,2013.

[222] 李怀祖. 管理研究方法论[M]. 西安交通大学出版社,2017.

[223] 陈向明. 质的研究方法与社会科学研究[M]. 北京:教育科学出版社, 2000.

[224] RAGIN,C C, NAGEL G, WHITE P. Workshop on scientific foundations of qualitative research[J]. Washington, D. C.: National Science Foundation, 2004.

[225] EISENHARDT K M. Building theories from case study research[J]. Academy of management review, 1989, 14(4): 532-550.

[226] HARRIS H. Content analysis of secondary data: a study of courage in

managerial decision making[J]. Journal of business ethics, 2001, 34(3): 191－208.

[227] TONG C K, YONG P K. Guanxi bases, xinyong and Chinese business networks[J]. British journal of sociology, 1998, 49(1): 75－96.

[228] SULTANA M A, RASHID M M, MOHIUDDIN M, et al. Cross-cultural management and organizational performance: a content analysis perspective[J]. International journal of business & management, 2013, 8(8): 133－146.

[229] HSIEH H F, SHANNON S E. Three approaches to qualitative content analysis[J]. Qualitative health research, 2005, 15(9): 1277－1288.

[230] 夏清华，宋慧. 基于内容分析法的国内外学者创业动机研究[J]. 管理学报，2011，8(8)：1190－1194.

[231] EISENHARDT K M, GRAEBNER M E. Theory building from cases: opportunities and challenges[J]. Academy of management journal, 2007, 50(50): 25－32.

[232] 李平. 中国管理本土研究：理念定义及范式设计[J]. 管理学报，2010，7(5)：633－641.

[233] 井润田，卢芳妹. 中国管理理论的本土研究：内涵、挑战与策略[J]. 管理学报，2012，9(11)：1569－1576.

[234] TSUI A S. Contributing to global management knowledge: a case for high quality indigenous research[J]. Asia pacific journal of management, 2004, 21(4): 491－513.

[235] 吕力，邹颖，李倩. 管理案例研究资料分析技术：以 Eisenhardt 范文为例[J]. 管理案例研究与评论，2014，7(1)：34－45.

[236] GLEASER BARNEY G. S A L. The discovery of grounded theory: strategies for qualitative research[M]. 1967.

[237] MILES M B, HUBERMAN A M, SALDANA J. Qualitative data analysis: a methods sourcebook[J]. Thousand Oaks: Sage, 2013.

[238] YIN R K. The case study anthology[M]. London CA: SAGE, 2004.

[239] EISENHARDT K M. Better stories and better constructs: the case for rigor and comparative logic[J]. Academy of management review, 1991, 16(3): 620－627.

[240] DYER W G, WILKINS A L. Better stories, not better constructs, to generate better theory: a rejoinder to eisenhardt[J]. Academy of management review, 1991, 16(3): 613－619.

[241] 白海青，成瑾，毛基业. CEO如何支持CIO？基于结构性权力视角的多案例研究[J]. 管理世界，2014，2014(7)：107－118.
[242] 阎凤桥. 我国高等教育“双一流”建设的制度逻辑分析[J]. 中国高教研究，2016，(11)：46－50.
[243] 张笑峰，席酉民，张晓军. 本土领导者在应对不确定性中的作用:基于王石案例的扎根分析[J]. 管理学报，2015，12(2)：178－186.
[244] 周光礼. 经费配置模式与大学战略选择:中国大学趋同化的经济学解释[J]. 中国高教研究，2015，(9)：4－13.
[245] 张燕燕，胡光宇. 我国高水平大学教育经费构成分析[J]. 清华大学教育研究，2012，33(1)：117－120.
[246] 陈武元，洪真裁. 关于中国高校分类与定位问题的思考[J]. 现代大学教育，2007，(2)：56－59.
[247] CHARMAZ. Constructing grounded theory：a practical guide through qualitative analysis[M]. London：Sage，2006.
[248] STRAUSS A，CORBIN J M. Basics of qualitative research：grounded theory procedures and techniques[M]. London:Sage,1990.
[249] 张琳，徐立国，席酉民. 本土领导者权力及其在企业不同阶段的演变[J]. 经济管理，2016，(1)：73－83.
[250] STOECKER R. Evaluating and rethinking the case study[J]. Sociological review，1991，39(1)：88－112.
[251] 郑伯埙，黄敏萍. 实地研究中的案例研究[M]. 北京：北京大学出版社，2008.
[252] PETTIGREW A M. Longitudinal field research on change：theory and practice[J]. Organization science，1990，1(3)：267－292.
[253] 刘尧. 中国“双一流”大学建设之路径选择[J]. 现代教育科学，2016，(10)：1－6.
[254] 周光礼. “双一流”建设的三重突破:体制、管理与技术[J]. 大学教育科学，2016，(4)：4－14.
[255] SAKHARTOV A V，FOLTA T B. Resource relatedness，redeployability，and firm value[J]. Strategic management journal，2014，35(12)：1781－1797.
[256] RASMUSSEN E，MOSEY S，WRIGHT M. The evolution of entrepreneurial competencies：a longitudinal study of university spin-off venture emergence[J]. Journal of management studies，2011，48(6)：1314－1345.
[257] 宋中英，郭云云. 高校办学自主权的内涵及其实践意蕴[J]. 高教探索，2016，(7)：5－10.

[258] 张振华，刘志民．高校办学自主权：内涵、演变与启示[J]．中国农业教育，2011，(1)：1－5.

[259] GARCIA R，CALANTONE R．A critical look at technological innovation typology and innovativeness terminology：a literature review[J]．Journal of product innovation management，2002，19(2)：110－132.

[260] 王小虎，潘昆峰，苗苗．高考改革对高水平大学招生的影响及其应对[J]．中国高教研究，2017，(4)：56－60.

[261] 王占军．高等院校组织趋同的制度逻辑[J]．中国高教研究，2011，(5)：7－10.

[262] 赖新民，万建明，吴端阳．我国大陆民办普通高校发展历程及其发展建议[J]．教育评论，2014，(12)：153－155.

[263] 林民书，杨治国．地区经济发展差距与资源配置能力问题研究[J]．综合竞争力，2010，(4)：42－50.

[264] 孙晓华，李明珊，王昀．市场化进程与地区经济发展差距[J]．数量经济技术经济研究，2015，(6)：39－55.

[265] 张燚，张锐，高伟．高校利益相关者理论的研究现状及趋势[J]．高教发展与评估，2009，25(6)：16－28.

[266] 曹春辉，席酉民，张晓军，等．社会化经历与本土文化对领导特质形成的影响研究[J]．管理学报，2012，9(8)：1118－1125.

[267] 饶芬．1978年以来中国“985工程”高校校长的群体特征研究[D]．上海：华东师范大学，2015.

[268] 王飞．论中国大学校长产生机制的改进[J]．高校教育管理，2012，6(2)：20－24.

[269] 周密，丁仕潮．高校国际化战略：框架和路径研究[J]．中国高教研究，2011，(9)：16－19.

[270] 刘文兴，张鹏程，廖建桥．基于创造自我概念与风险偏好影响的授权领导与创新行为研究[J]．管理学报，2013，10(12)：1770－1777.

[271] 席酉民，张晓军．社会治理视角下的和谐社会形成机制及策略[J]．系统工程理论与实践，2013，33(12)：3001－3008.

[272] 买忆媛，叶竹馨，陈淑华．从“兵来将挡，水来土掩”到组织惯例形成：转型经济中新企业的即兴战略研究[J]．管理世界，2015，2015(8)：147－165.